Multidões em cena

FUNDAÇÃO EDITORA DA UNESP

Presidente do Conselho Curador
Herman Voorwald

Diretor-Presidente
José Castilho Marques Neto

Editor-Executivo
Jézio Hernani Bomfim Gutierre

Conselho Editorial Acadêmico
Antonio Celso Ferreira
Cláudio Antonio Rabello Coelho
José Roberto Ernandes
Luiz Gonzaga Marchezan
Maria do Rosário Longo Mortatti
Maria Encarnação Beltrão Sposito
Mario Fernando Bolognesi
Paulo César Corrêa Borges
Roberto André Kraenkel
Sérgio Vicente Motta

Editores-Assistentes
Anderson Nobara
Arlete Sousa
Dida Bessana

MARIA HELENA ROLIM CAPELATO

MULTIDÕES EM CENA

PROPAGANDA POLÍTICA
NO VARGUISMO E NO
PERONISMO

2ª EDIÇÃO

© 2008 Editora UNESP
1ª edição: Papirus, 1998.
Direitos de publicação reservados à:
Fundação Editora da UNESP (FEU)
Praça da Sé, 108
01001-900 – São Paulo – SP
Tel.: (0xx11) 3242-7171
Fax: (0xx11) 3242-7172
www.editoraunesp.com.br
feu@editora.unesp.br

CIP – Brasil. Catalogação na fonte
Sindicato Nacional dos Editores de Livros, RJ

C241m

Capelato, Maria Helena, 1945-
Multidões em cena: propaganda política no varguismo e no peronismo/Maria Helena Rolim Capelato. -- 2.ed. -- São Paulo: Editora UNESP, 2009.
il.

Inclui bibliografia
ISBN 978-85-7139-880-1

1. Propaganda política – Brasil.   2. Propaganda política – Argentina.
3. Comunicação de massa – Aspectos políticos – Brasil.   4. Comunicação de massa – Aspectos políticos – Argentina.   5. Brasil – Política e governo – 1930-1945.   6. Argentina – Política e governo – 1943-1955.   I. Título.
II. Título: Propaganda política no varguismo e no peronismo.

08-4457.
CDD: 320.981
CDU: 32(81)

Editora afiliada:

Asociación de Editoriales Universitarias
de América Latina y el Caribe

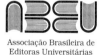

Associação Brasileira de
Editoras Universitárias

Para Helena, minha mãe.

Figura 1 – Retrato de Getúlio Vargas na nota de 10 cruzeiros (*Nosso Século*, n.30).

Figura 2 – Página de abertura do livro *Privilegiados: libro de lectura inicial*.

Sumário

Agradecimentos 11
Prefácio 17
Introdução 21

1. Imagens e espetáculo do poder
   no varguismo e no peronismo 51
   Imagens e símbolos 52
   O espetáculo do poder 66

2. Propaganda política e controle dos meios de comunicação . 73
   O controle do Estado sobre os meios de comunicação 76
   A imprensa e o rádio: principais veículos de propaganda... 84

3. Cultura e política no varguismo e no peronismo 97
   A concepção de cultura no varguismo e no peronismo 101
   A produção cultural inserida num projeto político 103
   Engajamento dos intelectuais
   no varguismo e no peronismo 120
   A literatura como arma de luta na Argentina peronista ... 126
   Resistências universitárias ao varguismo e ao peronismo .. 130

4. Política de massas: uma nova cultura política 143
   Varguismo e peronismo: a construção do novo 146
   Imagens de revolução no varguismo e no peronismo 153
   A democracia da nova era 159
   A "democracia justicialista" do peronismo 169

5. A cidadania no varguismo e no peronismo 177
   A política trabalhista e o cidadão brasileiro 177
   A cidadania do trabalho no justicialismo peronista 198
   As prioridades da cidadania nos regimes de massa 209

6. Educação e identidade nacional coletiva 221
   A educação em busca da unidade
   nacional no Estado Novo 229
   Educação e identidade nacional na Argentina peronista ... 248

7. Identidade nacional e produção de sentimentos 263
   Líder e massas no imaginário varguista e no peronista 278
   A representação das massas conduzidas pelo líder 286
   O mito da salvação e da redenção
   no varguismo e no peronismo 291
   A redenção pelo poder feminino 296
   A salvação pelo poder masculino 306

Considerações finais 317
Fontes 323
Bibliografia 331

Agradecimentos

Este livro é resultado da minha tese de livre-docência em História da América, defendida em dezembro de 1997 na Universidade de São Paulo.

A banca examinadora, composta pelos professores José Sebastião Witter, Roberto Romano, Maria Victória de Mesquita Benevides, Manoel Lelo Bellotto e Maria de Lourdes Mônaco Janotti fez uma leitura muito cuidadosa da tese e apresentou contribuições importantes que procurei incorporar na revisão do texto. Sou muito grata a todos.

Muitas outras pessoas ajudaram, direta ou indiretamente, na realização deste trabalho.

Irene Nogueira de Rezende foi colaboradora inigualável e com ela compartilhei as aflições do *deadline*. Nossa convivência é recente, mas dessa experiência surgiu uma nova amizade que veio para ficar. Caio Blaj tornou-se meu herói depois de ter salvo parte da tese engolida pela máquina. Rodrigo Capelato teve infinita paciência na tentativa de me ensinar o que sou incapaz de aprender: os mistérios da informática. Joceley de Souza formatou o trabalho com especial cuidado, e Denilson Santos de Souza deu o toque final na configuração do texto.

Nora Mazziotti permitiu, com muita generosidade, que eu tivesse acesso às melhores fontes sobre o peronismo, e suas sugestões para análise da época foram valiosas. A maioria dos livros sobre o Estado Novo foi doada por minha amiga Célia Belém Chiavonni; Anamaria Fadul incentivou este trabalho desde o início e por meio dela pude manter contatos importantes. Waldo Ansaldi foi a referência afetiva que me estimulou a estudar a história argentina com entusiasmo.

As colegas pesquisadoras e os funcionários do CPDOC me receberam muito bem, facilitando minha pesquisa no local ou a distância. Agradeço especialmente a Marieta de Moraes, a Mônica Pimenta Velloso, a Lúcia Lippi Oliveira e a Alzira Alves de Abreu. Foram todas muito amáveis.

Na pesquisa de fontes, contei com a ajuda de muitas pessoas. Lia Jordão, minha colaboradora carioca, foi especial; Daniela Capelato, Cláudia Schemes, Laércio Menezes, Aparecida Vanessa Delatorre, Mariana Rangel Jofilly, Juliana Ligório Capelato, Walkiria Chassot e Gislaine da Costa Fernandes também me auxiliaram, com grande dedicação, na leitura dos microfilmes e na organização dos múltiplos documentos. Angélica Rezende e Marcelo Pedro Arruda sempre demonstraram amizade e enorme boa vontade para dividir comigo qualquer tarefa. Cláudio Aguiar Almeida, Marisa Montrucchio, João Henrique Negrão e Jurandir Malerba fizeram minuciosa revisão do texto original e apresentaram boas sugestões.

A Carlos Guilherme Mota agradeço por tantos caminhos abertos para minha formação e realização profissional. Aos colegas e amigos do Departamento de História, companheiros nas dificuldades e nos prazeres do ofício, sou grata pelo apoio e pelo estímulo a este trabalho: Zilda G. Yokoi, Tereza Aline Pereira de Queiroz, Elias T. Saliba, Maria Inês Borges Pinto, Laura de Mello e Souza, Raquel Glezer, Vera Lúcia Amaral Ferlini acompanharam mais de perto as aflições cotidianas para conseguir vencer o tempo e chegar ao final desta etapa.

Os funcionários do departamento, sempre tão gentis comigo, também demonstraram solidariedade em vários momentos do trabalho.

Maria Lígia Coelho Prado participa de todas as minhas angústias, alegrias, raivas, decepções e esperanças. Há trinta anos compartilhamos ideais de vida e juntas realizamos muitos sonhos e muitas teses. Por tudo, muito obrigada, minha amiga.

Ilana Blaj, pessoa tão querida, sempre me comove com sua imensa generosidade. Seu apoio foi muito importante, sobretudo na última fase.

Minhas companheiras do "grupo de política", Maria de Lourdes Mônaco Janotti, Vavy Pacheco Borges e Márcia D'Aléssio, estiveram comigo nesta aventura pelos campos da "nova história política". Delas recebi, além da cumplicidade, amizade preciosa.

Eliana Freitas Dutra, minha irmã mineira, e Margarida de Souza Neves, minha irmã carioca, são afetos especiais e companheiras intelectuais que me estimulam a ir sempre mais longe nos desafios da História. Com Maria Antonieta Antonacci compartilho de uma amizade histórica.

Os meus orientandos, que representam uma parte tão prazerosa de minha vida profissional, tiveram papel importante do ponto de vista afetivo e das discussões historiográficas que foram incorporadas à tese.

Mário, Elisa, Tati, Piti, Mércia, Selma, Ida, Andréa, Luisa, Maria Sylvia, Roberto, Caio, Ana Maria Costa, Magda, Ângela, Miucha, Pedro e Juliana acompanharam, com muito afeto, a realização de mais uma tese, sabendo relevar minha falta de disponibilidade para estar com eles.

O pessoal de casa convive com Vargas, Perón e Evita há anos. Daniela, Rodrigo, Fausto, Juliana, Coraci e Maria foram compreensivos, amorosos e torceram para que eu realizasse bem a ousada tarefa de querer dar vida a esses e outros personagens.

Dr. Miguel Roberto Jorge me ajudou, com muita competência e paciência, a desatar os nós de minha história; a realização deste trabalho fez parte desse processo.

Com a ajuda carinhosa do Dr. Nelson Carvalhal, despedi-me, recentemente, de minha mãe.

A perda de meus pais, neste último ano, e a conclusão da tese encerram uma etapa relevante de minha vida, marcada por perdas e ganhos importantes. A todas as pessoas que estiveram comigo nesta trajetória, dedico este livro, expressando minha gratidão.

Peço ao futuro leitor complacência na leitura deste texto. Ele foi escrito em meio a um "turbilhão de paixões".

Ao CNPq agradeço a bolsa de pesquisa que foi imprescindível na realização do trabalho. Também recebi dessa agência de fomento auxílio-viagem para coleta de dados em Buenos Aires.

À Fundação de Amparo à Pesquisa do Estado de São Paulo (Fapesp), pelo auxílio-publicação.

Figura 3 – Retrato de Perón e Evita (*La razón de mi vida*, p.26).

Prefácio

Luciano de Samosata, autor crucial na gênese da retórica e da sátira, redescoberto durante o Renascimento, após ser acolhido pelos padres da Igreja em luta contra o paganismo, escreveu uma *História verdadeira*. Modelo das viagens imaginárias, escritas desde Cyrano de Bergerac até Júlio Verne, o sírio justifica seu feito, inteiramente mentiroso, com base no fato de ter ideado a paródia "de um outro poeta, historiador e filósofo antigo, que escreveu muitas fábulas e mentiras" (*História verdadeira*). Em outro texto, cujo estatuto até hoje se discute – "sério" ou caçoísta? – Luciano expõe regras para se construir a história de modo correto. Recolhendo as lições de Tucídides e demais mestres gregos da narrativa, o pequeno tratado sobre "Como escrever história" adianta: "A história não é daquelas coisas que podemos manusear sem esforço, sintetizando-a facilmente, mas exige, se algo é exigido em literatura, uma grande força do intelecto, à qual se refere Tucídides: trata-se de um 'monumento eterno'". Esse violento oxímoro desafia, até hoje, os filósofos e escritores de História: circunscrever o efêmero com base no que permanece, sem cair na metafísica ou na simples anedota, é trabalho de poucos historiadores, porque exige inteligência e integridade. Luciano, como Tácito, proclama que o historiador precisa afastar a lisonja diante dos poderosos e a calúnia contra os mais fracos. Urge distinguir História e panegírico. A primeira "não admite uma só mentira, mesmo a mais leve". Um "historiador" sectário ou áulico é um círculo quadrado.

Maria Helena Capelato segue, em seus livros, os preceitos éticos e metodológicos herdados pela historiografia da mais antiga tradição analítica. Em *O bravo matutino* (em co-autoria com Maria Ligia Prado), com o qual se apresentou no espaço universitário e na vida política brasileira, encontramos a técnica que procede *sine ira et studio* unida ao rigoroso exame dos atos e das palavras dos liberais paulistas. Descendo às bases daqueles discursos, a autora desvela ideários excludentes.

Após esse retrato da face sombria exibida pelos liberais, a autora nos presenteou com a história de um outro jornal, a *Folha de S. Paulo* (em co-autoria com Carlos Guilherme Mota). Sempre acompanhando os próprios documentos e pondo os comentadores teóricos num lugar apropriado, a historiadora mergulhou nos meandros de um periódico de rosto múltiplo, reunindo vários matizes do espectro ideológico nacional. O que veio à tona preocupa os leitores críticos do nosso passado, presente e futuro.

Nesse mesmo plano ético foi publicado *Os arautos do liberalismo*, livro-chave para se compreender a política brasileira nos estertores da "nova república" e na ditadura Vargas. Analisando a imprensa paulista como um todo, Capelato mostra como tiranias foram justificadas nos escritos jornalísticos da época. A "servidão voluntária" das massas, aprendemos neste exemplo de rigor e de acuidade teórica, é alimentada pelos que deveriam lutar em favor da liberdade.

Após esses trabalhos, Maria Helena Capelato dedicou-se à melhoria das condições institucionais e científicas do labor histórico no Brasil. Seu trabalho à frente da Anpuh, a liderança acadêmica por ela exercida no Departamento de História da USP, a militância que desenvolve em todo o Brasil, a presença rigorosa nos comitês de avaliação de pesquisas, como os da Capes, tudo isso, que exige prudência e respeito pelos pares, não afastou a autora da sua própria investigação. Ao contrário de muitos "avaliadores" que se tornam burocratas do espírito e abandonam atividades docentes e científicas,

Capelato mostra-se digna sucessora dos grandes nomes que se dedicaram à construção de instituições acadêmicas, para delas usufruir o melhor: a busca do verdadeiro e a exposição de mentiras. Essas considerações são necessárias, como intróito a esta nova obra. Na lógica do que foi enunciado anteriormente, o leitor capta o que se apresenta agora diante de seus olhos: tendo apresentado um quadro minucioso e veraz dos que ajudaram a manipular a opinião pública e justificaram atrocidades, hoje vistas como "normais" em nossa terra, Capelato passa aos procedimentos dos próprios governantes tirânicos. Movendo um saber refinado sobre a persuasão por meio da imagem, este livro une, como é a norma da autora, análise documental e reflexão teórica. Das cartilhas aos cartazes e brochuras destinados a dirigir as massas usando palavras de ordem sinistras, desvelam-se diante de nós os problemas do Estado autoritário, sobretudo o seu vínculo com os meios de comunicação. Uma análise percuciente desce ao difícil plano da cultura, sobretudo na exegese operada pelos ideólogos peronistas e varguistas. Um ponto estratégico encontra-se na pedagogia utilizada pelos "caudilhos" argentinos e brasileiros. Confesso ter sentido um abalo ao ler os documentos (livros, cartilhas, cartazes) apresentados por Capelato. Não podemos prever até onde essa manipulação dos olhos e dos intelectos infantis está afastada de maneira definitiva.

Talvez a televisão de hoje seja uma espécie de "Aufhebung" das imagens e dos sons movidos para dominar as massas. Lendo as páginas densas deste livro, podemos nos perguntar se, mesmo com toda a sofisticação, indicada com maestria pela autora, as agências de convencimento peronistas e varguistas não seriam apenas oficinas artesanais, anteriores à grande indústria eletrônica de hipnose que define a moderna dominação.

O último capítulo é assustador. Sabemos quanto as populações manipuladas pela propaganda se identificam com líderes efetivos ou pré-fabricados, no mundo, no Brasil ou na Argentina. No item final, "O mito da salvação e da redenção no varguismo e no peronismo", temos uma hermenêutica das figuras de Perón (Eva/Perón) e Vargas. Com delicadeza máxima, a autora procura compreender o mito sem obedecer a determinados esquemas conceituais *a priori*. Com base nos documentos e nas fontes secundárias apresentados, percebemos como se desdobram palimpsestos da memória e da imagem, no processo de legitimação do mando. Com o auxílio do olhar escalpelo usado por Capelato para apreciar o mito, um dos mais fortes e hipnóticos instrumentos do poder, nós vislumbramos o alvo da autora. Este livro, rigorosamente histórico (verdadeiro), mas voltado para a fantasia, mostra como se jogam na Argentina e no Brasil o medo e a esperança, paixões essenciais ao mando, como diz Espinosa.

Por que esta rigorosa e bela análise histórica termina com o mito? "Point de mythe qui ne répond à quelque besoin viscéral, à quelque image élémentaire, communs l'autre et l'un à la plupart des hommes" (Etiemble: *Le mythe de Rimbaud*). Somos gratos à tentativa de Maria Helena na busca de interpretar as esfinges dos Perón e de Vargas. Aprendemos muito sobre nós mesmos e sobre nossa gente. Fechando estas páginas, a melancolia nos assalta, porque não estamos livres dos mitos. Eles ressurgem a cada instante, toldando a nossa consciência social. O texto disseca a mídia, indústria de fabulosas narrativas em nosso tempo. Talvez seja bom ouvir um dos maiores críticos da imprensa falando sobre o produto mais caro e mais trágico desta fábrica de ilusões. "Les mythes moderns sont encore moins compris que les mythes anciens, quoique nous soyons dévorés par les mythes" (Balzac). Essa é a lição da nossa mais antiga cultura. Essa é a lancinante advertência deste livro: enquanto não conhecermos quem nos gerou e nos produziu coletivamente, como imenso rebanho de servos voluntários, nosso destino será o de ter os olhos perfurados, sem nunca distinguir entre imagens e conceitos, no plano político brasileiro, argentino e planetário.

Prof. Dr. Roberto Romano

Introdução

O estudo comparado do varguismo e do peronismo tem como objetivo analisar o significado da propaganda política construída e divulgada no Estado Novo brasileiro (1937-1945) e na política peronista (1945-1955). Essa propaganda se inspirou nas experiências européias do nazismo e do fascismo. Procurarei mostrar como o conteúdo e a forma das mensagens propagandísticas circularam da Europa para o Brasil e a Argentina, onde foram reproduzidas com sentido novo, relacionado às conjunturas históricas particulares.

A questão central do trabalho diz respeito à compreensão do caráter autoritário da propaganda veiculada pelos meios de comunicação, educação e produção cultural com o objetivo de conquistar "corações e mentes". A montagem de um sistema propagandístico, nos moldes criados pelo nazismo e pelo fascismo, representou uma tentativa de reformular os mecanismos de controle social considerados inadequados aos novos tempos. Valendo-se das técnicas sofisticadas de comunicação com objetivo político, os representantes do varguismo e do peronismo procuraram canalizar a participação das massas na direção imposta por esses regimes. Procurando impedir a expressão de conflitos e manifestações autônomas com sentido de oposição, negou-se o princípio da pluralidade da vida social, característica das experiências democráticas, substituindo-o pela proposta de construção de uma sociedade unida e harmônica. Acredito que a reconstituição dos aspectos comuns e específicos da propaganda política, por meio da análise de seu conteúdo e formas de divulgação das mensagens, permitirá entender melhor a natureza dos respectivos regimes e das mudanças políticas que eles introduziram nos dois países.

O interesse pela questão da propaganda política surgiu durante as campanhas eleitorais de Carlos Menem na Argentina (1988) e Fernando Collor de Mello no Brasil (1989). Num contexto histórico bem diverso, os dois candidatos a cargos presidenciais recuperaram, com eficácia, imagens, símbolos e mitos das políticas varguista e peronista, tidas como definitivamente superadas. A retomada de elementos da propaganda postos em prática pelos regimes denominados populistas não significa, obviamente, ressurgimento do fenômeno, mas é importante indagar por que esse tipo de apelo ao passado encontrou ressonância em sociedades que viviam uma conjuntura de transição política voltada para a consolidação da democracia. Portanto, o estudo do tema proposto justifica-se não só pela tentativa de compreensão mais aprofundada dos mecanismos de controle social que essas experiências de natureza autoritária puseram em prática, mas também pela permanência de traços dos imaginários políticos varguista e peronista na atualidade.

A conjuntura brasileira dos anos 1980 apresentava, para a sociedade do nosso país, o desafio de conciliar a democracia com a crise econômica; a redemocratização esbarrava tanto nas dificuldades econômicas estruturais e conjunturais (inflação, recessão e profunda desigualdade na distribuição de renda) como na persistência de elementos de uma cultura política autoritária, excludente e personalista. Essa realidade remeteu os pesquisadores a indagar sobre a constituição e a natureza do autoritarismo no passado mais recente e no de longa duração.

Na Argentina, as dificuldades econômicas enfrentadas na fase da redemocratização eram ainda maiores que no Brasil. O governo radical, impossibilitado de dar solução aos problemas, foi derrotado; as eleições presidenciais deram vitória ao candidato peronista. Ainda que a política de Carlos Menem tenha tomado um rumo contrário às propostas justicialistas dos anos 1940, a vitória eleitoral desse presidente demonstrou a força política dos peronistas na atualidade.

O interesse pela compreensão dos regimes varguista (Estado Novo) e peronista, sob novos ângulos de abordagem, explica-se pelas questões colocadas no presente.

A problemática da relação autoritarismo/democracia, enfrentada no momento de abertura política nos dois países, e os desafios relacionados à consolidação democrática deixaram claro que a conquista de direitos sociais e da cidadania em novos moldes implica a destruição de um legado autoritário que foi reforçado com a introdução da política de massas no Brasil e na Argentina.

O varguismo e o peronismo, analisados em conjunto ou separadamente, foram considerados as expressões mais típicas do populismo na América Latina. Esses fenômenos, amplamente analisados por sociólogos, cientistas políticos, economistas, mereceram, nos últimos anos, a atenção dos historiadores, interessados em esclarecer aspectos da história desse período não contemplados nas análises anteriores.

Os modelos e as tipologias construídos para explicar o populismo na América Latina não levaram devidamente em conta as particularidades nacionais nem as especificidades conjunturais. O enfoque genérico impossibilita a recuperação do evento na sua plena historicidade. Mesmo quando analisadas como casos isolados, as grandes sínteses abarcam períodos muito extensos. Esta última observação é válida, sobretudo, para o caso do Brasil: várias análises referem-se ao populismo varguista como um todo indiferenciado que apresenta como marcos cronológicos os anos de 1930-1964.

O método explicativo mais amplo não permite o levantamento de questões específicas sobre cada momento do processo denominado populista, interpretado como um modelo econômico e político que tipifica uma etapa do capitalismo.

Um dos elementos apontados pelos modelos e tipologias construídos em torno do populismo como caracterizador do fenômeno diz respeito aos movimentos sociais e políticos, reflexos mecânicos e imediatos de variáveis socioeconômicas. Nessa perspectiva, explica-se o comportamento político das classes com base em determinantes estruturais (processo de industrialização, origem rural da classe trabalhadora). A adesão das classes trabalhadoras ao populismo é interpretada segundo a estrutura social, sem se levar devidamente em conta elementos de ordem política e cultural.

A teoria da modernização elaborada pelo sociólogo argentino Gino Germani teve grande impacto na América Latina. Na perspectiva da sociologia da modernização, o populismo foi caracterizado como um momento de transição de uma sociedade tradicional para a moderna (o que implica um deslocamento do campo para a cidade, do agrário para o industrial). No que se refere ao político, a teoria explica o populismo como uma etapa do desenvolvimento de sociedades latino-americanas que não conseguiram consolidar uma organização e uma ideologia autônomas. A ideologia classista deveria substituir a ideologia populista quando o desenvolvimento capitalista tivesse se completado na região. A política populista (mescla de valores tradicionais e modernos) correspondia ao momento de transição da sociedade tradicional para a moderna. Nesse sentido, o populismo foi visto como etapa necessária de passagem para uma sociedade desenvolvida e democrática.

O capitalismo constitui referencial de análise nesse tipo de interpretação, mas a distinção proposta entre países "atrasados" e "países desenvolvidos" indica uma relação de exterioridade entre esses dois mundos. Dessa forma, o sistema capitalista desintegra-se pela dissociação das partes em relação ao todo. A sociedade capitalista "moderna", apresentada como modelo a ser seguido pelas sociedades "tradicionais", e a divisão entre essas duas partes indicam o lugar onde se localiza o modelo ou o caminho a ser seguido pela história na sua evolução por etapas. Essa perspectiva progressista foi questionada nas revisões sobre o período.

Quando se interpreta o capitalismo como totalidade não dissociada, é possível entender o mundo capitalista reproduzindo-se contraditoriamente no tempo e no espaço. Considerando o "moderno" e o "tradicional" partes constitutivas de um mesmo todo no qual elas se integram de forma contraditória, o período pode ser entendido como um momento específico da conjuntura histórica mundial (o período entreguerras) em que novas formas de controle social foram engendradas com vistas à preservação da ordem ameaçada por conflitos sociais. Num movimento simultâneo e internacional, as sociedades européias e americanas buscaram soluções próprias, adequadas a suas realidades históricas.

Partindo do princípio de que as diferentes realidades não se mantêm isoladas, havendo entre elas um movimento constante de circulação de mercadorias, experiências e idéias, cabe indagar de que forma as experiências externas foram interpretadas e reproduzidas entre nós, como bem observou Maria Sylvia Carvalho Franco em suas análises sobre a sociedade brasileira.

Além da dissociação entre o moderno e o tradicional, a teoria da modernização acenava para um futuro de desenvolvimento econômico e consolidação democrática nos países que viveram a experiência transitória do populismo. Os golpes militares desencadeados na América Latina, nos anos 1960-1970, abalaram a credibilidade dessa teoria.[1]

Na década de 1980, passaram a ser questionadas as teses que apontavam a fragilidade e a inconsciência das classes trabalhadora e burguesa, definindo o Estado como sujeito privilegiado do processo histórico.

Os estudos de Francisco Weffort (1978) sobre o populismo representaram uma contribuição importante para a revisão das análises.

---

1   Guita Grin Debert, em *Ideologia e populismo*, questiona a teoria de Gino Germani em seus pressupostos de análise: o autor concebe o sistema social como algo que se apresenta em equilíbrio estável e explica as transformações sociais como resultados dos efeitos acumulados de suas disfunções. Nessa perspectiva, o conflito de classes surge como conseqüência de disfunções do sistema e não como chave para a compreensão dos processos de mudanças sociais e políticas; ao explicar a participação das classes populares com base em razões psicossociológicas provocadas pelo processo de mudança (transição do tradicional para o moderno), elas aparecem como conseqüência e não como agentes do processo histórico, afirma a autora (Debert, 1979). As teses do Partido Comunista sobre o período não se identificam com o modelo funcionalista de Germani; mas, numa perspectiva evolucionista e etapista, também interpretam o populismo como um momento de transição (que possibilitaria a afirmação do capitalismo e do Estado democrático) necessário à passagem para o socialismo.

O autor interpreta o populismo com base em dois níveis: o das determinações estruturais e o das conjunturas (campo da História). As determinações estruturais constituem um nível de abstração válido somente porque se inscreve na história das relações sociais e das estruturas de uma formação social, mas são as determinações históricas que possibilitam a passagem das determinações estruturais para as análises concretas. Nesse sentido, propôs a recuperação das situações históricas específicas para chegar à compreensão da política populista na América Latina, que apresenta como traço comum a emergência das classes populares no cenário político.

O autor argentino Alberto Ciria, referindo-se à conceituação do peronismo como populismo, afirma que o termo *populismo* foi utilizado para definir distintas tendências políticas no espaço e no tempo. Realiza um balanço das interpretações que se valeram desse conceito para estudar as realidades latino-americanas e conclui que antes de submeter o peronismo e outros populismos a marcos teóricos demasiadamente abstratos seria necessário aprofundar a análise dos casos específicos (Ciria, 1983, p.52). Em outra passagem afirmou que as comparações entre as diferentes experiências indicam um caminho frutífero de análise (idem, p.40).

A análise da propaganda política varguista e da peronista busca, numa perspectiva da História comparada, trazer à tona novos elementos para compreensão das experiências varguista e peronista.

A historiografia que se interessou, mais recentemente, pelo tema propõe um caminho inverso ao percorrido na elaboração das interpretações generalizantes: privilegia as particularidades nacionais e os recortes mais específicos. Em lugar das grandes sínteses que, certamente, trouxeram contribuições muito importantes para a compreensão dos fenômenos, os historiadores buscam, hoje, a reconstituição histórica dos vários "populismos" com o intuito de mostrar os aspectos comuns e as especificidades.

Os intelectuais brasileiros, ao vivenciarem a experiência da redemocratização, interessaram-se pelo problema do autoritarismo imposto pelo regime militar e pelo desvendamento das causas do golpe de 1964. Essa questão motivou um retorno ao pré-64, orientado pela procura de raízes mais profundas do autoritarismo brasileiro (Castro Gomes, 1990, p.63-5). Nesse contexto, o Estado Novo varguista ganhou destaque na produção historiográfica.[2]

No caso da Argentina, a permanência do peronismo no imaginário coletivo e na sociedade como força política capaz de eleger o presidente da República explica a aparição de novos estudos sobre o tema, realizados não só por argentinos, mas também por pesquisadores de outros países, norte-americanos especialmente.

O Estado Novo se impôs como objeto específico de estudo na historiografia brasileira a partir do momento em que os historiadores enfrentaram o desafio de estudar um período recente. As investigações voltaram-se para os aspectos políticos e culturais dessa experiência. Muitos autores estrangeiros e brasileiros têm feito referências à renovação da área.[3] Também na Argentina, os historiadores passaram a estudar temas relacionados à política e à cultura peronista. O autor

---

2 A coletânea de textos intitulada *O feixe e o prisma: uma revisão do Estado Novo* coloca questões novas sobre o período. A referida obra, publicada em dois volumes, recupera contribuições do colóquio promovido pela Universidade Federal do Rio de Janeiro, por ocasião dos cinqüenta anos do Estado Novo. O organizador da publicação, o historiador José Luiz Werneck da Silva, deixou evidente, na Introdução, o sentido político do encontro. Os textos apresentados deveriam contribuir para uma reflexão sobre o fenômeno do autoritarismo nos múltiplos tempos em que ele ocorreu no processo ideológico brasileiro, dando ênfase às perspectivas de História comparada nos planos nacional e internacional. A importância atribuída à relação presente/passado também fica clara na alusão à expressão "para não esquecer", subtítulo do colóquio. Na abertura do encontro, o reitor da UFRJ, professor Horácio Macedo, demonstrou receio de que experiências como as de 1937 e 1964 ainda tivessem condições de acontecer no Brasil (Werneck da Silva, 1991, p.23).

3 Ângela Castro Gomes considera que a história política se impôs, nas últimas décadas, como uma reação não só à ênfase no estrutural como definidor do processo histórico, mas também aos enfoques deterministas que não levavam devidamente em conta a liberdade de escolha e de ação dos sujeitos na História. O tema da revolução que norteou as interpretações historiográficas até os anos 1970 estimulou pesquisas sobre as estruturas econômicas e sociais. Mas os esquemas teóricos predominantes entraram em crise à medida que os diferentes modelos de revolução foram demonstrando sua fragilidade. O questionamento dos paradigmas estruturalistas de diferentes tendências abriu espaço para a história política que trouxe consigo orientações inovadoras.

Alberto Ciria, em seu livro *Política y cultura popular: la Argentina peronista 1946-1955*, chamou a atenção para a importância desses assuntos: abordou a questão "O peronismo é educação e cultura" e escreveu sobre "Comunicação, símbolos e mitos". Sugeriu a realização de pesquisas inéditas e mencionou um conjunto de fontes ainda pouco exploradas (jornais, revistas, livros didáticos, literatura etc.) que permitiriam elucidar aspectos dessa história ainda não analisados.

Cabe indagar por que os historiadores decidiram enfrentar o desafio de estudar um período mais recente da História e qual a razão da escolha de novas abordagens.

A explicação para o interesse atual dos historiadores pelos regimes varguista e peronista com base na história política exige uma reflexão sobre os contextos interno e externo que motivaram a proliferação de estudos nesse campo historiográfico.

A História que hoje se impõe afasta-se das anteriores na medida em que coloca o estudo do poder no centro da nova problemática; esse estudo não se confunde com as teorias do Estado e se desenvolve na perspectiva de interpretação do poder por outros prismas e de reconhecimento de outras formas políticas. Isso possibilitou a exploração de novos temas de pesquisa relacionados à cultura política e/ou à história das representações políticas constituídas por imagens, símbolos, mitos e utopias.

A constatação de que os historiadores brasileiros passaram a se interessar pelo Estado Novo, período antes estudado apenas por especialistas de outras áreas, não se fundamenta no aumento quantitativo da produção que continua irrelevante quando comparado a outros temas ou à vastíssima literatura produzida sobre o nazismo e o fascismo. A produção dos historiadores merece destaque pela inovação temática, pela abordagem de questões originais que motivaram o estudo de novos objetos baseados em fontes inéditas. René Gertz, em seu artigo "Estado Novo: um inventário historiográfico", afirma que os estudos anteriores sobre o período, apesar da importância dos temas e das polêmicas instigantes, careciam de embasamento empírico e fundamentavam-se em fontes secundárias; as posições eram defendidas por meio da reinterpretação de dados antigos. Foi nesse aspecto que a contribuição dos historiadores se fez notar a partir da década de 1980.[4]

Cabe ressaltar que, anteriormente, havia uma tácita divisão de trabalho entre historiadores e outros cientistas sociais. A historiografia colocava para si como limite temporal a década de 1930 e raramente os historiadores avançavam além desse marco. Por esse motivo, o varguismo recebeu pouca contribuição da historiografia brasileira. O mesmo acontecia na Argentina, onde os estudos sobre o peronismo também foram realizados, na sua maioria, em outras áreas. Prevalecia a concepção de que o distanciamento era imprescindível à boa reconstituição histórica.

Com as revisões interpretativas da História nas últimas décadas, e sobretudo com a renovação da vertente política, o "tempo presente" ganhou prestígio. Na França, o grupo de "Histoire du Temps Présent" passou a ter grande repercussão pelos bons resultados de pesquisa sobre décadas mais recentes. Para seus representantes, o desenvolvimento dessa prática está relacionado ao "retorno à história política", que repousa sobre uma definição repensada do "acontecimento". A novidade não está relacionada com a oposição entre os dois tempos, mas com a análise das interações entre o tempo curto e o tempo longo. Insurgindo-se contra a idéia de que o historiador do político se liga ao efêmero do instante, e diferenciando-se dos analistas da história social ou das mentalidades, citam René Remond, quando afirma: "A oposição [tempo longo x tempo curto] despreza a pluralidade de ritmos que caracteriza a história política. Esta se desenvolve simultaneamente sobre registros desiguais: articula o contínuo e o descontínuo, combina o instantâneo e o extremamente lento" (Peschanski et al., 1991, p.27-8).

Levando em conta as grandes transformações que ocorreram no mundo nos últimos anos, e também o enorme desenvolvimento das tecnologias da comunicação, que metamorfoseou os modos de

---

4 A propósito dos novos estudos sobre o Estado Novo consultar Gertz, 1991 e Capelato, 1998.

percepção do real (passado, presente, futuro), os referidos historiadores consideram que o acontecimento mudou de dimensão: é agora imediato, posto em cena e compartilhado por indivíduos, grupos e nações. Por isso, insistem que o historiador não pode, como antes, mostrar desinteresse pelo acontecimento do tempo presente, devendo, ao contrário, conferir-lhe um lugar especial (idem, p.14).

A partir da década de 1980 vários trabalhos foram produzidos sobre o varguismo e o peronismo abordando temas que privilegiam a relação política/cultura. O livro *Estado Novo: ideologia e poder* contribuiu para chamar a atenção sobre a importância do tema; os artigos aí publicados sugeriram um redimensionamento da historiografia do período e estimularam a realização de outras pesquisas.[5]

Silvana Goulart analisou os mecanismos de poder do Departamento de Imprensa e Propaganda (DIP) criado na década de 1930 e consolidado no Estado Novo, para exercer o controle da comunicação.[6] A autora investigou os processos de sua organização em diferentes conjunturas e os atores que manejaram essa máquina. O trabalho mostra como o Estado assumiu o monopólio da mídia e procurou eliminar a contrapropaganda dos opositores. O DIP atuou na

---

5 O livro, publicado em 1982, é composto por uma coletânea de artigos de autoria de Lúcia Lippi Oliveira, Mônica Pimenta Velloso e Ângela Castro Gomes, pesquisadoras do Centro de Pesquisa e Documentação de História Contemporânea do Brasil da Fundação Getúlio Vargas (CPDoc/FGV). Cabe lembrar que essa instituição foi criada em 1973 com a doação de arquivos privados de políticos (Getúlio Vargas e Gustavo Capanema), contendo valiosíssima documentação sobre o período. Os novos estudos puderam ser realizados, sobretudo, graças a esse material inédito colocado à disposição dos pesquisadores.
6 O trabalho foi apresentado em 1984 como dissertação de mestrado e publicado em 1990. Em 1982, o comunicólogo Nelson Jahar Garcia publicou o livro *O Estado Novo: ideologia e propaganda política. A legitimação do Estado autoritário perante as classes subalternas*. A obra contém um conjunto de informações importantes para o conhecimento dos mecanismos de controle ideológico organizados pelo regime. Heloísa Helena de Jesus Paulo apresentou, no Departamento de História da UFF, mestrado sobre o tema do DIP e publicou o artigo O DIP e a juventude: ideologia e propaganda estatal (1939-1945), *Revista Brasileira de História*, São Paulo, v.7, n.14, 1987.

difusão sistemática do projeto político-ideológico do Estado Novo, auxiliando na criação de uma base social que procurou legitimar as propostas de unidade nacional, de harmonia social, de intervencionismo econômico e de centralização política (Goulart, 1990).

Nas décadas de 1980/1990, foram publicados ou reimpressos, em obras gerais ou específicas, estudos historiográficos sobre o tema: a obra de José Luís Romero, *Las ideas políticas en Argentina*, publicada em 1946, teve sua 8ª reimpressão em 1984; *La democracia de masas*, de Tulio Halperin Donghi, em 1990 apareceu em 3ª edição. Também foram publicados, em 1994, os livros de Luis Alberto Romero, *Breve historia contemporánea de Argentina*, e de Tulio Halperin Donghi, *Argentina en el callejón*, que abordam o tema do peronismo.

Recentemente, foi publicado o livro de autoria de Federico Neiburg, *Os intelectuais e a invenção do peronismo* (1997), que, numa perspectiva da antropologia social e cultural, estuda as relações de um grupo heterogêneo de intelectuais (o intelectual "nacional e popular", o peronista marxista, o sociólogo científico, o militante antiperonista) com o peronismo, mostrando a atuação desses grupos na vida acadêmica e na ação social.

Pablo Sirvén, autor de *Perón y los medios de comunicación* (1984), demonstrou de que forma os meios de comunicação foram controlados e silenciados no regime peronista. Mostra que, em plena vigência do Estado liberal, foi criada uma máquina paraestatal de controle periodístico.

Os trabalhos até aqui mencionados constituíram o ponto de partida para a investigação da propaganda política varguista e peronista. Numa outra perspectiva de análise, procurou-se inserir o objeto em questão numa linha de história das representações políticas, assumindo, também como perspectiva metodológica, o estudo comparado. Considerando que mesmo os estudos voltados para o político, na maior parte das vezes, analisaram essas experiências como sistemas políticos, tentou-se introduzir elementos novos que permitam a compreensão, por outros ângulos, dessas realidades históricas que até hoje continuam despertando o interesse não só dos acadêmicos, mas também do público leitor mais amplo.

Outros historiadores brasileiros já haviam demonstrado a importância da análise dos imaginários políticos. Alcir Lenharo abordou o Estado Novo por esse prisma, abrindo caminho para outros estudos dessa natureza. O autor investigou o período por meio de textos políticos e literários, identificando a construção de um imaginário voltado para a reafirmação do controle social. A transposição de imagens religiosas para o discurso do poder gerou a *sacralização da política*, mecanismo de representação que visava dotar o Estado de uma legitimidade capaz de tornar mais eficientes os novos dispositivos de dominação engendrados pelo novo regime (Lenharo, 1986).[7]

Procurarei mostrar, ao longo da análise, como as propagandas políticas varguista e peronista se valeram exaustivamente das imagens religiosas. A busca de apoio da Igreja nos dois regimes tinha, ao mesmo tempo, um sentido político, mas também a possibilidade de se valer das imagens católicas. Roberto Romano mostra que a linguagem religiosa é sobretudo imagética, o que explica seu poder de persuasão. Citando Espinosa, quando se refere ao jogo das paixões, o autor comenta que o imaginário religioso manipula a esperança e o temor, elementos centrais na dominação das bases populares. Resulta daí uma capacidade de persuasão que dificilmente se encontra diretamente nas ideologias racionalizadoras do mundo laico (Romano, 1979, p.165).

Nessa mesma direção, Eliana Freitas Dutra realizou uma pesquisa sobre os anos 1930, na qual reconstitui o imaginário político do período esboçado em torno de dispositivos, estratégias e conteúdos reveladores de uma disposição totalitária da sociedade brasileira que preparou o terreno para o advento do Estado Novo. A leitura desse texto deixa evidente que o campo do imaginário é o campo do enfren-

---

7   Alcir Lenharo inspirou-se nas análises de intelectuais europeus, franceses especialmente (Felix Guattari, Cornelius Castoriadis, Claude Lefort), que fizeram a crítica do stalinismo, mostrando a importância da construção do imaginário político caracterizado como totalitário. As reflexões de Roberto Romano (1979 e 1981) também serviram de fundamentação para a análise de Lenharo, que procura mostrar de que forma o culto das imagens e dos símbolos do cristianismo foi apropriado e retrabalhado pelo discurso político.

tamento político no qual a luta de forças simbólicas provoca mudanças na sociedade. Como as imagens respondem aos conflitos sociais e às relações antagônicas, elas têm um peso muito grande nas práticas políticas de arregimentação: mobilizam ressentimentos, frustrações, medos e esperanças com intuito persuasivo (Freitas Dutra, 1997).

Na Argentina, estudos mais recentes sobre o peronismo também exploraram o campo das representações políticas. O livro do historiador Mariano Plotkin, *Mañana es San Perón* (1994), enfoca a propaganda, os rituais políticos e a educação no regime peronista (1946-1955), mostrando os mecanismos produzidos para gerar consenso político e mobilização maciça. A obra compilada por Juan Carlos Torres, *El 17 de Octubre de 1945* (1995), explora os múltiplos significados dessa data peronista. Tais publicações, junto das demais obras mencionadas anteriormente, demonstram que o peronismo ganhou, nas últimas décadas, maior representatividade nos estudos históricos.

A história política que hoje retoma o tema do varguismo e do peronismo com base nessas novas perspectivas propõe a revisão de certos conceitos por meio de novos dados fornecidos pelas pesquisas empíricas.

Tanto o varguismo do Estado Novo como o peronismo foram definidos com base em conceitos como bonapartismo e fascismo. Vários autores manifestaram-se contra a caracterização desses regimes como fascistas. No artigo "Fascismo: uma idéia que circulou pela América Latina", procuro mostrar a impossibilidade dessa identificação (Capelato, 1991).

Participando do debate internacional que introduziu o totalitarismo como noção definidora de experiências políticas como a stalinista, autores brasileiros e argentinos o incorporaram nas análises sobre os imaginários políticos varguista e peronista.[8]

O conceito adquiriu tal força entre nós a ponto de alguns autores brasileiros chegarem a identificar o regime militar dos anos 1960-1970

---

8 Na década de 1980, o conceito de totalitarismo pareceu adequado às análises sobre o poder em nova perspectiva: Alcir Lenharo recorreu a ele na interpretação do imaginário estadonovista; na Argentina, o termo foi utilizado por Juan José Sebreli ao estudar *Los deseos imaginarios del peronismo* (1985).

e o Estado Novo por meio da noção de totalitarismo. No entanto, os acontecimentos mundiais recentes provocaram um debate sobre a possibilidade do uso dessa definição em diferentes realidades históricas. Passado o momento em que a contraposição do totalitarismo à democracia cumpriu seu papel político de crítica e denúncia dos vários tipos de violência e repressão cometidos em vários países – além de se prestar à redescoberta das virtudes do pluralismo, do Estado de direito e da preservação das liberdades –, assistiu-se, já no final da década de 1980, a uma mudança de enfoque no que se refere ao totalitarismo. Segundo Pierre Birnbaum, os novos dados de pesquisa impuseram uma reflexão mais sistemática sobre o conceito para que se possa distinguir melhor situações totalitárias (como nazismo, fascismo e stalinismo) que são próximas por certos aspectos, mas se distinguem, fundamentalmente, por outros (Birnbaum, 1987, p.725).

O autor considera que, longe das puras representações da filosofia política, a análise sócio-histórica contemporânea dos fenômenos totalitários leva a uma revisão tanto do conceito como das críticas freqüentemente enunciadas de maneira normativa. Da mesma maneira que um Estado não pode ser totalitário sem desaparecer como tal, ao inverso, uma sociedade organizada de modo totalitário não se torna menos habitada por reivindicações de autonomia e de preservação de formas múltiplas de auto-organização, afirma Birnbaum (idem, p.731).

Roberto Romano trouxe essa discussão para a nossa realidade. Em *O conceito de totalitarismo na América Latina*, argumenta que a definição de totalitarismo não se aplica, em sua plenitude, a nenhum país americano. Mesmo no campo europeu o uso da noção é problemático. Numa perspectiva ideal, o totalitarismo implica a união absoluta entre massas nacionais e Estado, mas

> quando olhamos para as várias experiências européias – nazistas, fascistas, stalinistas – podemos constatar que apenas em alguns instantes de exacerbação, com base o mais das vezes na propaganda, efetivou-se este pesadelo. ... Mesmo nos momentos mais críticos, sob o regime nazista, fascista e stalinista, não é possível dizer que desapareceu absolutamente a oposição ao poder no interior da sociedade.

Na América do Sul, acrescenta o autor, até os casos mais conspícuos de regimes autoritários dos anos 30-40, o argentino e o brasileiro, não se mostram adequados ao conceito. Apenas em níveis ideais, propagandísticos ou em tentativas isoladas, pode-se falar em totalitarismo (Romano, 1996, p.311).

Concordo com o autor quando argumenta que os traços totalitários são identificáveis nos discursos e práticas de Vargas, mas não se pode dizer que houve, no período, "efetivação histórica do conceito em plano macroinstitucional e societário". Durante o Estado Novo, as oposições democráticas e os adversários do varguismo na luta pelo poder continuaram atuando. A repressão foi intensa e as liberdades foram anuladas nesse período, porém não ocorreu o monopólio absoluto do Estado no plano físico, jurídico ou econômico. O imaginário totalitário tinha receptividade numa parte significativa da sociedade, como mostra o trabalho de Eliana Freitas Dutra (1997), mas a imagem da sociedade *una,* homogênea e harmônica, veiculada pela propaganda política, esteve longe de se traduzir numa prática de constituição da opinião única em torno do regime e de seu líder. Cabe ressaltar que nem mesmo entre os ideólogos do regime havia convergência quanto à aceitação do nazi-fascismo como modelo de organização da sociedade e do Estado.

No caso da Argentina, a definição do peronismo como totalitarismo é ainda mais problemática porque essa experiência ocorreu após a derrota do nazi-fascismo, o que tornava ainda mais difícil a realização de um regime de natureza similar. O peronismo atuou nos limites do Estado de direito, característica que o diferenciou, inclusive, do Estado autoritário brasileiro dos anos 1937-1945.

Procurarei mostrar que a referência ao totalitarismo não contribuiu para a melhor compreensão da natureza dos regimes varguista e peronista. No plano conceitual, identificamo-nos com as interpretações que indicam o caráter autoritário dessas experiências; elas apresentam como particularidade a política de massas voltada para a mobilização social e nesse aspecto se diferenciam dos regimes autoritários vigentes na América Latina a partir da década de 1960, mais preocupados com a desmobilização política e social. A política de massas é, por essência, mobilizadora, mas, como buscarei comprovar, apresenta dimensões distintas no Estado Novo brasileiro e nos governos peronistas. A análise comparativa permite levar em conta as especificidades dessas experiências, ajudando a compreender como um fenômeno universal assume características diversas nas conjunturas históricas analisadas.[9]

Num momento em que os estudos históricos buscam recuperar as especificidades, a história comparada permite apontar, ao mesmo tempo, os pontos comuns e as diferenças de fenômenos históricos similares.

A análise comparativa das propagandas políticas varguista e peronista leva em consideração essas questões postas pelas revisões historiográficas.[10]

---

9 Francisco C. Falcon, referindo-se ao fascismo, afirma que, nesse campo de estudo, hoje se busca "perceber as diferenças,... desconfiando-se das generalizações apressadas, produzidas no calor da hora, talvez eficazes para a prática político-ideológica, mas de pequena ou nenhuma valia para o trabalho sério do historiador". Considera que, passado o tempo das grandes sínteses, ou das brilhantes generalizações "teóricas", tremendamente ambiciosas nas abrangências de suas pretensões, procuram os historiadores de hoje a reconstituição histórica concreta dos vários fascismos (Falcon, 1991, p.41-2).

10 A perspectiva de realização de estudos dessa natureza estimulou um debate sobre as possibilidades e os limites do campo em diferentes áreas. Maria Lígia Coelho Prado, retomando colocações de vários autores que se posicionaram sobre essa perspectiva, indagou: "há um método comparativo em história?". Marc Bloch, historiador que utilizou intensamente a comparação, entendia o método comparativo como um instrumento de uso corrente e com resultados positivos. Comparar significa, para o autor, fazer uma escolha em meios sociais diferentes, de dois ou mais fenômenos que apresentam, à primeira vista, certas analogias. Cabe, a seguir, constatar e explicar as semelhanças e diferenças. Já para Raymond Grew, não há método comparativo como tal, mas a comparação pode contribuir para a proposição de novas questões, para a definição mais aguda do problema histórico que se quer resolver e para testar generalizações e hipóteses da investigação social. George Fredrickson também está de acordo que a história comparada não tem um método bem definido, mas serve para alargar a compreensão teórica dos tipos de instituições ou processos, assim contribuindo para o desenvolvimento de teorias e generalizações sociais e científicas.

Compartilhando das opiniões de Marc Bloch sobre a importância do método comparativo em História, considero necessário reproduzir suas observações a propósito de: por que, como e o que comparar? Segundo o autor, deve-se comparar para levantar novas questões, novos problemas que permitam o surgimento de novos enfoques, novas interpretações. Quanto a "como" e "o que" comparar, propõe o estudo de sociedades ao mesmo tempo vizinhas e contemporâneas, influenciadas umas pelas outras, submetidas, em virtude de sua proximidade e de seu sincronismo, à ação das mesmas grandes causas e remontando, ao menos parcialmente, a uma origem comum. Com isso, espera-se chegar a conclusões menos hipotéticas e mais precisas (Coelho Prado, 1993).

O estudo comparativo da propaganda política nos regimes varguista e peronista encaixa-se perfeitamente nessa perspectiva apresentada por Marc Bloch. Muitos autores que estudaram o tema do populismo na América Latina procuraram estabelecer comparações entre os fenômenos. Sem negar a contribuição desses trabalhos, propomos uma abordagem comparativa em outros termos. Partindo das evidências empíricas para a formulação das proposições, pretendemos chegar a conclusões gerais, mas levando em consideração, ao mesmo tempo, as situações comuns e as diferenças que marcaram as experiências históricas em estudo.

O estudo comparado das propagandas políticas varguista e peronista ganha importância ainda maior ao se levar em conta que seus idealizadores se inspiraram nas experiências nazi-fascistas, tanto no que se refere à forma de organização da propaganda como nas mensagens e nos apelos realizados com o intuito de sensibilizar o receptor para práticas políticas de sustentação do poder.

Parto do princípio de que as diferentes realidades (fascismo, nazismo, varguismo, peronismo) não se mantêm separadas, havendo entre elas um movimento constante de circulação de idéias, imagens e práticas políticas que, ao se transportarem da Europa para a América, são apropriadas e reproduzidas, ganhando novo significado. Consideramos, portanto, impossível estudar os dois casos latino-americanos sem levar em conta suas relações com as referidas experiências européias.

Como bem frisou Alcir Lenharo, nos anos 30, os regimes fascistas, o nazismo e o stalinismo, não necessariamente identificados entre si, intercambiaram febrilmente fórmulas e experiências que pretendiam congelar os focos de tensão da história e resolver, definitivamente, a questão social, redimindo, da exploração, as populações trabalhadoras (Lenharo, 1986, p.13). Nesse contexto, imagens e símbolos circularam por várias sociedades, sendo retrabalhados, mas utilizados na propaganda política com o mesmo fim: o de transmitir aos receptores das mensagens um conteúdo carregado de carga emotiva capaz de obter respostas no mesmo nível, ou seja, reações de consentimento e apoio ao poder.

A propósito dessa questão, Roberto Romano adverte:

> para quem vive em sociedades como a nossa, a construção dos imaginários tem uma importância particular... Não se mexe com símbolos impunemente. Eles são o resíduo ético de tradições seculares, preconceitos arraigados nos corações e mentes. (Romano, 1996, p.316)

No livro *Conservadorismo romântico: origens do totalitarismo*, o autor apresentou como traço essencial do pensamento totalitário a manipulação das massas por meio dos símbolos. Esta pesquisa sobre a propaganda política no varguismo e no peronismo foi inspirada, em grande parte, na referida obra.

O imaginário político divulgado pela propaganda nazi-fascista encontra terreno cultural fértil para penetração nas sociedades brasileira e argentina; a formação ibérica as habituou ao uso e ao culto de imagens/símbolos propagados pelo catolicismo desde a conquista e a colonização. Desconstruir esse imaginário, analisar seus elementos constitutivos e relacioná-lo com o contexto histórico de sua produção é tarefa a que os historiadores têm se dedicado ao revisitar o Estado Novo varguista e o peronismo da primeira fase. Pretendemos seguir nessa linha de abordagem.

O estudo da propaganda política insere-se, como já foi dito antes, na história política renovada, na qual a análise dos imaginários e da cultura política ganha destaque. Nesse campo em que o estudo de idéias, imagens, símbolos, mitos, utopias permite a conexão entre política e cultura, o estudo da propaganda política nos regimes de massa encontrara um caminho muito profícuo.[11] A propaganda política entendida como fenômeno da sociedade e da cultura de massas adquiriu enorme importância nas décadas de 1930-1940, quando ocorreu, em âmbito mundial, um avanço considerável dos meios de comunicação. A propaganda nazista teve enorme impacto não só na Europa, mas também na América. Os regimes varguista e peronista procuraram seguir esse modelo.[12]

A propaganda política vale-se de idéias e conceitos, mas os transforma em imagens e símbolos; os marcos da cultura são também incorporados ao imaginário que é transmitido pelos meios de comunicação. A referência básica da propaganda é a sedução, elemento de ordem emocional de grande eficácia na atração das massas. Nesse terreno em que política e cultura se mesclam com idéias, imagens e símbolos, define-se o objeto propaganda política como um estudo

---

11 Muitos autores contribuíram, nas últimas décadas, para a reflexão sobre os imaginários sociais. Maurice Agulhon, em seus estudos sobre a representação da República na França (1979 e 1989) e em outros trabalhos, analisa alegorias, símbolos, emblemas, imagens, mostrando a distinção entre eles e as modificações ocorridas ao longo do tempo. As investigações desse historiador constituíram ponto de partida para os trabalhos dessa natureza.

12 Nesta análise das propagandas varguista e peronista tomei como referência algumas obras importantes para a compreensão do nazismo e do fascismo nesse âmbito. Laura Malvano (1988), além das sugestões metodológicas, levantou questões muito pertinentes para a reflexão da propaganda política na sua relação com a cultura. A grande contribuição da autora reside no fato de não estabelecer uma oposição entre "arte pura" e "arte propaganda", o que permite refletir sobre a relação entre política e cultura num outro nível. O estudo do nazismo também recebeu contribuições novas que privilegiaram a análise dos imaginários políticos veiculados pela propaganda oficial. Dominique Pélassy (1983) estuda, detalhadamente, o significado dos símbolos manejados pelo regime, insiste no fato de que o nazismo não representou apenas uma experiência de uma geração alemã, mas um movimento mais amplo que ocorreu na Europa do entreguerras, época dos grandes fenômenos de massa e surgimento dos fascismos. Considera que a ocorrência desses movimentos levou os investigadores a se interrogarem sobre a lógica de dominação e das estratégias de manipulação que resultam em consentimento. Sugere que a aproximação de experiências similares é muito fértil: elas não se equivalem, mas a visão comparativa permite apreciar as especificidades.

de representações políticas. Tal perspectiva de análise relaciona-se diretamente com o estudo dos imaginários sociais, que constituem uma categoria das representações coletivas.[13] Bronislaw Bazcko afirma que a história dos imaginários sociais se confunde, em larga medida, com a história da propaganda. Nas sociedades contemporâneas, os meios de comunicação de massa passaram a dispor de aparatos técnicos e científicos altamente sofisticados; eles permitem a fabricação e a manipulação dos imaginários coletivos que constituem uma das forças reguladoras da vida social e peça importante no exercício do poder.

Para alcançar a dominação por meio dos imaginários sociais, é necessário o controle dos meios de comunicação, instrumentos de persuasão destinados a inculcar valores e crenças. É nesse ponto que o autor relaciona a história dos imaginários sociais com a história da propaganda. Os meios de comunicação fabricam necessidades, abrindo possibilidades inéditas à propaganda que se encarrega, ela mesma, de satisfazê-las.

Em qualquer regime, a propaganda política é estratégia para o exercício do poder, mas ela adquire uma força muito maior naqueles em que o Estado, graças ao monopólio dos meios de comunicação, exerce censura rigorosa sobre o conjunto das informações e as manipula procurando bloquear toda atividade espontânea.

A imagem totalitária, segundo Claude Lefort, oferece o acabamento perfeito para o ocultamento dos sinais de divisões e conflitos sociais. A ilusão do *uno* serve para eliminar a indeterminação que persegue a existência democrática e tende a soldar o poder à sociedade (Lefort, 1983).

A maioria dos homens deixa-se atrair pela idéia de unanimidade e harmonização com seu semelhante; a propaganda tende a reforçar essa tendência, criando, artificialmente, a impressão de unidade. Jean-Marie Domenach estabelece uma relação entre a propaganda

---

13 Os estudos sobre os imaginários políticos e sociais desenvolvidos por autores como Raoul Girardet (1987), Bronislaw Bazcko (1984) e Pierre Ansart (1978 e 1983) foram de grande valia para a estruturação da proposta metodológica deste trabalho.

e o mito: o mito reaviva o desejo de felicidade e a promessa de comunhão (Domenach, 1954). A propaganda joga com os sentidos e com a imaginação utilizando diversos símbolos. Atua sobre os instintos, suscitando reflexos. A força motriz que ela tende a fazer nascer e dirigir é de natureza sentimental: age sobre os sentimentos, buscando modelar os comportamentos coletivos.

O imaginário totalitário, segundo Pierre Ansart (1983), produz estruturas socioafetivas que se caracterizam por uma dimensão emocional intensa. A propaganda política em regimes dessa natureza opera no sentido de exaltar as sensibilidades, inclinando-se a provocar paixões.

As emoções tendem a se exacerbar nos espetáculos festivos organizados pelo poder. A teatrocracia regula a vida cotidiana dos homens em sociedade, afirma George Balandier. Nas políticas de massa as potencialidades dramáticas são mais fortes e o mito da unidade ligado à imagem do líder torna o cenário da teatralização especialmente adequado ao convencimento.

O poder utiliza meios espetaculares para marcar sua entrada na história (comemorações, festas de todo tipo, construção de monumentos). As manifestações do poder não se coadunam com a simplicidade; a grandeza, a ostentação, o luxo as caracterizam (Balandier, 1980).

Richard Sennett, no capítulo "O homem como ator", aborda o tema do político como ator, indagando: "o que é um ator público?". O homem público como ator se esclarece pelo conceito de expressão como representação de emoções. E o autor conclui: o ator público é o homem que apresenta emoções (Sennett, 1988, p.138). No estudo de "A personalidade coletiva", analisa, exaustivamente, o papel do poeta romântico Alphonse de Lamartine nos episódios de fevereiro de 1948, na França. Ele não havia sido um dos conspiradores dos primeiros dias, mas acabou sendo apreciado por sua capacidade de falar em público. No dia 24, sete vezes dirigiu-se à multidão que, ao final, já o insultava. Mas o orador acabou se impondo como um homem que disciplinava multidões. Tornou-se o emissário do governo para apaziguar a "turba". Lamartine falava de seus sentimentos; comparava o pano vermelho a uma bandeira de sangue e recitava poemas sobre bandeiras de sangue tremulando no céu. Estudos sobre o poeta revelam que ele ensaiava seus discursos diante do espelho, mas dava a impressão de ter inspirações espontâneas, apesar de estudar as tonalidades da própria voz. Sua figura expressava o poder do culto da personalidade sobre os interesses de classe. Ele visava pacificar e o resultado de sua oratória era a platéia disciplinada e passiva, que sentia que o orador era superior a ela. Todos ficavam emocionados com sua fala, mas não se lembravam das palavras nem do assunto que fora tratado (idem, p.271-316). Essa questão colocada pelo autor tem especial importância na análise dos líderes Perón e Vargas.

No terreno das representações do poder, a propaganda política desencadeia uma luta de forças simbólicas; aí se instaura uma violência de tipo simbólico que visa ao reforço da dominação, consentimento em relação ao poder e interiorização de normas e valores impostos mediante mensagens propagandistas. Os filósofos frankfurtianos Theodor Adorno e Max Horkheimer, em *La dialéctique de la raison*, 1984, assim como Herbert Marcuse, em *One dimensional man*, 1974, analisam os efeitos da política de massas conduzida por um líder carismático, do uso dos meios de comunicação para manipulação política e da indústria cultural como produtora de alienação, repressão individual e produção de falsas necessidades. As análises críticas desses autores estiveram na base de nossas interpretações da imprensa como manipuladora de opiniões, tema desenvolvido no livro *Os arautos do liberalismo. Liberalismo e imprensa paulista. 1920-1945*, de 1989. Para a análise atual, que trata do tema da manipulação das consciências pela propaganda política, esses autores continuarão orientando nossas reflexões em vários aspectos.

No entanto, nessa investigação, deparamos com uma questão nova que me foi colocada pela leitura de De Certeau e Chartier, que introduzem outros ângulos de abordagem no que se refere ao fenômeno da manipulação: os autores esclarecem que a incorporação da dominação pelo receptor não exclui a possibilidade de desvios. A eficácia das mensagens depende dos códigos de afetividade, costumes e elementos histórico-culturais dos receptores. Por isso, o efeito não é unívoco e a mesma mensagem pode ser interpretada de maneiras diferentes, produzindo ações diferentes. Essa constatação ajuda a explicar por que uma propaganda política organizada em moldes similares a outras produz resultados diversos (De Certeau, 1975; Chartier, 1986).

A propaganda política constitui, pois, um elemento preponderante da política de massas que se desenvolveu no período de entreguerras com base nas críticas ao sistema liberal considerado incapaz de solucionar os problemas sociais. Nesses anos vivenciou-se, de forma genérica, uma crise do liberalismo. A Primeira Guerra e a Revolução Russa provocaram, segundo inúmeros autores, uma crise de consciência generalizada que, por sua vez, resultou em críticas à democracia representativa parlamentar individualista. O pensamento antiliberal e antidemocrático, de diferentes matizes, revelava extrema preocupação com a problemática das massas. Os ideólogos nacionalistas de extrema direita que se projetaram na década de 1920 continuavam, na trilha de Gustave Le Bon, Scipio Sighele e outros, manifestando desprezo e horror às massas "primitivas", "irracionais", "delinqüentes". Mas, nessa época, outras vozes se levantaram colocando novas soluções para o controle popular: a fim de evitar a eclosão das revoluções, propuseram que o controle social fosse feito por meio da presença de um Estado forte comandado por um líder carismático, capaz de conduzir as massas pelo caminho da ordem. Nesse contexto, a propaganda política foi considerada elemento importante de atração das massas na direção do líder.[14]

A integração política das massas também preocupou as elites de países latino-americanos. O crescimento de movimentos sociais e políticos nos anos 20 fez que o fantasma da Revolução Russa assombrasse ainda mais os mantenedores da ordem. A questão social colocou-se, desde então, no centro das críticas ao liberalismo, considerado incapaz de solucionar os problemas sociais.

---

14 A propósito do nascimento da teoria das massas (século XIX) e sua metamorfose no século XX, utilizei, com muito proveito, os artigos constantes da publicação *Masses et politique*, Hermes 2, Éditions du CNRS, 1988. Os ensaios de Elias Canetti representam valiosa contribuição para a análise do significado da relação líder/massas neste estudo (Canetti, 1995).

As economias latino-americanas foram muito afetadas com o *crash* da bolsa de Nova York, em 1929. A conjuntura de crise favoreceu as mudanças políticas, e em alguns países, como no Brasil, as correntes antiliberais fortaleceram-se e passaram a atuar com vistas à derrocada das instituições liberais. A Revolução de 1930 preparou o terreno para o advento de uma nova cultura política, que se definiu com um redimensionamento do conceito de democracia, norteada por uma concepção particular de representação política e de cidadania. A revisão do papel do Estado complementou-se com a proposta inovadora do papel do líder na integração das massas e a apresentação de uma nova forma de identidade nacional.

Com o advento do Estado Novo, ocorreu a consolidação da política de massas, que, na década seguinte, foi introduzida na Argentina.

O estudo da propaganda varguista restringe-se ao Estado Novo porque foi nesse momento que ela se consolidou como um dos pilares do exercício do poder. O novo regime, constituído por um golpe de Estado sem nenhuma participação popular, buscou legitimação no apoio de setores mais amplos da sociedade mediante a propaganda política. Isso não significa que, no segundo governo Vargas (1951-1954), o recurso à propaganda tenha sido pouco importante. No entanto, o sistema montado no Estado Novo não se adequava à nova fase e os objetivos a serem atingidos pela propaganda, nessa conjuntura, eram bem diferentes. A distinção mais significativa entre os dois períodos, no que se refere à propaganda, reside no fato de que os opositores, silenciados no Estado Novo, utilizaram, no segundo governo, as mesmas armas propagandísticas para combater Getúlio Vargas e dispunham de maior força para atacar o poder na guerra de imagens.

No caso da Argentina, a propaganda política foi organizada no interior do sistema liberal, mas sua natureza e seu propósito de conquista das massas aproximavam-na da brasileira. As propagandas varguista e peronista apresentavam, em comum, o fato de constituírem uma das bases de sustentação de um novo estilo de poder que foi introduzido nos dois países.

Apesar da defasagem de uma década, a comparação entre a propaganda política posta em prática no Estado Novo varguista e no regime peronista justifica-se pela possibilidade de indicar os problemas comuns que deram origem à política de massas nos dois países e o perfil específico que cada qual apresentou tendo em vista as conjunturas históricas particulares.

O estudo da propaganda política requer uma pesquisa de fontes muito diversificadas. O Estado Novo foi fértil na produção de textos: biografias de Vargas, memórias, escritos políticos, discursos, livros de apologia ao regime, obras de natureza teórica produzidas pelos ideólogos do Estado Novo, textos de natureza didática, revistas de cultura e de divulgação ideológica, jornais, livros didáticos de história para o secundário. Esse material escrito raramente vinha acompanhado de ilustrações, mesmo no caso dos textos de natureza didática, destinados a crianças. Além desse núcleo mais forte da propaganda, fotos, cinejornais, filmes de ficção, cartazes, panfletos, programas radiofônicos, radionovelas, músicas, pinturas, esculturas, obras arquitetônicas, moedas, medalhões, hinos e bandeiras completavam o elenco de dispositivos utilizados na propagação das realizações do regime e na conquista de apoio de amplos setores da população.

A propaganda peronista valeu-se de material similar com certas particularidades: o recurso a textos escritos foi menos significativo no peronismo do que no varguismo, resumindo-se, praticamente, aos discursos de Perón. No entanto, as ilustrações eram abundantes e tais desenhos ilustrativos estampados em livros, álbuns comemorativos, revistas e livros didáticos causavam maior impacto do que as fotos, também numerosas. Diferentemente do caso brasileiro, a literatura (romances, contos, poemas, peças de teatro) teve grande importância e representou uma arma de luta contra a oposição, que dela também se valeu com igual força. Os livros de leitura para alunos de primeiro grau, juntamente com o álbum comemorativo das realizações peronistas *La Nación Argentina, Publicación Especial Comemorativa*, 1950, com mais de oitocentas páginas, representam o material mais rico para análise da propaganda. Jornais, revistas e suplementos literários também constituem fontes importantes para esse estudo; o *Mundo Peronista*, órgão de difusão da Escola Superior Peronista, merece destaque. Além desse material impresso, emblemas, escudos, bandeiras, panfletos e cartazes foram muito mais abundantes na Argentina do que no Brasil. A produção de músicas, filmes e fotografias equipara-se nos dois casos. O material fabricado em torno da figura de Eva Perón e suas realizações é muito superior ao referente a Perón ou Vargas. Os líderes têm destaque similar na propaganda política, mas as biografias sobre Vargas e as obras apologéticas sobre o Estado Novo não têm correspondente na Argentina.

Em resumo, no que se refere às fontes, cabe frisar que o contraste mais nítido entre os elementos de propaganda varguista e peronista verifica-se na importância atribuída ao material escrito no Estado Novo e ao material ilustrativo no regime peronista. Além de apontar essas especificidades, tentaremos buscar explicações para essa diferença.

A primeira questão a se colocar relaciona-se à própria natureza da propaganda política. Importa saber qual o objetivo que norteou a construção das propagandas varguista e peronista e quais os mecanismos postos em prática para atingir os respectivos fins.

No primeiro capítulo essas questões serão abordadas procurando indicar o significado de imagens, símbolos e mitos destinados a marcar a identidade dos regimes e dos espetáculos do poder realizados com o objetivo de mostrar sua grandiosidade e força política. Os elementos múltiplos da propaganda política eram veiculados pelos meios de comunicação; sua importância na divulgação das mensagens propagandísticas e as formas de controle exercidas sobre eles merecem análise detalhada.

A produção cultural destinada a propagar os valores novos, o controle dos meios de produção intelectual e artística e a reação a esse controle constituem o assunto do segundo capítulo.

A natureza da política de massas introduzida nos dois países e os elementos da nova cultura política que ela fez emergir são o tema central do terceiro capítulo. A compreensão dessa problemática implica acompanhar, inicialmente, de que forma os artífices dessa política interpretaram o momento internacional e a posição do Brasil e da Argentina nessa conjuntura de transformações. Pretendemos indicar a percepção que os diferentes atores tinham do processo e as justificativas que construíram para a substituição da "democracia liberal" pela "democracia social".

O tema da nova cidadania ocupa lugar de destaque nas discussões sobre as mudanças políticas. O quarto capítulo examina as bases da "cidadania do trabalho", elemento definidor da cultura política posta em prática no varguismo e no peronismo.

O quinto capítulo busca recuperar as formas de construção da identidade nacional coletiva por meio da educação com significado doutrinário. A concepção de educação e o controle de seus mecanismos estão voltados para essa problemática. A análise do ensino de história do Brasil no segundo grau e das lições dos livros de leitura para primeiro grau na Argentina permite mostrar a relação entre educação e propaganda política.

A reflexão sobre os elementos constitutivos da identidade nacional coletiva está contida no sexto capítulo. A substituição da identidade individual própria do liberalismo pela identidade nacional coletiva correspondente à ideia/imagem da "sociedade unida e harmônica", guiada pelo líder, condutor das massas, também é analisada nesse capítulo. Os mitos de salvação e redenção completam esse quadro do imaginário coletivo, veiculado com vistas a produzir sentimentos de adesão aos regimes em pauta.

Antes de dar início à exposição e à interpretação das questões e dos temas indicados, julgamos necessário fazer uma apresentação sucinta dos momentos mais significativos do contexto que deu origem à mudança política no Brasil (1937-1945) e na Argentina (1946-1955). Por se tratar de um estudo comparativo, presume-se que os leitores poderão localizar melhor as referências das análises com base em alguns dados preliminares.

No Brasil da década de 1920, intensificaram-se as oposições à Primeira República, definida como um sistema de poder oligárquico e fraudulento, marcado por interesses regionalistas e pela hegemonia política de São Paulo sobre o conjunto da nação. As insatisfações agravaram-se com a crise econômica de 1929 que afetou, sobretudo, o setor agrário exportador, sustentáculo da política vigente. Nesse contexto, ocorreu a Revolução de 1930, articulada por um conjunto de forças heterogêneas que conduziram Getúlio Vargas ao poder. Em 1932, os políticos paulistas realizaram um movimento armado contra as medidas centralizadoras e intervencionistas do Governo Provisório que implicaram a perda da hegemonia paulista; a conciliação política ocorreu em 1933-4 com a eleição da Assembléia Nacional Constituinte que elaborou a Constituição de 1934. Os ânimos voltaram a se exaltar a partir de 1935, com o episódio do levante comunista que serviu de pretexto para a elaboração de medidas fortalecedoras do poder central. Em 1937, a campanha eleitoral para a Presidência da República fez vir à tona antigas e novas divergências políticas, que foram anuladas com o golpe de 10 de novembro de 1937, apoiado pelas Forças Armadas. Instaurou-se, então, o Estado Novo, com base na Carta Constitucional que legalizou um aparato de medidas destinadas a estreitar o espaço das liberdades políticas, a controlar os movimentos dos trabalhadores, a disciplinar a mão-de-obra e a industrializar o país. Nesse cenário, emergiu o Estado intervencionista que fundou sua legitimidade na defesa do desenvolvimento econômico, da integração territorial, política e social, da criação dos direitos sociais, da construção do progresso dentro da ordem. Nesse regime, Vargas contou com o apoio das Forças Armadas, da Igreja, de setores trabalhadores e proprietários, com os quais manteve negociações ao longo do período.

O Estado Novo terminou com a queda de Vargas em 1945. A vitória dos aliados na Guerra inviabilizava a sustentação de um regime autoritário que passou a ser contestado por setores diversos da sociedade brasileira, que passaram a reivindicar a volta do regime liberal democrático. Assim chegou ao fim a primeira fase do período varguista.

Em setembro de 1930, ocorreu, na Argentina, um golpe desferido pelo general Uriburu com apoio de militares e civis simpatizantes do fascismo. O golpe derrubou do poder o presidente Yrigoyen, líder da União Cívica Radical. Esse partido, responsável pela introdução do sufrágio universal na Argentina, fora criado no final do século XIX como expressão de setores médios e parcela dos trabalhadores urbanos.

Os golpistas de 1930 permaneceram pouco tempo no poder, tendo sido derrotados pelas forças conservadoras que instauraram um regime liberal excludente, caracterizado pela fraude e pelo estreitamento das relações econômicas com o capital estrangeiro. Os capitalistas ingleses conseguiram maiores privilégios com o acordo "Roca-Runciman", estabelecido entre a Inglaterra, representada pelo ministro Walter Runciman, e a Argentina, representada pelo vice-presidente Julio A. Roca. O pacto firmado em maio de 1933 favorecia o mercado inglês, importador da carne argentina. A denominação "década infame", para caracterizar os anos 30, e a expressão "vende-pátria", atribuída às "oligarquias associadas ao imperialismo britânico", mostram bem o clima de descontentamento da época.

Nesse contexto, desenvolveram-se os grupos nacionalistas de direita e de esquerda, críticos da liberal-democracia e do imperialismo.

Em 1943, ocorreu outro golpe no país, organizado pelo Grupo de Oficiais Unidos – GOU (alguns autores traduzem a sigla GOU por Grupo Obra de Unificação), do qual fazia parte o coronel Juan Domingo Perón. Esse grupo nacionalista, simpatizante do nazi-fascismo, proclamou sua vontade de realizar uma "Revolução Nacional".

Perón, nesse governo, ocupou o cargo de secretário do Trabalho e Previsão, no exercício do qual iniciou uma política trabalhista que, em pouco tempo, o transformou em líder dos trabalhadores. Foi preso em 1945, por pressão dos grupos conservadores e de adversários que conquistou no interior de seu próprio grupo. Sua libertação ocorreu graças a uma mobilização de trabalhadores, sem precedentes na história do país, realizada na Praça de Maio, em 17 de outubro de 1945.

Com essa vitória política, Perón despontou como candidato natural à Presidência da República. Em 1946, venceu o candidato da União Democrática, governando até 1951, quando foi reeleito para o cargo. Nessa primeira fase, Perón contou com o apoio primordial dos trabalhadores, mas também de grupos nacionalistas, setores das Forças Armadas e da Igreja. No segundo mandato, o descontentamento já era visível por parte de grupos nacionalistas e da Igreja, que acabou rompendo com o governo. Em 1955, foi destituído do poder por meio de um golpe liderado por seus adversários políticos civis articulados com setores das Forças Armadas. Nos dois mandatos, Perón teve grande dificuldade para angariar adeptos entre os setores dominantes que viam com extrema desconfiança sua ligação com as massas.

As propagandas políticas varguista e peronista tiveram início nesse contexto de transformações políticas significativas.

1
IMAGENS E ESPETÁCULO DO PODER NO VARGUISMO E NO PERONISMO

Nenhum sistema político é mudo, afirma Dominique Pélassy. Um poder que não fala pelo *décor*, pela *mise-en-scène*, pelas medalhas etc., perderia a adesão do grupo. A função simbólica reveste-se de uma importância particular nas ditaduras. Considerando que, na tirania moderna, o poder é forçado a flertar com as massas, não é surpreendente que a persuasão venha em reforço da sujeição (Pélassy, 1983, p.8).

No entanto, acrescenta que a palavra dos teóricos é especialmente importante para animar politicamente as imagens, os gestos, os ritos. Seus propósitos perdem-se e ramificam-se nos romances, nos manuais escolares, nos escritos jornalísticos ou nas brochuras de propaganda. O discurso ideológico funde-se num magma confuso que integra, por pedaços, páginas esparsas da cultura do país. Traficados, deformados, digeridos, suas narrativas cristalizam-se num composto anônimo de que Jean-Pierre Faye tentou desatar os fios. O presente cresce sobre o húmus do passado, mas de um passado interiorizado, que recusa a linearidade e caminha por vias tortuosas (apud Pélassy, 1983, p.10-1).

Procuro seguir essa orientação na interpretação das imagens simbólicas reproduzidas em jornais, revistas, filmes, fotos, cartazes etc., no varguismo e no peronismo.

A função do símbolo, como adverte Pélassy, tem de ser entendida pela lógica de dominação posta em prática por diferentes regimes, levando em conta a importância que cada qual atribuiu à manipulação e ao consentimento. Nesse sentido, podemos dizer que os regimes militares do Brasil e da Argentina das décadas de 1960 e 1970 não são da mesma natureza que a política varguista e a peronista dos anos 1940-50. Nestes, a função simbólica foi muito mais importante do que naqueles. Os regimes militares, embora tenham-se preocupado com a propaganda política, em alguns momentos utilizaram a força como principal recurso para a manutenção do poder. O varguismo e o peronismo demonstraram, de maneira diversa, preocupação com o consentimento popular, buscando apoio e legitimidade nas massas; por isso, valeram-se de símbolos e imagens na luta pela manutenção no poder. Cabe indicar os símbolos privilegiados em cada um desses regimes e verificar o valor que foi atribuído à construção de um universo simbólico.

Imagens e símbolos

A bandeira brasileira e a figura de Vargas foram os símbolos mais explorados nas representações visuais do Estado Novo. Muito significativo é o cartaz em que se desenha o mapa do Brasil, colorido de verde, e, no centro, a bandeira brasileira com a imagem de Vargas desenhada na esfera azul; ao lado, estão os dizeres: "Fortes e unidos, os brasileiros do Estado Novo são guiados pela grande Trindade Nacional: Nossa Pátria, Nossa Bandeira, Nosso Chefe" (*Nosso Século,* n.23, p.176). A referência à simbologia cristã da Santíssima Trindade é clara: a sacralização dos símbolos garante maior força à imagem, como bem mostrou Alcir Lenharo (1986).

Em outro cartaz, desenha-se a figura paternal de Vargas acariciando as crianças (uma delas empunha a bandeira do Brasil) e no desenho se lê: "Crianças! Aprendendo no lar e nas escolas o culto da Pátria, trareis, para a vida prática, todas as probabilidades de êxito" (*Nosso Século,* n.24, verso da capa). Em outro desenho, o Chefe/Pai dirige o olhar a uma multidão de crianças embandeiradas que o contemplam com admiração (ibidem, p.192).

A "Marcha para o Oeste" transformou-se em um símbolo forte do Estado Novo com a obra de Cassiano Ricardo que trata da política de integração nacional. Um cartaz do DIP mostra a figura de Getúlio Vargas ao lado do mapa do Brasil com os dizeres: "O verdadeiro sentido da brasilidade é a Marcha para o Oeste" (ibidem, p.192).

Os símbolos expressavam-se, também, por meio de objetos. O "AcervoVargas" conserva desenhos, retratos, pinturas do presidente Vargas, sozinho ou acompanhado de outros personagens, como o presidente Roosevelt (a pintura retrata os dois presidentes em Natal em 1943 e a tela foi executada por Raymond Neilson, com base em uma fotografia).

Além disso, o acervo contém esculturas, retrato/efígie, retrato/medalhão, perfil confeccionado em concha e madrepérola de Getúlio Vargas. Estatuetas alegóricas e medalhas comemorativas também fazem parte dessa memória. O Museu da República abriga, ainda, objetos estritamente confeccionados para propaganda, na sua maioria, com referências a Vargas: alfinetes, botões, chaveiros, fosforeiras e colher de café confeccionados com moedas da época, medalhas comemorativas, maço de cigarro com efígie de Vargas, flâmulas, estandartes e bandeiras.

Na Argentina peronista, o distintivo mais difundido foi o "escudito" que identificava os leais ao peronismo. Inspirava-se no desenho do escudo nacional: as referências à lança, ao gorro frígio, aos louros, ao sol e até ao azul e branco da bandeira pátria foram apropriadas com mínimas alterações em relação ao original. A especificidade consistia nas mãos apertadas em sentido diagonal em vez do modelo original em que as mãos eram apertadas em sentido horizontal. Segundo Alberto Ciria, essa diferença sugere a relação de subordinação entre o povo unido/organizado e seu líder. Havia, também, uma versão infantil para alunos da escola primária que explicava o significado do "escudo dos valentes". No diálogo entre duas crianças e um adolescente, afirma-se:

– Sobre as cores pátrias, duas mãos se estreitam e sustentam o gorro da liberdade.
– Por que elas não estão na mesma altura?
– Porque uma cuida de levantar a outra. É como se você caísse e eu oferecesse minha mão para levantá-lo. Nesse escudo o significado é semelhante. A mão do forte se oferece à do desvalido. Além disso essas duas mãos unidas simbolizam a irmandade.
– O laurel significa a glória, certo?
– Claro; e o sol nascente, o começo de uma Pátria Nova.

A marcha *Los muchachos peronistas* constituiu outro símbolo carregado de conteúdo emocional, importante para o reforço da relação líder/partidários. Sua gravação definitiva ocorreu em 1949, interpretada por Hugo del Carril; a canção popular exaltava Perón, "grande condutor e primeiro trabalhador" e a "unidade do povo combatendo o grande capital".

O símbolo da justiça foi fartamente explorado pela propaganda política. Representando a doutrina justicialista, a imagem foi impressa em revistas, livros escolares, álbuns etc. A representação da família próspera e unida sugeria que a situação confortável era fruto da política de justiça social. Imagens do trabalho, mas, sobretudo, das realizações materiais foram reproduzidas para evocar progresso econômico e proteção social. Os símbolos católicos, igualmente abundantes, prestavam-se à sacralização do regime. Os heróis da pátria e os grandes feitos nacionais completavam o quadro do universo simbólico peronista.

Os símbolos eram difundidos nas escolas com o objetivo de formar a consciência do pequeno cidadão. Nas representações da "Nova Argentina" e do "Novo Homem" o contraste entre o *antes* e o *depois* era marcante; a comparação tinha como objetivo desqualificar o passado e construir o mito da sociedade perfeita, reino da felicidade.

As fotos, os retratos, as esculturas de Perón e Eva, o escudo, a bandeira, as expressões características como "peronismo", "justicialismo", "terceira posição", as datas exaltadas pelo regime, as composições musicais *Los muchachos peronistas* e *Evita capitana*, fragmentos da obra *La razón de mi vida*, de Eva Perón, discursos do presidente ou de sua esposa, tudo isso constituía conteúdo simbólico de grande força no que se refere à sedução das massas. Todos foram proibidos depois da queda de Perón. Os setores triunfantes consideravam que o peronismo tinha sido uma coisa passageira, uma aberração sedutora das massas trabalhadoras, e como tal deveria ser apagado da memória argentina (Ciria, 1983, p.284-7).

A observação do universo simbólico expresso nos dois regimes permite constatar que a simbologia varguista foi bem mais modesta quando comparada à simbologia peronista; além disso, as imagens produzidas no peronismo tinham força política maior. O recurso à fotografia caracterizou a propaganda estadonovista; a propaganda argentina, ao contrário, valeu-se de ilustrações muito variadas, entre elas as fotos. O uso privilegiado das imagens fotográficas no Brasil revela uma preferência pela representação mais objetiva da realidade, que talvez possa ser explicada como um traço da cultura política brasileira, fortemente marcada pelo positivismo. Cabe lembrar a presença desse ideário na formação do gaúcho Getúlio Vargas. Mas a explicação também pode ser buscada na ênfase que o Estado Novo atribuiu às realizações materiais, meta primeira do governo para concretização do progresso. Na Argentina, a política social foi prioritária. Essas diferenças de objetivos serão explicadas posteriormente.

Os dois regimes tinham objetivos comuns em relação à propaganda política, ou seja, conquistar o apoio da sociedade. Mas a prioridade dessa proposta não era igual, tendo sido muito mais forte na Argentina.

Além dessa especificidade no que se refere à profusão de imagens e à intensidade do uso da propaganda, é preciso levar em conta que cada um dos regimes apresentou uma maneira própria de se valer das imagens e dos símbolos com sentido político.

A decifração do universo simbólico implica aproximações diversificadas e complexas, mostra Pélassy. A viagem ao universo simbólico envolve duas espécies de referências constantes: a aproximação com outras experiências similares, mas sabendo que as ideologias não são equivalentes e as políticas não funcionam de acordo com um modelo único, sendo, portanto, o olhar comparativo que permite apreciar as diferenças. Não se pode compreender a natureza desses regimes sem se referir às suas respectivas histórias, sem levar em conta as heranças culturais. O passado integra-se em algum lugar no presente. As especificidades históricas ajudam a explicar a maneira pela qual os brasileiros e os argentinos viveram subjetivamente os acontecimentos e os choques contemporâneos.

Na Alemanha, o trauma contemporâneo ocorreu na República de Weimar, marcada por violenta inflação, desemprego, desestruturação social e política, além da humilhação imposta pelos termos do tratado de Versailles que explicam, em grande parte, a ascensão do nazismo. Mas a compreensão mais aprofundada desse fenômeno está relacionada à história e à cultura alemãs. O mesmo ocorre em relação à Itália fascista.

No Brasil, o descontentamento com a "República Velha" (domínio das oligarquias retrógradas e decadentes, dos políticos corruptos, do processo eleitoral fraudulento, da política de exclusão, fenômenos que se agravaram com os reflexos da crise de 1929 sobre a economia brasileira) preparou o terreno para o advento do Estado Novo. Na Argentina, a "década infame" (assim definida pela atuação das oligarquias "vende-pátria", pelo domínio do imperialismo britânico, pela política de fraudes eleitorais e pela presença ameaçadora das massas sem liderança na sociedade) criou descontentamentos profundos em amplos setores da sociedade e expectativa de solução dos problemas por outros caminhos. O peronismo veio ao encontro desses anseios.

O uso dos signos nesses regimes produziu um imaginário político em que se define, com igual força, os aliados e os inimigos. A chama de consciência e as veleidades de resistência se enfraquecem nesse universo em que todos os sentidos são agredidos permanentemente. O signo fascina os olhares, mobiliza as energias, compensa as frustrações e infla as vaidades. Por um jogo de identificações, ele encadeia a sorte dos amigos do líder e, ao mesmo tempo, catalisa a violência, permitindo descarregá-la sobre os inimigos, "bodes expiatórios" do momento.

No Brasil de Vargas, o comunismo foi o grande catalisador de sentimentos que mobilizavam temores de desintegração da sociedade e instauração do caos. As representações negativas em torno desse elemento foram muito fortes. Eliana Freitas Dutra mostra como o anticomunismo se constituiu num dos pilares do edifício que deu sustentação ao Estado Novo. Analisa a simbologia do mal (ligada aos valores cristãos), da verticalidade (significando as profundezas das trevas), a invocação ao bestiário (répteis repulsivos, rastejantes, viscosos) e às doenças do organismo social (tumor, câncer, vírus) (Freitas Dutra, 1997). O anticomunismo mobilizou os aliados do regime contra os inimigos da sociedade. O levante comunista de 1935 serviu de pretexto para a concretização de medidas fortalecedoras do Estado em nome da Segurança Nacional. Elas contaram com o apoio de grupos liberais que ajudaram a preparar o terreno para o advento do Estado Novo (Capelato, 1989, p.203-8).

Os "políticos incompetentes da República Velha", que não conseguiram desenvolver o progresso dentro da ordem, também figuravam como inimigos no imaginário político varguista, mas as representações sobre eles não tinham a mesma força das imagens associadas ao comunismo. As "classes produtoras" (proprietários de terra, industriais e grupos financeiros), com quem Getúlio Vargas buscou composição a partir de 1930, não se identificavam com esse grupo de "malfeitores", responsabilizados pelo atraso e pela desordem do país. No que se refere ao imperialismo, a política nacionalista de Vargas não explorou fortemente esse elemento, destacado no imaginário peronista. O antiimperialismo no Brasil era a grande bandeira do movimento prestista e dos comunistas, "bodes expiatórios" número um do varguismo.

Na Argentina, o comunismo também se constituiu numa das imagens catalisadoras do mal; mas era colocado em pé de igualdade com o imperialismo e os políticos da oligarquia corrupta, identificados como "vende-pátria". O imaginário peronista assumiu uma característica particular no que se refere à indicação dos adversários a serem excluídos: pouco a pouco, a propaganda foi compondo um bloco único de inimigos, os "antiperonistas". Em torno desse coletivo se forjaram as imagens da negatividade. Os grupos nacionalistas dos anos 30 já tinham levantado a bandeira do antiimperialismo e do anticomunismo em virtude do terror às "massas". Os conflitos sociais e políticos desencadeados na década anterior e o fantasma das revoluções mexicana e russa explicam a eleição do comunista como símbolo do mal. O antiimperialismo explica-se a partir do acordo "Roca-Runciman", firmado entre o governo argentino e a Inglaterra em 1933, concedendo grandes vantagens ao capitalismo britânico. Esse fato provocou forte reação na sociedade. As oligarquias econômicas, vistas como beneficiárias desse acordo, e as oligarquias políticas, vistas como responsáveis por ele, foram identificadas como inimigas da pátria. O grupo que articulou o golpe de 1943 e, posteriormente, o peronismo, incorporou essas bandeiras na guerra de símbolos.

Na campanha eleitoral de 1945-6, a presença do ex-embaixador norte-americano Braden à frente da oposição peronista deixou clara a reação do governo norte-americano a Perón. O presidente eleito revidou o ataque, elegendo o imperialismo norte-americano e as oligarquias corruptas, suas aliadas, como os principais inimigos do momento.

Na Argentina, os grupos dominantes, na sua maioria, negaram-se a compor com Perón tendo em vista a origem popular do movimento que o conduziu ao poder. A polarização ocorrida na sociedade da época é bem visível nas imagens dicotômicas: peronistas x antiperonistas. A representação dos "peronistas" como sinônimo de argentinos e dos "antiperonistas" como inimigos da pátria demonstra a dimensão da luta política do momento.

Alberto Ciria (1983), referindo-se aos símbolos e mitos peronistas, destacou, em primeiro lugar, o "acontecimento-mito" mais importante e duradouro da história do peronismo: o movimento de 17 de outubro de 1945, ocorrido na Praça de Maio. Segundo o autor, esse dia mostrou a profundidade das mudanças que estavam ocorrendo na cidade de Buenos Aires e no resto do país: "Espontâneas e densas colunas do cinturão industrial invadiram a Praça de Maio reclamando a liberdade do coronel Perón e encarnando em sua pessoa as conquistas trabalhistas e sociais alcançadas." Depois de tensas negociações, o governo, temeroso das conseqüências do enfrentamento entre as forças populares e as forças da repressão, cedeu, permitindo a aparição de Perón nos balcões da Casa Rosada, de onde o líder pronunciou emocionante discurso recebido pelas massas em regozijo.

O primeiro elemento que explica a importância do "acontecimento-mito" é a mobilização, em grande parte espontânea, das massas populares; o segundo é a convergência das multidões para a Praça de Maio, sede do Executivo. A partir de 1946, o 17 de outubro foi decretado feriado nacional e comemorado como festa cívica da maior importância. A Praça de Maio converteu-se em centro simbólico do movimento peronista abarcando uma pluralidade de significados, o mais importante deles relacionado à continuidade estabelecida entre a vitória peronista e a independência da nação.

Eva Perón afirmou:

> No dia 17 de outubro, o Povo Argentino voltou pela primeira vez à Praça de Maio, depois do 25 de Maio de 1810, e, como em 1810, quis saber do que se tratava; mas, como em 1810, já levava sua decisão soberana para fazê-la respeitar. (apud Ciria, 1983, p.277)

Juan Carlos Torres (1995) esclarece que a CGT organizara uma greve para o dia 18 de outubro para exigir a libertação de Perón, no entanto, as massas surgiram na Praça de Maio um dia antes. Isso faz supor que, enquanto a CGT se julgava à frente do movimento, sendo Perón um de seus membros, a liderança peronista tomou a dianteira, antecipando o evento.

A propaganda peronista insistia na idéia de que em 1810 o povo exigira a independência da metrópole e em 1945 exigia a independência das potências estrangeiras e de seus sócios, as oligarquias nacionais. Perón era identificado com San Martin e os dois libertadores se encontravam, por meio do culto da história, na Praça de Maio. Assim, a praça tornou-se cenário das efemérides anuais do peronismo, com tumultuadas orquestras, mobilizações cheias de fervor popular e clima festivo.

O Primeiro de Maio, como mostra Mariano Plotkin (1994), também ganhou a conotação de data-símbolo do peronismo, identifica-

Figura 4 – 17 de outubro de 1945 (*La razón de mi vida*, p.102).

do como movimento dos trabalhadores. As concentrações de massa nessa data prestaram-se ao esvaziamento e à domesticação do significado original do Dia do Trabalho (dia de luta operária), retirando o conteúdo de protesto dos tradicionais atos socialistas, anarquistas e comunistas (ver ilustrações na p.61). A comemoração transformou-se em festa de exaltação ao regime e gratidão ao líder pelas benesses concedidas. Nesse evento aconteciam espetáculos artísticos, bailes e a coroação da Rainha Nacional do Trabalho acompanhada por uma corte de princesas (ibidem, p.277).[1]

Os "descamisados" constituem outro símbolo de grande importância no imaginário peronista; o termo perdeu o sentido pejorativo original, sendo dignificado à condição de "amigo do líder". Descamisado significava, genericamente, povo, massa, mas com o peronismo adquiriu sentido diverso.

Segundo Luís Alberto Romero (1994), a imagem dos descamisados foi construída pelos próprios setores trabalhistas que lhe conferiram sentido positivo: eles se identificavam com a figura do trabalhador, de dorso nu. Mas foi a partir do discurso peronista que a imagem se tornou um símbolo.

Eva Perón afirmou:

> Para mim, descamisado é o que se sente povo... que ama, sofre e goza como povo, mesmo que não se vista como povo. Descamisado é o que esteve na Praça de Maio no 17 de Outubro, ou quis estar. Descamisado é o povo, culturalmente inferior, que aceita, com honra, essa inferioridade, porque, no fundo, se sente forte por meio do seu líder e potencialmente superior porque, por seu intermédio, se sente ascender a uma nova dignidade. (apud Capelato, 1993, p.81)

O "Primeiro Trabalhador", Perón, identificava-se com os "descamisados". Nesse caso, os dois símbolos mesclam-se: o do líder e o das massas.

---

1 Mariano Plotkin realizou uma análise detalhada do significado do "Primeiro de Maio" e de outras datas do peronismo, descrevendo a origem dos rituais e o combate pelo espaço simbólico (Plotkin, 1994, p.75-140).

Figura 5 – Projeto do Monumento ao Descamisado (*Evita: imagens de uma paixão*, p.172; Archivo General de la Nación).

As representações da justiça social, traço marcante da propaganda peronista, também revelam diferença em relação à propaganda estadonovista, na qual o tema é pouco retratado. O epíteto Getúlio Vargas "pai dos pobres" contrasta com o de "Perón, pai e amigo do trabalhador". Essa observação merece dois comentários: Getúlio Vargas e Perón eram considerados pai, mas Perón era também amigo. Os dois termos indicam situações distintas: enquanto o primeiro deixa implícita a autoridade do 'líder pai' em relação ao 'povo criança', a segunda procura mostrar proximidade do líder em relação aos trabalhadores. O "povo criança" representava a idéia de incapacidade de escolha dos representantes, o que justifica o golpe de 1937. Perón, ao contrário, fora eleito pelo voto dos "amigos" que apoiavam sua política de reformas. O termo trabalhador também contrasta com o termo pobre. No Brasil, havia imensa massa de excluídos em relação ao mercado do trabalho que era definida como "os pobres". Cabia ao "pai", chefe da nação, a obra de transformá-los em trabalhadores organizados e produtivos. Na Argentina, os trabalhadores já constituíam uma categoria consolidada: sua organização e sua força política haviam sido demonstradas pela capacidade de conduzir ao poder um representante com o qual se identificavam. Em troca do apoio, Perón lhes ofereceu a "justiça social" que implicava melhoria das condições de trabalho e de vida em geral.

A postura do Estado Novo em relação ao trabalhador era bem diversa. A preocupação maior consistia em transformar o "homem brasileiro" em trabalhador. A imagem do trabalho expressa por Vargas num discurso público é reveladora dessa concepção. O líder afirmou:

> O Estado Novo é uma colméia de trabalho, de ordem, de disciplina, de ação orientada e segura, de modo que cada indivíduo é uma força em movimento, defensor dos interesses de uma sociedade virtualmente nova em suas finalidades e decisivamente capaz em seus esforços. (apud Tucci Carneiro, 1992, p.239)

A imagem da colméia referindo-se a trabalho como fator de progresso coletivo que implica, além de desenvolvimento material, ordem social, era expressa de várias formas pelos meios de comu-

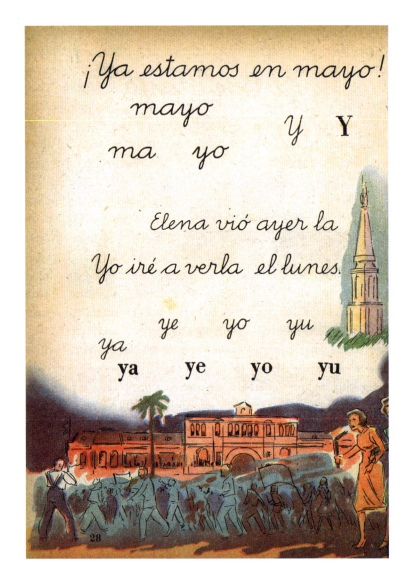

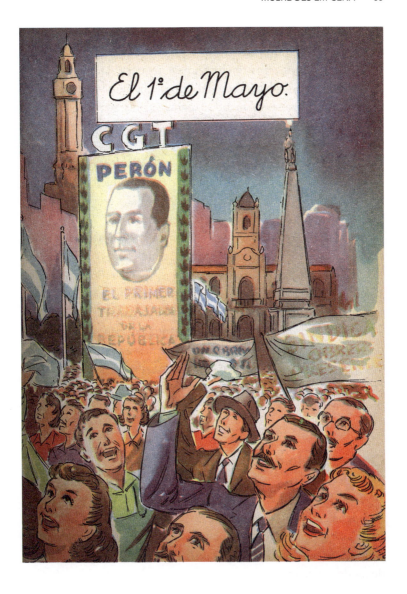

Figuras 6 e 7 – Ilustrações do livro *Privilegiados: libro de lectura inicial*, p.28-9.

nicação. Cabe observar que as abelhas, como coletividade, têm um valor simbólico muito claro: elas representam o povo. Sua casa, a colméia, é confortável e protetora, imagem que se atribuía ao Estado varguista. Como coletividade, laboriosa, elas simbolizam a união aplicada, organizada, submetida a regras estritas, sendo considerada capaz de apaziguar as inquietações fundamentais do ser e trazer a paz (Tucci Carneiro, 1992).[2]

Essa representação do trabalho e dos trabalhadores expressa bem o objetivo do Estado Novo de formação do trabalhador produtivo e ordeiro, entendido como peça fundamental na engrenagem da máquina do Estado construtora do progresso material.

A utilização mais intensa da propaganda política no peronismo explica-se pelo caráter mobilizador que assumiu esse regime, inaugurado com a participação e o apoio das massas. Os representantes do Estado Novo davam menor importância à mobilização das massas, havendo também preocupação menos acentuada em relação à forma e à intensidade de divulgação da propaganda política. A necessidade do apoio popular era menos importante nesse regime instaurado por um golpe que contou com o apoio de setores dominantes e das Forças Armadas, tendo como meta a realização do progresso dentro da ordem.

O espetáculo do poder

O poder, segundo George Balandier (1980), é concebido como um jogo dramático que persiste ao longo dos tempos e ocorre em todas as sociedades, mas a produção de imagens, a manipulação de símbolos e sua organização em um quadro cerimonial efetuam-se de modos variados.

---

2 As seitas iniciáticas ou comunidades religiosas, assim como empresas ou chefes de Estado, costumam evocar essas imagens como símbolo de ordem e segurança (*Dictionnaires des Symboles*, p.834).

Nas democracias, as potencialidades dramáticas são mais débeis. Nos regimes autoritários que se fundamentam na política de massas, a teatralização tem papel mais importante: o mito da unidade e a imagem do líder atrelado às massas tornam o cenário teatral especialmente adequado para o convencimento. O imaginário da unidade mascara as divisões e os conflitos existentes na sociedade. O poder utiliza meios espetaculares para marcar sua entrada na história. O varguismo e o peronismo seguiram o figurino das comemorações e festas cívico-esportivas realizadas na Itália e na Alemanha, mas sem o mesmo brilho.[3]

A propaganda política enfatizava a busca de harmonia social e a eliminação dos conflitos. As mensagens indicavam a construção de uma sociedade fraterna, via Estado, e com base nessa utopia se criou a imagem da "sociedade em festa", coesa e unida em torno do líder.

Cláudia Schemes (1995) procurou mostrar que a teatralização do poder por meio das festas cívicas e esportivas (solenidades oficiais, desfiles cívicos, jogos, demonstrações de atletismo etc.) tinha como objetivo central criar a imagem da sociedade unida, harmônica, alegre e feliz, ocultando as práticas repressivas exercidas para manter o controle social. A coerção física e ideológica exercida sobre os opositores representava a outra face da moeda em que se estampava a imagem do "povo alegre" e da "sociedade feliz" (ibidem, p.5).

Mikhail Baktin, em sua análise das festas populares, observou que elas representam o nascimento de uma nova ordem. No caso das festas oficiais mencionadas, os artífices dos regimes varguista e peronista veicularam, por meio da propaganda, a idéia de que esses governos tinham instaurado uma nova ordem produtora de uma nova sociedade. Ocorre, nesse caso, a inversão do significado da festa popular estudada pelo autor, pois, em vez de o povo comemorar espontaneamente a nova ordem, a comemoração era induzida pelos órgãos oficiais (apud Schemes, 1995).

---

3   A importância das festas oficiais nesses regimes foi demonstrada em Schemes, 1995.

Segundo Dominique Pélassy (1983, p.128), a festa é um signo e faz parte de um ritual: não há sociedade sem ritual e não há ritual sem festa. Normas, regras e doutrinas não são suficientes para fundamentar o consenso social. Aí faltam o calor da emoção, a força mágica do mito que floresce em todas as ideologias, o movimento de símbolos e de gestos que subentende toda organização social. As festas do nazi-fascismo constituem um exemplo impressionante da capacidade de atingir as massas em seus pensamentos e em seus sonhos. Num jogo de luzes, cores, sons, movimentos, provocava-se uma espécie de alucinação coletiva. Excitação e devotamento provocam liberação, mas se trata de um desregramento regulador posto que a descarga que ele autoriza reforça inconscientemente a dependência do pequeno homem em relação ao promotor do espetáculo.

Como no sonho, escreve Domenach, a propaganda contribui para nos fazer viver uma outra vida. Ponto de sujeição sem desrecalque, ponto de quaresma sem carnaval, ponto de regra sem desregramento, a histeria das massas mostra, de uma certa maneira, os traços dessa opressão específica (apud Pélassy, 1983, p.129).

A festa nazista representa, também, um meio de participação, vivido do mesmo modo desviado, hiperbólico, simbólico. É quando surpreende, desorganiza e fascina que a festa encontra sua plena dimensão mobilizadora. O regime transforma o real em espetáculo e, no momento em que a realidade se teatraliza, é o teatro que se torna real: não há mais distância entre o jogo e a existência concreta (ibidem, p.130).

A festa instala a alegria: a alegria espalha-se em profusão; a festa legitima o regime.[4]

---

[4] G. L. Mosse (1975) considera que o convencimento das massas baseava-se essencialmente no valor simbólico da forma imposta pelo ritual e por cerimônias públicas que provocavam alucinações; contrapôs a "força persuasiva da palavra escrita" à forma propagandística privilegiada pelo nazismo, baseada na "emergência de uma linguagem simbólica, pré-lógica, identificada na linguagem artística". A culta artística teria, nesse caso, o papel de exprimir, por meio da forma, a ideologia nazista. A tese do autor foi contestada por Laura Malvano, em virtude de seu caráter monolítico, pré-constituído e rigidamente invariável do celebrativo, gerado pelo encontro entre programa ideológico e linguagem

As comemorações oficiais no varguismo e no peronismo não tiveram a amplitude e a magnificência das que se realizaram na Europa. Mas não se pode negar a inspiração européia desses rituais. Cláudia Schemes (1995) chega a essa conclusão em sua análise sobre as festas cívicas e esportivas no Brasil e na Argentina, mostrando, também, as particularidades das comemorações realizadas nos dois regimes.

A análise dos espetáculos comemorativos no varguismo e no peronismo, produzidos em decorrência da política de massas posta em prática nos dois países, leva em conta a realidade histórica geral e particular. Partindo dela, é possível reconstituir a tensão interna à estrutura de elaboração do celebrativo, examinar a relação entre as necessidades dos regimes e acompanhar as respostas dadas a elas no percurso histórico particular.

Como nas experiências européias, todas as datas nacionais eram comemoradas em grande estilo; as festas eram realizadas nos estádios desportivos: Vasco da Gama, no Rio de Janeiro, Palestra Itália e Pacaembu, em São Paulo (este último foi uma realização do Estado Novo no estilo da arquitetura fascista). Elas aconteciam também nas praças (Praça da Sé, em São Paulo, por exemplo) e avenidas, local dos desfiles. Na Argentina, as comemorações ocorriam na Praça de Maio (Buenos Aires) e nos estádios desportivos.

Os órgãos governamentais eram os responsáveis pela organização dos festejos. No Brasil, o DIP e o Ministério da Educação e Saúde encarregavam-se delas; na Argentina, a CGT era a responsável pelas comemorações. Cláudia Schemes (idem) mostra que as festas tinham ampla participação popular, até porque a presença obrigatória de vários setores (como escolas particulares e públicas, Forças Armadas, Corpo de Bombeiros, Polícia Militar e Especial, bandas, corais, grupos de dança, grupos de teatro, escoteiros e sindicatos) garantia um

---

figurativa, refratário a qualquer possível mutação no tempo. Segundo a autora, a inalterabilidade do esquema estrutural proposto por Mosse deve-se não à realidade histórica do nazismo, mas à sua opção metodológica que o leva a considerar a política de massas uma categoria meta-histórica, pouco propensa a se cotejar com a realidade concreta da Alemanha nazista (Malvano, 1988).

número elevado de participantes. Cada um dos segmentos representados fazia um tipo particular de apresentação: desfiles, danças, encenação teatral, canto, execução de hinos, discursos, palestras etc.

Na Argentina, além dessas atividades, havia a escolha da Rainha Nacional do Trabalho, no Primeiro de Maio e, no 17 de outubro, ocorria a entrega de medalhas aos trabalhadores que se sobressaíam pela dedicação, abnegação e lealdade ao peronismo.

A população chegava ao local das festas valendo-se de qualquer meio de transporte, indo, inclusive, a pé. Para essas ocasiões se preparava um esquema especial de transporte e assistência médica. As pessoas aglomeravam-se nos locais próximos às comemorações, subindo em árvores, prédios, fazendo qualquer esforço para conseguir uma boa visão do espetáculo (Schemes, 1995, p.11-3).

Há uma forte relação entre as festas oficiais e a utopia da sociedade feliz. Os jornais varguistas, nas ocasiões festivas, expressavam essas imagens de formas variadas: "a feição animada do centro da cidade", "o grande entusiasmo e alegria", "vibrantes manifestações operárias", "o aspecto festivo da cidade", "entusiasmo popular", "carinhosas manifestações", "multidão vibrante". No peronismo, as notícias sobre as comemorações acentuavam a idéia de participação: "participação fervorosa", "participação apoteótica da massa". Na propaganda estadonovista eram enfatizadas a cordialidade, a afetividade, a animação, a alegria do povo brasileiro.

Para Mikhail Bakhtin, a festa oficial volta os olhos para o passado e tende a consagrar a ordem estabelecida, procurando perpetuar as regras, os valores, as idéias, as hierarquias (apud Schemes, 1995). Já Bronislaw Baczko (1984) entende que a utopia da festa renova a imaginação humana e pode ser vista como um "espelho mágico" que reflete a vida sonhada e imaginada (ibidem, p.53). Por esse caminho Cláudia Schemes (1995) conclui que mesmo a festa oficial pode conter um elemento de libertação não só da monotonia do dia-a-dia, mas também em relação às suas expectativas de mudança social e atendimento de suas reivindicações.

O autor argentino Félix Luna escreveu uma obra sobre o governo peronista intitulada *La Argentina era una fiesta*. Nesse volume analisa os anos iniciais do governo Perón, quando houve melhora substancial no padrão de vida dos argentinos. O significativo aumento do poder aquisitivo permitia o consumo de bens antes inacessíveis às classes trabalhadoras. O estado de euforia do período resultou, até mesmo, em crescimento demográfico. A política peronista "assinalou uma segurança, um otimismo, uma felicidade geral que induzia as famílias a crescer, a multiplicar-se, sem temer o futuro" (apud Schemes, 1995, p.18).

O nível de vida melhorou consideravelmente no primeiro governo peronista, mas a felicidade coletiva não se limitava aos aspectos materiais. A propaganda política surtia efeito quando procurava transmitir a sensação de proteção que o governo oferecia. As mensagens propagandísticas martelavam a idéia de que Perón salvara o país de muitos perigos: comunismo, imperialismo, oligarquias, velhos políticos. A satisfação com o presente e o otimismo em relação ao futuro advinham de um sentimento de segurança em relação ao poder político que, pela primeira vez, se dirigia a esses setores da sociedade, dignificando o trabalho e valorizando sua função social.

A propaganda varguista procurou fazer algo semelhante. O golpe de 1937 foi justificado como a salvação do país do perigo comunista: alegava-se que a Revolução de 1930 livrara o país das "oligarquias decadentes e retrógradas" e dos "políticos corruptos", enquanto o golpe vencera definitivamente o comunismo. As mensagens de propaganda alardeavam que a "sociedade feliz" concretizara-se no Estado Novo; a 'felicidade brasileira oficial' era comemorada em todas as datas cívicas por meio de festas promovidas pelo Estado para celebrar as realizações do governo. Mas, como veremos mais adiante, a situação brasileira pós-golpe não era tão favorável como a da Argentina no primeiro governo peronista, o que explica diferenças na recepção das mensagens festivas.

2
Propaganda política e controle dos meios de comunicação

O varguismo e o peronismo não se definem como fenômenos fascistas, mas é preciso levar em conta a importância da inspiração das experiências alemã e italiana nesses regimes, especialmente no que se refere à propaganda política. Alberto Ciria (1983) marca a distinção entre fascismo e peronismo, mas reconhece as similitudes entre ambos nos aspectos de comunicação de massas: não só pelo controle sobre a imprensa e pela supressão das publicações opositoras, mas também pelo emprego dos meios de comunicação no sentido moderno. No Brasil e na Argentina, a organização e o funcionamento dos órgãos produtores da propaganda política e controladores dos meios de comunicação também revelam a inspiração européia. Por esse motivo, cabe fazer referência ao significado e à organização da propaganda nazi-fascista.

Os nazistas acreditavam nos modernos métodos de comunicação de massa e, segundo Hannah Arendt, muito aprenderam com a propaganda comercial norte-americana. Mas a propaganda política tinha características particulares: uso de insinuações veladas e ameaçadoras, simplificação das idéias para atingir as massas incultas, apelo emocional, repetições, promessas de benefícios materiais ao povo (emprego, aumento de salários, barateamento dos gêneros de primeira necessidade), promessas de unificação e fortalecimento nacional (Arendt, 1978). A propaganda nazi-fascista exigia uma unidade de todas as atividades e ideologias. A moral e a educação estavam subordinadas a ela. Sua linguagem simples, imagética e agressiva visava provocar paixões para atingir diretamente as massas. Segundo os preceitos de Hitler expressos em *Mein Kampf*: "a arte da propaganda consiste em ser capaz de despertar a imaginação pública fazendo apelo aos sentimentos, encontrando fórmulas psicologicamente apropriadas que chamam a atenção das massas e tocam os corações" (apud Guyot & Restellini, 1987, p.16). Goebbels também expôs o que se deveria esperar da propaganda:

> é boa a propaganda que leva ao sucesso .... Esta não deve ser correta, doce, prudente ou honorável ... porque o que importa não é que uma propaganda impressione bem, mas que ela dê os resultados esperados. (ibidem, p.16)

Tomando como ponto de partida os fenômenos modernos de propaganda, Pierre Ansart afirma que a imposição sistemática de ideologias nos permite compreender melhor como a sensibilidade política não é um estado de fato, mas o resultado de múltiplas mensagens, apelos, interpelações, dramatizações que mantêm ou modificam diariamente os sentimentos coletivos. As pesquisas sobre influência e persuasão mostram como confianças e desconfianças, admirações e ódios são, permanentemente, objetos de um trabalho multiforme de renovação e inculcação.[1]

---

1 Pierre Ansart (1983) afirma que a compreensão da dimensão afetiva das paixões coletivas que acompanham as práticas políticas representa um desafio ao pesquisador. A ciência positiva recusou a possibilidade do conhecimento dessa dimensão da vida social. A psicologia de massas procurou enfrentar o problema de maneira insatisfatória: os resultados dessas investigações se caracterizam por uma simplificação das determinações históricas e uma extrema redução das múltiplas figuras da afetividade coletiva. O autor procura compreender a produção de sentimentos políticos em outras bases: analisa a atuação dos atores ou agentes produtores, o papel dos meios de persuasão e a conseqüência das mensagens.

O totalitarismo, segundo o autor, produz estruturas socioafetivas que se caracterizam por uma dimensão emocional intensa. A propaganda política em regimes dessa natureza atua a fim de aquecer as sensibilidades e tende a provocar paixões. Os sentimentos, fenômenos de longa duração, são manipulados de forma intensa pelas técnicas de propaganda com o objetivo de produzir forte emoção. Mas os móveis das paixões variam conforme o momento histórico (honra, riqueza, igualdade, liberdade, pátria, nação etc.) e, no caso das experiências totalitárias, alguns móveis são comuns (por exemplo, o amor ao chefe, à pátria/nação) e outros são específicos (como o anti-semitismo).

A intensificação das emoções ocorre por meio dos meios de comunicação, responsáveis pelo aquecimento das sensibilidades. Mas os sinais emotivos são captados e intensificados também mediante outros instrumentos: literatura, teatro, pintura, arquitetura, ritos, festas, comemorações, manifestações cívicas e esportivas. Todos esses elementos podem entrar em múltiplas combinações e provocar resultados diversos.

No varguismo e no peronismo, não apenas as técnicas de manipulação destinadas a provocar mudanças de sensibilidade e exaltação dos sentimentos, mas também as formas de organização e planejamento dos órgãos encarregados da propaganda política revelam identidade com a proposta nazista. No entanto, elas apresentam características particulares e produziram resultados distintos do modelo europeu: a comparação dessas experiências permitirá apontar os traços comuns e os específicos.

A análise da natureza, dos objetivos e da eficácia da propaganda nos dois casos em estudo implica uma referência ao modelo de planejamento, organização, conteúdo e prática da experiência pioneira.

Para melhor submeter a população, preparar as massas para as grandes tarefas nacionais e favorecer uma revolução espiritual e cultural, o governo Hitler criou, em 13-3-1933, o novo Ministério da

---

Leva em conta a universalidade do fenômeno da sensibilidade política, mas também a pluralidade e a diversidade das configurações socioafetivas particulares.

Informação Popular e da Propaganda, cuja organização foi confiada a Joseph Goebbels. A partir daí, divulgaram-se, por toda parte, as atuações do partido; o país foi inundado por panfletos, cartazes vermelhos ornados de cruz gamada e jornais distribuídos nas ruas, caixas de correio ou lançados por aviões. Alto-falantes foram usados para repetir as palavras de ordem ou para fazer ouvir as palavras do líder gravadas em discos. Por meio de *meetings* organizados por todo o país, oradores formados pelo partido popularizaram temas e slogans *de* fácil assimilação. As águias, as bandeiras, a cruz gamada de fundo vermelho e branco, os cantos e hinos, os uniformes marrons, as paradas das S.A., desfilando em colunas numa ordem impecável ao som de fanfarras e à luz de tochas, os *Seig Heil* ou os *Heil Hitler*, repetidos em coro pela multidão, não somente asseguravam a coesão das massas, impressionando os indecisos e aterrorizando os adversários, mas também suscitaram êxtase e devotamento. O povo, segundo Goebbels, deveria "começar a pensar em unidade, a reagir em unidade e se colocar à disposição do governo com toda a simpatia" (Guyot & Restellini, 1987, p.22).

O controle do Estado sobre os meios de comunicação

Em qualquer regime, a propaganda política é estratégia para o exercício do poder, mas nos de tendência totalitária ela adquire uma força muito maior porque o Estado, graças ao monopólio dos meios de comunicação, exerce censura rigorosa sobre o conjunto das informações e as manipula. O poder político, nesses casos, conjuga o monopólio da força física e simbólica. Tenta suprimir, dos imaginários sociais, toda representação de passado, presente e futuro coletivos, distintos dos que atestam sua legitimidade e caucionam seu controle sobre o conjunto da vida coletiva.

Os organizadores das propagandas varguista e peronista, atentos observadores da política de propaganda nazi-fascista, procuraram adotar os métodos de controle dos meios de comunicação e de persuasão usados na Alemanha e na Itália, adaptando-os às realidades brasileira e argentina.

Nem todos os ideólogos ou adeptos do Estado Novo declaravam-se simpatizantes do nazi-fascismo, mas alguns explicitaram sua admiração por esses regimes, como foi o caso de Filinto Müller, chefe da polícia política, encarregado da repressão aos opositores, e de Lourival Fontes, diretor do DIP, que exercia o controle sobre os meios de comunicação e cultura, sendo também responsável pela produção e pela divulgação da propaganda estadonovista.

A importância dos meios de comunicação para a propaganda política já fora salientada por Assis Chateaubriand em 1935, ocasião em que criticou Vargas pela incapacidade de utilizá-los de forma eficiente. Mencionando o exemplo da Alemanha nazista, Chateaubriand disse que nesse país

> a técnica de propaganda obtém resultados até a hipnose coletiva.... O número de heréticos se torna cada vez mais reduzido porque o esforço de sugestão coletiva é desempenhado pelas três armas poderosas de combate da técnica material de propaganda: o jornalismo, o rádio e o cinema...
> (*Diário de S. Paulo*, 30 abr. 1935).

Ainda que as recomendações do jornalista não tivessem sido totalmente levadas em conta porque os representantes do Estado Novo tinham cautela quanto à identificação desse regime com o nazi-fascismo, não se pode negar o sucesso do governo no controle dos meios de comunicação. Entre o exagero dos regimes totalitários e a "criminosa negligência" dos liberais, Francisco Campos acreditava na opção pelo equilíbrio, conceituando a imprensa na Constituição como agência pública ou poder público (Goulart, 1990, p.59).

Francisco Campos referiu-se à transformação da

> tranquila opinião pública do século passado em um estado de delírio ou de alucinação coletiva mediante os instrumentos de propagação, de intensificação e de contágio das emoções, tornados possíveis precisamente graças ao progresso que nos deu a imprensa de grande tiragem, a radiodifusão, o cinema, os recentes processos de comunicação que con-

ferem ao homem um dom de ubiqüidade e, dentro em pouco, a televisão, tornando possível a nossa presença simultânea em diferentes pontos do espaço. Não é necessário o contato físico para que haja multidão. Durante toda a fase da campanha ou da propaganda política, toda a nação é mobilizada em estado multitudinário. Nessa atmosfera emotiva seria ridículo admitir que os pronunciamentos de opinião possam ter outro caráter que não seja o ditado por preferências ou tendências de ordem absolutamente irracional. (Campos, 1940, p.25)

Embora o regime não tivesse seguido à risca esse modelo de persuasão das massas, os encarregados da propaganda procuraram aperfeiçoar-se na arte de empolgação e envolvimento das "multidões" por meio das mensagens políticas. Nesse tipo de discurso, o significado das palavras importa pouco, pois, como declarou Goebbels, "não falamos para dizer alguma coisa, mas para obter um determinado efeito". O efeito visado no Estado Novo era a conquista do apoio necessário à legitimação do novo poder, oriundo de um golpe.

O jornal getulista *A Noite* (3 jan. 1945) comentou que Vargas não se perdia no jogo de palavras. O discurso do chefe era elaborado com base em técnicas de linguagem: usava slogans, palavras-chave, frases de efeito e repetições ao se dirigir às massas. Os meios de comunicação reforçavam a figura do líder com frases do tipo "a generosa e humanitária política social do presidente Vargas", "reiteradas e expressivas provas de carinho ao presidente Vargas", "a popularidade do presidente Vargas", "homenagem de respeito e testemunho de gratidão ao presidente Vargas". Esse tipo de linguagem, como bem mostra Armand Robin, presta-se à eliminação das oposições porque, ao se apresentar como a fala do todo, não admite contestação e seu poder de convencimento é muito eficaz (apud Capelato, 1986).

O uso dos meios de comunicação tinha como objetivo legitimar o Estado Novo e conquistar o apoio dos trabalhadores à política varguista. Essa meta se esclarece na justificativa do ministro do Trabalho Alexandre Marcondes Filho referente ao rádio. É importante notar que sua fala data de 1942, ou seja, anos depois do golpe de 1937. A comunicação com os trabalhadores pelo rádio, segundo o ministro, advinha da necessidade de divulgar o novo direito social ainda desconhecido pelo próprio trabalhador beneficiário. Esse desconhecimento se explicava, em parte, pela natureza do processo histórico que presidira a elaboração da legislação social: por não ter sido conquistada ao longo de uma epopéia de lutas e, sim, outorgada pela sabedoria do Estado, essa legislação exigia divulgação e esclarecimentos (Castro Gomes, 1988, p.231).

Ao analisar o período, observa-se que, nos primeiros anos do Estado Novo, a preocupação de contato mais direto com as massas não era marcante. O caráter autoritário da mudança de regime, realizada por meio de um golpe, permite entender essa postura. Ela se modificou, posteriormente, sem atingir, no entanto, a importância e a intensidade da propaganda posta em prática no peronismo.

O processo argentino foi distinto. A campanha eleitoral de 1945 que conduziu Perón à Presidência da República deixou clara a importância da propaganda política, cujos mecanismos foram sendo aperfeiçoados ao longo do período. A forte oposição à nova política implicava a necessidade de ampliação do apoio ao regime, conseguido sobretudo entre os setores populares; esse fato explica o uso mais intenso da propaganda no peronismo do que no varguismo do Estado Novo, no qual o contato com as massas pelos meios de comunicação era realizado por órgãos controlados pelo Estado e legitimados pela Constituição autoritária de 1937.

No país vizinho, a importância atribuída a esse mecanismo de poder já tinha sido explicitada, anteriormente, pelos articuladores do golpe de 1943. Segundo Juan José Sebreli, membros do GOU haviam decidido que, "a exemplo da Alemanha, pelo rádio, pela imprensa controlada, pelo livro, pela Igreja, pela educação, deveria se inculcar no povo o espírito favorável à compreensão do caminho heróico a ser percorrido" (Sebreli, 1985, p.62).

A Constituição brasileira de 1937 legalizou a censura prévia aos meios de comunicação. A imprensa, por meio de uma legislação especial, foi investida da função de caráter público, tornando-se instrumento do Estado e veículo oficial da ideologia estadonovista. O artigo 1.222 exterminava a liberdade de imprensa e admitia a censura a todos os veículos de comunicação. A lei prescrevia: "Com o fim de garantir a paz, a ordem e a segurança pública, a censura prévia da imprensa, do teatro, do cinematógrafo, da radiodifusão, facultando à autoridade competente proibir a circulação, a difusão ou a representação" (*Anuário da Imprensa Brasileira*, DIP, 1941).

Durante o período, foram organizados órgãos de controle e repressão dos atos e idéias. A peça fundamental era o Departamento de Imprensa e Propaganda, que tinha amplos poderes sobre os meios de comunicação e se encarregava da organização da propaganda. Foi com o advento do Estado Novo que o governo sentiu, mais fortemente, a necessidade de investir na propaganda. Nesse sentido, lançou mão de todos os recursos das novas técnicas de persuasão que estavam sendo usadas em diversos países, especialmente na Alemanha de Goebbels.

O Estado Novo ampliou sua capacidade de intervenção na esfera cultural por meio de instituições criadas pelo Ministério de Educação e Saúde Pública.[2]

O Ministério da Educação, nas mãos de Gustavo Capanema, propôs a divisão do Departamento de Propaganda em duas partes: a primeira, de Publicidade e Propaganda, ficaria no Ministério da Jus-

---

2 Em 1932, quando Francisco Campos era ministro da Educação, foram editados dois decretos que definiam as funções desse ministério, que deveria assumir o papel de orientador educacional nos serviços de radiodifusão e na área do cinema educativo. Nessa mesma época, um documento encontrado na pasta do arquivo de Gustavo Capanema, sobre o Instituto Nacional de Cinema Educativo, estabelecia as linhas do que seria um grande e ambicioso Departamento de Propaganda do Ministério da Educação. Segundo o documento, cumpria ao ministério buscar atingir, com toda a sua afluência cultural, a "todas as camadas populares. O Departamento de Propaganda aqui projetado terá essa finalidade. Ele deverá ser um aparelho vivaz, de grande alcance, dotado de um forte poder de irradiação e infiltração, tendo por função o esclarecimento, o preparo, a orientação, a edificação, numa palavra, a cultura de massas" (Schwartzman et al., 1984, p.87). Em 1934, Getúlio Vargas criou o Departamento de Propaganda e Difusão Cultural junto ao Ministério da Justiça, esvaziando o Ministério da Educação não só da propaganda como do rádio e do cinema. A decisão tinha como objetivo colocar os meios de comunicação de massa a serviço direto do Poder Executivo, iniciativa que tinha inspiração direta no recém-criado Ministério da Propaganda alemão, que foi o embrião do DIP.

tiça, e a outra, Difusão Cultural, voltaria ao Ministério de Educação e Saúde. Em 1938, Capanema reivindicou, contrariando as pretensões do ministro da Justiça Francisco Campos, que tanto o Serviço de Radiodifusão Educativa como o Instituto Nacional de Cinema permanecessem como área de atuação do Ministério da Educação, alegando que a radiodifusão escolar era matéria diferente e separada da radiodifusão, meio de publicidade ou de propaganda, assim como, já alegara antes, o "cinema educativo" se distinguia do "cinema escolar" (ibidem, p.88). Em 1939, as atribuições do extinto Departamento de Propaganda e Difusão Cultural passaram para o Departamento de Imprensa e Propaganda, criado nesse ano.

O DIP foi fruto da ampliação da capacidade de intervenção do Estado no âmbito dos meios de comunicação e da cultura. Tinha como função elucidar a opinião pública sobre as diretrizes doutrinárias do regime, atuar em defesa da cultura, da unidade espiritual e da civilização brasileira.[3]

Vinculado diretamente à Presidência da República, o DIP produzia e divulgava o discurso destinado a construir uma certa imagem do regime, das instituições e do chefe do governo, identificando-os com o país e o povo. Nesse sentido, foram produzidos livros, revistas, folhetos, cartazes, programas de rádio com noticiários e números musicais, além de radionovelas, fotografias, cinejornais, documentários cinematográficos. Nesse conjunto, destacam-se a imprensa e o rádio como os meios mais utilizados para a divulgação da propaganda política (Goulart, 1990).

Os discursos de Vargas proferidos em inaugurações, comemorações e visitas, assim como os de seus ministros e assessores, forneciam o conteúdo básico da propaganda. Havia controle direto sobre os veículos de comunicação: jornais, rádios, cinema. A partir de 1940, 420 jornais e 346 revistas não conseguiram registro no DIP. Aqueles

---

3   O órgão estava estruturado da seguinte forma: Divisão de Divulgação, Divisão de Radiodifusão, Divisão de Cinema e Teatro, Divisão de Turismo, Divisão de Imprensa e Serviços Auxiliares. A organização funcional revelava alto grau de centralização e os cargos de confiança eram atribuídos diretamente por Getúlio Vargas.

que insistiram em manter sua independência ou se atreveram a fazer críticas ao governo tiveram sua licença cassada. As "publicações inconvenientes" foram suprimidas.

Com esse esquema, a propaganda oficial alcançou um nível de produção e organização sem precedentes no país e passou a se responsabilizar pela defesa da unidade nacional e pela manutenção da ordem (Goulart, 1990, p.54-9).

Na Argentina, a propaganda política também foi inspirada nas experiências nazi-fascistas. Perón, antes de se tornar líder político, permaneceu algum tempo na Itália e visitou a Alemanha, onde tomou contato com a experiência de propaganda. Após o golpe de 1943, sugeriu que o novo governo apelasse para a publicidade. Nesse sentido, afirmou:

> A propaganda é uma arma poderosa, sobretudo quando se dispõe de todos os meios... O GOU é uma instituição eminentemente castrense que não vai entrar nunca na mente dos civis por mais propaganda que gastemos com ele. Temos que eleger um homem dos nossos e focalizar sobre ele os refletores. O trabalho seguinte consiste em torná-lo simpático. Isso é muito fácil, basta que apareça respaldando todas as disposições que repercutem favoravelmente na população.

Segundo Juan José Sebreli (1985, p.63), todos os presentes concordaram com o plano e escolheram Perón para representar esse papel.

A organização da propaganda política peronista apresentou uma peculiaridade com relação aos demais países: Perón ascendeu ao poder em 1946, após a derrota do nazi-fascismo na Segunda Guerra; foi eleito na vigência do Estado liberal e manteve a Constituição que garantia liberdade de expressão. No que se refere aos meios de comunicação, o líder preferiu mover-se em outro plano, construindo uma máquina paraestatal de produção e controle da propaganda (Sirvén, 1984).

A censura à imprensa teve início imediatamente após o golpe de 1943; foram proibidas de circular 190 publicações nacionais e 79 estrangeiras. Mas com a distensão política, em 1945, a liberdade de imprensa foi recuperada, permitindo aos meios de comunicação manifestar-se contra a candidatura de Perón à Presidência da República em 1946. A grande imprensa foi porta-voz de seus adversários. Uma vez eleito, o governante não mediu esforços para liquidar a imprensa opositora, sem alterar o quadro legal.

A Constituição argentina continuava garantindo a liberdade de imprensa, mas, para a realização do controle institucional dos meios de comunicação, foram criadas a '"Subsecretaría de Informaciones" e a "Secretaría de Prensa y Difusión", inspiradas na organização nazifascista para controle dos meios de comunicação (ibidem, p.15). Integravam a "Subsecretaría" as seguintes repartições: Imprensa, Difusão, Publicidade, Espetáculos Públicos, Arquivo Gráfico, Registro Nacional e Administração. A Direção Geral de Difusão reorganizou a propaganda estatal e tornou-se uma das áreas mais sobrecarregadas: dela dependia a edição de milhares de folhetos destinados a dar publicidade, em diferentes idiomas, à obra do governo e de sua esposa, a ressaltar a figura de ambos, a tomar pública a ação da Fundação Eva Perón. Encarregava-se, também, da fabricação de miniaturas com o escudo justicialista, caixas de fósforos com a imagem do matrimônio de Perón, lapiseiras com inscrições partidárias, cinzeiros, lenços, prendedores, agendas e carteiras com a efígie do presidente ou de sua esposa.

Raul Apold era o homem-chave da propaganda na Argentina. Ocupando o cargo máximo na Subsecretaría, buscava, continuamente, novidades em sua tarefa de elaborar a propaganda do governo. Criou o concurso da Rainha Nacional do Trabalho; foi autor da famosa frase "Perón cumple, Evita dignifica", estampada em enormes cartazes colocados na frente das principais obras do governo; organizou jogos infantis; mandou fabricar relógios cujos números foram substituídos pelos nomes de Perón e Eva, editou milhares de almanaques profusamente ilustrados com a figura do líder e de sua esposa, além de distintivos generosamente distribuídos; montou uma gigantesca exposição fotográfica na rua Florida, uma semana antes da eleição de 1951; organizou o primeiro Festival Internacional de Cinema em Mar del Plata, para o qual foram convidados artistas como Gina Lolobrigida e Errol Flyn (ibidem, p.122-4).

A oposição acusava Apold de querer montar uma maquinária propagandística similar à levada a cabo por Goebbels na Alemanha nazista. Mas o dedicado funcionário acabou sendo condecorado com a medalha de lealdade, que Perón colocou sobre seu peito em 30 de maio de 1950.

Com a criação desses organismos, a censura inorgânica e circunstancial assentou-se em bases mais firmes. Perón considerava a opinião pública uma realidade que não podia ser manejada arbitrariamente nem desprezada como ficção. Para que não ficasse exposta à imaginação dos políticos, colocou-a nas mãos das referidas secretarias que inundaram o país de propaganda peronista.

A organização e a prática da propaganda política nos dois regimes apresentam peculiaridades, mas na sua essência buscavam, como nos modelos europeus, impressionar mais do que convencer e sugestionar em vez de explicar.

Jacques Driencourt (1950) definiu a natureza totalitária da propaganda contemporânea pela sua vinculação com o Estado, fenômeno que atingiu seu ápice no nazismo. Já em 1934 Goebbels apontava a propaganda como a arma mais eficaz de conquista do poder, edificação e consolidação do Estado. Essa arma de conquista do Estado deveria permanecer a serviço dele para impedir o risco de se perder o contato com o povo. Mais do que instrumento do poder, ela era considerada o poder. As propagandas varguista e peronista tinham esse sentido.

A imprensa e o rádio: principais veículos de propaganda

Tanto no varguismo como no peronismo, os esforços de eliminação de vozes discordantes e de penetração ideológica em todos os setores realizaram-se, antes de tudo, no campo da imprensa periódica, seguida pelo rádio.

Na Alemanha, o rádio foi considerado mais importante do que os jornais em manipulação. Com a fabricação em grande escala de aparelhos radiofônicos acessíveis a todos os bolsos, em 1934 o setor conquistou um milhão de ouvintes suplementares (Guyot e Restellini, 1983). Também na Itália o rádio apresentou crescimento espantoso: meio milhão de ouvintes antes da guerra da Etiópia; 30 mil a mais em 1937 e 1,2 milhão no final de 1939. Apesar desse crescimento importante, o fascismo italiano, diferentemente do nazismo, privilegiou a imprensa escrita como canal de divulgação da propaganda.

Mussolini era exaltado como o jornalista mais famoso do país (fora diretor do *Avanti* e depois do *Popolo d'Italia*) e, como o líder, a maioria dos dirigentes fascistas tinha um passado nesse campo. No regime fascista, a imprensa tornou-se um instrumento do Estado a serviço da nação: notícia e informação deveriam ser não um fim em si mesmo, mas instrumento de desenvolvimento e modelagem da consciência nacional. A imprensa italiana tornou-se o canal principal pelo qual o regime transmitia às massas as linhas de sua política interna.

O líder italiano esboçou sua idéia sobre o papel da imprensa no discurso de 10/10/1928:

> O jornalismo, mais do que uma profissão, tornou-se uma missão de grande importância porque na época contemporânea, depois da escola que instrui as novas gerações, é o jornalismo que circula entre as massas encarregando-se de sua informação e formação.

Philiph V. Canistraro (1975) considera difícil indicar, com precisão, quanto tempo demorou para que ocorresse a fascistização da imprensa italiana, mas é certo que, no final de 1926, o processo estava praticamente terminado. O controle por parte do "Ufficio della Stampa" sobre as publicações constituía um elemento essencial da política do regime. No final dos anos 20, o governo começou a determinar diretamente a forma e o conteúdo dos jornais italianos. O jornalismo deveria, desde então, abandonar o estilo antigo e assumir o estilo fascista que consistia em usar uma linguagem precisa, séria e enérgica no lugar da retórica pomposa do regime liberal.

A intrincada organização e a variedade de métodos empregados para o controle da imprensa não foram sempre gerenciadas com eficiência, mas, ao longo de todo o período, o controle exercido sobre o jornalismo italiano foi constantemente reforçado. Mesmo nos anos 1930, quando o rádio e o cinema começaram a fazer concorrência à imprensa, ela não perdeu sua importância para os objetivos do regime (Canistraro, 1975; Castronovo, 1970).

A imprensa foi igualmente controlada e manipulada no varguismo e no peronismo.

As empresas jornalísticas brasileiras só podiam se estabelecer se obtivessem registros concedidos pelos órgãos do DIP e as atividades dos profissionais também ficaram sob esse controle.

Após 1937, ficou estabelecido que a imprensa desempenharia sua função atrelada ao Estado. A justificativa da mudança fundamentou-se na idéia de que o jornal era político por nascença; como, no momento, a política passava a ser a mais alta das atividades públicas, atividade do Estado, a "folha impressa, cumprindo sua tarefa natural, passaria a exercê-la dentro do Estado como função pública" (*Anuário Brasileiro da Imprensa*, DIP, 1941).

A separação entre esfera pública e privada, preconizada pelo liberalismo, era contradita pelos ideólogos antiliberais defensores da absorção do privado pelo público. Essa concepção pressupunha o Estado como *Suma Ratio* da sociedade civil e como tal retirava a liberdade de ação dos intermediários entre o governo e o povo. Nesse sentido, o jornalismo transformou-se numa força coordenada pelo Estado.

O chefe do Estado Novo propôs-se a estabelecer relação direta com as massas e a levar em conta suas aspirações para ganhar-lhes o apoio. Norteado por essa preocupação, o governo erigiu a imprensa em órgão de consulta dos anseios populares. Durante o regime autoritário, os meios de comunicação cumpriram esse papel: além disso, divulgaram as atividades e qualidades do chefe e de seus auxiliares com o objetivo de que fossem tomados como modelo de virtudes pelos cidadãos.

Os periódicos acabaram sendo obrigados a reproduzir os discursos oficiais, a dar ampla divulgação às inaugurações, a enfatizar as notícias dos atos do governo, a publicar fotos de Vargas: 60% das matérias publicadas eram fornecidas pela Agência Nacional. Havia íntima relação entre censura e propaganda. As atividades de controle, ao mesmo tempo em que impediam a divulgação de determinados assuntos, impunham a difusão de outros na forma adequada aos interesses do Estado. A imprensa desempenhou as tarefas que lhe foram atribuídas sem nenhuma independência. Em São Paulo, os jornais liberais, que tiveram importante atuação política, sobretudo a partir dos anos 20, foram praticamente silenciados e tiveram de aceitar em suas redações elementos nomeados pelo governo para vigiá-los. Os proprietários de *O Estado de S. Paulo* tentaram reagir e o resultado foi a expropriação do jornal, em 1940, por representantes do Estado Novo que o converteram em órgão oficioso. *O Estado de S. Paulo*, *A Noite*, de São Paulo, e *O Dia*, do Rio de Janeiro, tornaram-se os principais órgãos de propaganda do regime (Capelato, 1980).

O controle da imprensa não ocorreu apenas pela censura, mas também por pressões de ordem política e financeira. Como na Itália fascista, havia uma série de assuntos e notícias proibidos pelo DIP, por exemplo: as notícias que mostrassem ou sugerissem descontentamentos ou oposição com relação ao regime; temas ou notícias relativos a problemas econômicos (transporte, abastecimento, escassez e alta de preços dos produtos); divulgação de acidentes, desastres, catástrofes, naufrágios, queda de avião; incidentes como brigas, agressões, crimes, corrupção, suborno, processos, inquéritos, sindicâncias etc. (Jahar Garcia, 1982, p.112).

A cooptação dos jornalistas deu-se por meio das pressões oficiais, mas também houve concordância de setores da imprensa com a política do governo. É importante lembrar que Getúlio Vargas atendeu a certas reivindicações da classe, como a regulamentação profissional que garantia direitos aos trabalhadores da área. Muitos jornalistas não se dobraram às pressões do poder, mas, segundo Nelson Werneck Sodré, foram raríssimos os jornais empresariais que não se deixaram corromper por verbas e favores oferecidos pelo governo. Por um lado, o autoritarismo do Estado Novo explica a adesão e o silêncio de jornalistas; por outro lado, não se pode deixar de considerar que a política conciliatória de Getúlio Vargas aliada à "troca de favores" também surtiu efeito entre os "homens de imprensa". Na tese de doutorado intitulada *Os intérpretes das luzes. Liberalismo e imprensa paulista.*

1920-1945, procuro mostrar que muitos representantes de imprensa, antes opositores do governo Vargas, acabaram por enaltecê-lo durante o Estado Novo, como foi o caso de Assis Chateaubriand e Casper Líbero (Capelato, 1986).

O varguismo, como o fascismo italiano, preocupou-se mais com o controle da imprensa do que do rádio, apesar de considerá-lo de grande importância para a propaganda política.

O rádio brasileiro nasceu sob controle estatal, mas havia em torno dele projetos distintos. Houve forte polêmica, nos anos 30, entre a perspectiva político-cultural e a perspectiva empresarial voltada para o consumo. Os ideólogos nacionalistas, artífices do Estado Novo, defendiam o projeto de radiodifusão educativa com vistas à formação da consciência nacional considerada indispensável à integração da nacionalidade; no Estado Novo, o veículo foi valorizado como instrumento de propaganda política do regime (Melo Souza, 1990, p.46-52).

O rádio firmou-se nessa década, adquirindo grande prestígio entre os ouvintes graças a programas humorísticos, musicais, transmissões esportivas, radiojornalismo e às primeiras radionovelas. Em 1937 havia 63 estações e em 1945, 111. O número de radiorreceptores aumentou, durante o Estado Novo, de 357.921 aparelhos para 659.762 em 1942.

O uso político do rádio esteve voltado para a reprodução de discursos, mensagens e notícias oficiais. Em 1931 foi criado o programa *Hora do Brasil,* reestruturado em 1939, após a criação do DIP. O programa tinha três finalidades: informativa, cultural e cívica. Divulgava os discursos oficiais, os atos do governo, procurava estimular o gosto pelas artes populares e exaltava o patriotismo, rememorando os feitos gloriosos do passado. Ele era reproduzido, também, por alto-falantes instalados nas praças das cidades do interior (Jahar Garcia, 1982, p.103-4).

A Divisão de Rádio do DIP controlava toda a programação radiofônica: em 1941, por exemplo, foram examinados 3.971 programas, 487 peças radiofônicas e 1.448 esquetes e foram proibidos 44 programas (em 1940 o número de proibições foi bem maior – 108) (Goulart, 1990, p.69-70).

Além de divulgar as mensagens e os atos oficiais, os diferentes programas deveriam decantar as belezas naturais do país, descrever as características pitorescas das regiões e cidades, irradiar cultura, enaltecer as conquistas do homem em todas as atividades, incentivar relações comerciais. Muito se insistia no fato de que o rádio deveria estar voltado para o homem do interior com o objetivo de colaborar para seu desenvolvimento e sua integração na coletividade nacional.

O projeto político estadonovista de transformar o rádio num instrumento de educação e cultura com vistas à integração nacional teve em Roquette-Pinto um de seus principais defensores. Fernando Limongeli Gurgueira (1995) analisou o significado político do projeto pedagógico e seu embate com outros projetos para o rádio ligados à esfera comercial. O trabalho mostra ainda que, no interior do Estado Novo, havia duas propostas distintas para o rádio: uma do DIP, prevendo a utilização maciça do rádio como veículo de propaganda do regime, e outra do Ministério de Educação e Saúde (o órgão encampou as idéias de Roquette-Pinto), que restringia o uso do rádio às esferas de educação e cultura, opondo-se ao uso exclusivo desse veículo para propaganda política. Do conflito entre os diferentes projetos resultou a definição do sistema de radiodifusão brasileira: um sistema misto em que o Estado controlava e fiscalizava a atividade, mas a exploração ficava por conta da iniciativa privada.[4]

O projeto de "integração nacional pelas ondas" permitiu que as idéias e as mercadorias fossem "vendidas" num mesmo pacote; nesse sentido, não se pode concluir que o rádio no Estado Novo tenha se restringido ao papel de formação do consenso político nem que seu controle tenha sido tão rígido.

Lourival Fontes, diretor do DIP, apresentara ao governo um plano para a criação de uma grande rádio estatal com objetivos propagandísticos, no estilo da que existia na Alemanha de Goebbels, mas o plano não teve acolhida. O projeto de Genolino Amado para

---

4 Fernando Limongeli Gurgueira apresentou uma dissertação de mestrado, sob minha orientação, intitulada *A integração nacional pelas ondas*: o rádio no Estado Novo, no Departamento de História, USP, 1995.

a utilização intensa do rádio na propaganda do regime também caiu no vazio. Na verdade, o controle do rádio durante o Estado Novo foi fragmentado: Lourival Fontes controlava a *Hora do Brasil;* o ministro do Trabalho Alexandre Marcondes Filho, a partir de 1942, tinha sua faixa própria de atuação dentro do horário governamental; Capanema controlava o sistema de radiodifusão educativa e Cassiano Ricardo encarregava-se do Departamento de Divulgação Político-Cultural da Rádio Nacional. Segundo José Inácio de Melo Souza (1990, p.263), o receio do governo de fazer uso de um meio tão poderoso de mobilização popular explica a fragmentação em aplicações isoladas.

A primeira radionovela foi ao ar no Brasil em 1941; produzida em Cuba, abordava o tema *Em busca da felicidade.* Essa programação logo ganhou popularidade superior a de outros programas. As novelas tratavam dos conflitos humanos, exploravam o romanesco e o sentimental e eram expressas numa linguagem coloquial, buscando identificação com um público mais amplo.

É importante notar que, em plena vigência do Estado Novo, as emissoras de rádio exibiam novelas cubanas e argentinas completamente apolíticas e alienantes do ponto de vista participativo. Já o radioteatro recebia orientação do DIP no sentido de explorar os fatos históricos com uma narrativa romanceada. Joraci de Camargo escreveu uma série de dramas históricos (*Retirada da Laguna, Abolição da escravatura* etc.) para ser transmitida na *Hora do Brasil* (Pimenta Velloso, 1987, p.27-8). Essa programação não tinha, certamente, a mesma audiência das radionovelas.

As políticas sobre o rádio no Estado Novo permitem mostrar que, embora os modelos alemão e italiano tenham servido de inspiração para o uso do veículo, o resultado foi diferente. Apesar dos mecanismos de controle do meio, o governo descartou as propostas de amplo uso do veículo para propaganda política.

Na Argentina, imprensa e rádio foram igualmente controlados e a utilização desses veículos como propaganda foi mais intensa do que no Brasil.

Os primeiros embates do governo peronista contra os jornais tiveram grande repercussão no exterior. A Sociedade Norte-Americana de Diretores de Diários, em sua 25ª reunião anual, em abril de 1947, afirmou: "A Argentina é o pior exemplo neste hemisfério. Sabemos que se desenrola uma verdadeira guerra entre os poderosos diários de Buenos Aires e o governo de Perón. Este tem as cartas altas e os diários irão à bancarrota em 1947 a menos que seja abolida a pressão econômica do governo". Perón não modificou sua conduta por causa das denúncias; preocupado com as vozes dissonantes, imprimiu nova força à "Subsecretaría de Informaciones", encarregada de controlar e distribuir o caudal crescente de notícias oficiais. A pressão por meio do fornecimento de papel foi muito grande. Por esse motivo, as páginas de *La Prensa* e *La Nación* foram se reduzindo de 30 para 16, de 16 para 12, até chegar a 6. Enquanto isso, vários jornais oficiosos aumentaram seu tamanho e sua capacidade de circulação (Sirvén, 1984, p.87-90).

Os proprietários dos meios de comunicação que resistiram às investidas do poder ficaram sujeitos a todo tipo de interferência. Por meio de práticas de sabotagem, corrupção, desrespeito às leis, restrições de papel, corte de subsídios, suspensão de direitos, processos por desacato à autoridade, o regime conseguiu amplo controle sobre os meios de comunicação. Em 1951, *La Prensa* foi expropriada, passando para o controle da CGT (Central Geral dos Trabalhadores).

Mediante pressão política e econômica, o governo conseguiu controlar a editora inglesa Haynes e os diários *La Época, La Razón, Crítica, Democracia, Noticias Gráficas* (Ford, Riviera e Romano, 1985).

Durante a campanha eleitoral surgira a revista humorística *Descamisado* para fazer frente à *Cascavel*, opositora de Perón. O diário *El Mundo* e as revistas *Mundo Argentino, Selecta, El Hogar, Mundo Deportivo, Mundo Agrario, Mundo Atómico, Mundo Infantil, Mundo Radical, Caras y Caretas* e *P.B.T.,* que pertenciam ao grupo Haynes, tornaram-se peronistas. À coleção de revistas, foi agregado um novo título, *Mundo Peronista,* principal veiculador da propaganda peronista.

O fundador de *Noticias Gráficas,* em vista do rumo dos acontecimentos, negociou a transferência de seu diário para o grupo peronista, recebendo em troca dinheiro e um cargo diplomático. Esse jornal passou a fazer parte da editora Democracia S.A., que já integrava os periódicos *Democracia*, *El Laborista*, *La Mañana* (de Mar del Plata). O proprietário de *Crítica* também negociou com os peronistas, que o integraram na empresa estatal Alea.

Em meados de 1949, *La Nación* denunciou torturas infligidas pela polícia a opositores do governo; deu crédito ao testemunho de um estudante universitário que afirmava ter sido interrogado sob tortura e acusava as autoridades policiais de aplicar métodos de extrema crueldade a presos políticos detidos sem prova nem fundamentos. Em represália, a contabilidade do jornal foi vasculhada, o que resultou em penalidades, além de limitação de cota de papel. No segundo governo de Perón o periódico o apoiou (Sidicaro, 1993, p.208-22).

No que se refere ao rádio, o controle foi ainda mais eficaz. As empresas radiofônicas desenvolveram-se na Argentina antes do que no Brasil. Enquanto neste país havia 19 emissoras de rádio na década de 20, naquele, 36 emissoras já estavam instaladas, apresentando variedade na programação, tecnologia avançada e presença marcante da publicidade. A Argentina possuía um número de habitantes muito menor do que o Brasil, no entanto o país era mais desenvolvido do ponto de vista econômico e cultural, o que explica o avanço da radiofonia. Em 1922 surgiu, em Buenos Aires, a primeira emissora comercial, o que só ocorreu no Brasil em 1932.[5]

Na Argentina, o controle político sobre o rádio teve início logo após o Golpe de 1943: as emissoras receberam circular que regulava a publicidade e exigia eliminação total das expressões radioteatrais que contivessem "quadros sombrios, narrações sensacionalistas ou relatos pouco edificantes e uso de modismos que rebaixassem a linguagem etc." (Haussen, 1992, p.150).

Posteriormente, na campanha presidencial de 1945, o peronismo fez uso do rádio. Antes de sua posse, o presidente eleito mandou ela-

---

5 Segundo dados de 1927, havia 20 milhões de receptores em todo o mundo, mais da metade nos Estados Unidos, 2,5 milhões na Grã-Bretanha e na Alemanha, 250 mil na Itália e 530 mil na Argentina. Esses dados foram extraídos de Haussen, 1992, p.34.

borar o *Manual de instruções para as estações de radiodifusão*, transformado em decreto logo no início do governo. Nele estavam previstas todas as atividades radiofônicas, desde como preparar os *scripts* até as expressões que deveriam ser usadas para abrir e encerrar os programas. O manual dispunha, também, sobre a criação de departamentos literários e culturais em cada emissora (ibidem, p.151).

O líder argentino sempre reconheceu a importância política dos meios de comunicação de massa. Na campanha pela reeleição, em 1951, afirmou:

> Quando atuamos num ato único, nos basta falar a todo país pelo rádio e não fica nenhum argentino sem conhecer o que terminamos de dizer. Isto antes era impossível, hoje o fazemos em um minuto... assim foi como nós derrotamos a nossos adversários aferrados às velhas normas dos comitês e de transmissões por intermediários.... Às vésperas da eleição de 24 de fevereiro nós demos, pelo rádio, a ordem a todos os peronistas e no dia seguinte todos a conheciam e a executavam. (apud Haussen, 1992, p.154)

Nessa primeira eleição, as empresas de rádio, como as de jornalismo, não apoiaram Perón. A partir de 1947, começaram as pressões para a aquisição das emissoras.

Eva Perón teve um papel preponderante no controle do rádio. Sua vida profissional começara nesse veículo e, quando conheceu Perón, sua carreira de atriz de radioteatro estava consolidada. Em 1944, foi criado um programa intitulado *Para um futuro melhor,* que fazia a propaganda da "Revolução de 1943"; Evita interpretava o papel de uma mulher do povo que conclamava os argentinos a apoiar a revolução. Acabou sendo homenageada e recebeu um prêmio de reconhecimento por sua atuação.

O peronismo influiu até mesmo na mudança da programação: em lugar do tango impôs-se o folclore. Armando Discépolo, irmão do famoso compositor de tangos, abandonou o teatro e concentrou-se na direção de radioteatro. Junto aos temas nacionais, urbanos, de família, foi sendo introduzida a problemática do trabalhador – sua vida na fábrica etc. Os temas sociopolíticos eram tratados nas radionovelas: *Corazón chacarero* abordava a temática do "estatuto do peão", criado pelo secretário do Trabalho e Previsão Juan Domingo Perón, em 1943.

No segundo governo, Perón enfrentou dificuldades econômicas sérias. O "Plano Econômico", lançado no período, continha medidas restritivas: racionamento de carne, farinha de trigo etc. O rádio foi amplamente utilizado na tentativa de conquistar o apoio do povo ao plano. Alguns programas radiofônicos chegaram a salientar os problemas que o excesso de proteínas poderia causar ao organismo (ibidem, p.246).

As leis trabalhistas favoreceram os profissionais do rádio que, em retribuição, apoiaram o governo. Em contrapartida, a diretriz ideológica do peronismo interferia no desempenho dos artistas e jornalistas que eram submetidos a um processo de identificação política.

O governo exigia a utilização de, no mínimo, 50% de música argentina na programação musical. Os discursos de Perón e Eva eram transmitidos nos boletins diários de meia hora; durante a programação, irradiavam-se frases peronistas.

Nos programas de cinco minutos chamados "micros", artistas conhecidos, como Enrique Santos Discépolo, faziam a apologia das realizações do governo, comparando-o com os anteriores. Segundo Alberto Ciria, as conversas radiofônicas de Discépolo em *Penso e digo o que penso* constituem um dos melhores testemunhos de propaganda política peronista: nesse programa o autor/ator enfrentou "mordisquito", figura que representava os opositores de classe média com aspiração à ascensão social. Discépolo encarnava o papel de um peronista de coração, sensível, bem-intencionado, cáustico com seus adversários. Nessas conversas rápidas estabelecia-se o contraste entre o *ontem*, cheio de defeitos e promessas não cumpridas, e o *presente* vibrante, cheio de realizações. Questionava-se a nostalgia evocativa, lembrando que: "O subúrbio de antes era lindo para se ler, não para nele se viver" (Ciria, 1983, p.256-7).

O controle radiofônico foi muito eficaz na Argentina: Eva e Perón conseguiram o total domínio das ondas, segundo Pablo Sirvén (1984). A rádio *Belgrano*, opositora do governo, foi a primeira a passar para as mãos do Estado graças às pressões comandadas por Eva Perón; após esse sucesso, a primeira-dama passou a pressionar os demais proprietários de rádio, que acabaram cedendo às investidas do poder. O controle das três cadeias de rádio, *Belgrano, Splendid* e *El Mundo*, representou a incorporação de 45 emissoras em todo o país. A rádio *San Juan* recusou-se a ser incorporada e saiu do ar. Gradativamente, todas foram passando para o domínio estatal. As transações foram feitas com a ajuda financeira do Instituto Argentino de Promoção Industrial e do Banco Industrial da República Argentina.

O peronismo incorporou, direta ou indiretamente, 23 jornais e 19 estações de rádio. Após a morte de Eva, o periodismo já não representava mais ameaça ao poder de Perón: com o grupo Alea e a telerradiodifusão sob controle, as autoridades peronistas manejavam um monopólio informativo de proporções gigantescas. Perón respondia às críticas internas e externas com ironia. Já fora do poder, afirmou que, quando esteve no governo, jamais se deixara impressionar por elas: "tive a honra de contar-me entre os totalitários" (Sirvén, 1984, p.15).

Anos mais tarde, Perón reconheceu que os meios não são todopoderosos e comentou: "em 1955, tendo a totalidade dos meios à disposição, fui derrotado; em 1945 e 1973, antes das eleições, a imprensa toda se opôs a mim, não impedindo minha chegada à Casa do Governo" (ibidem, p.141).

Pablo Sirvén (idem) cita esse comentário de Perón para concluir que a propaganda política só reforça tendências que já existem na sociedade. A afirmação de Perón permite contestar as teses que insistem na onipotência dos meios de comunicação no que se refere ao controle das consciências. Cabe lembrar que mesmo nos regimes em que esse controle foi levado ao extremo não se conseguiu atingir o objetivo de formar a "opinião única". Tal constatação não implica menosprezo da importância da propaganda política que, mesmo sem obter adesão unânime, representou um dos pilares de sustentação do poder.

3
CULTURA E POLÍTICA NO VARGUISMO E NO PERONISMO

As políticas culturais do varguismo e do peronismo foram coerentes com a concepção de Estado que orientou a atuação dos governantes. Para melhor compreensão da postura assumida nesses regimes perante a cultura cabe, de início, colocar algumas indagações de ordem mais geral: qual a função atribuída ao Estado com relação à cultura? Qual a concepção de cultura expressa pelos representantes do poder? Essas questões suscitam uma reflexão sobre o significado da arte, o poder do Estado e os interesses aos quais ele serve. O que está em causa, como diz Lionel Richard a propósito do tema, é a função social da arte, as relações entre arte e sociedade, arte e poder político. Em suma, cabe saber quem define os que podem e os que não podem produzir cultura, o que pode e o que não pode ser produzido (Richard, 1971).

O tema da relação cultura e poder político sempre suscita acalorado debate entre representantes do poder e produtores de cultura. A posição dos produtores costuma oscilar entre a recusa completa da participação do Estado, ou seja, liberdade total para a produção cultural, e a defesa da interferência do Estado para gerar recursos e distribuir os bens culturais, sem prejuízo da liberdade de produção. A posição dos representantes do poder depende da natureza do regime em vigor: nos regimes autoritários, de diferentes matizes, a intervenção do Estado faz-se presente na produção cultural; já nas democracias prevalece a liberdade de criação até o limite da interferência de interesses diversificados.

Ao se indagar em nome de que valores (políticos, ideológicos, religiosos, morais) se justifica a proibição de um produto cultural, a resposta parece óbvia quando se argumenta que nenhum desses valores é universal e modifica-se conforme a circunstância histórica. Por esse raciocínio, nenhuma proibição é legítima. Mas, como bem mostra Lionel Richard (1971), a questão é mais complexa, pois a valorização da produção cultural passa por outros canais (concepções estéticas, filosóficas e ideológicas em voga na sociedade).

O poder político define, em última instância, os parâmetros relativos à liberdade. Sob um regime democrático há espaço para a diversidade de produção, contestação de valores, expressão das tensões e dos movimentos contraditórios; nos regimes autoritários prevalece o controle da produção em nome de determinados valores (unidade nacional, identidade coletiva, ordem) e a censura é justificada como guardiã dos princípios que o poder político se arvora em defensor, apresentando-os como universais e eternos (Richard, 1971).

A comparação entre o caso brasileiro e o argentino permite compreender melhor a natureza da relação política/cultura e o grau de autonomia da produção cultural configurada no Estado Novo e no peronismo.

Como ponto de partida para a comparação cabe esclarecer que os dois regimes apresentavam uma perspectiva comum a respeito do papel do Estado, ou seja, a defesa da intervenção estatal na cultura, entendida como fator de unidade nacional e harmonia social. Nessa perspectiva, a arte e o saber descompromissados foram questionados no varguismo e no peronismo. Cabe mostrar como cultura, política e propaganda se mesclam nessas experiências.

Observam-se entre a política cultural varguista e peronista diferenças significativas e traços comuns, entre outros, a inspiração nazi-fascista, como ocorreu também em relação aos meios de comunicação.

Nesses campos, não apenas as concepções gerais, mas também as formas de organização, apresentam similaridades a se destacar.

Lionel Richard (1971), em seu estudo sobre a literatura no nazismo, enfatizou a importância conferida à arte nesse regime. Arquitetos e escultores encarregados de transformar o aspecto das cidades alemãs receberam somas enormes de dinheiro. O cinema tornou-se negócio de Estado: atores e produtores transformaram-se em verdadeiros soldados da propaganda. Todos os demais ramos da arte – teatro, pintura, escultura, música, literatura – foram usados para inculcar nas massas os valores do nacional-socialismo.

A arte-propaganda, segundo o autor, glorificou o chefe, a raça e a nação germânica. Hitler, no seu livro-bíblia *Mein Kampf*, determinou: "é necessário expulsar do teatro, das belas-artes, da literatura, do cinema, da imprensa, as produções de um mundo em putrefação; é necessário colocar a produção artística a serviço de um Estado e de uma idéia de cultura moral" (ibidem, p.47).

Os valores estéticos foram substituídos por valores biológicos: raça e sangue. A arte, tendo como função a coesão orgânica, venerou a germanidade.

A nomeação de Goebbels, em 1933, para o Ministério da Propaganda, marcou um virada decisiva na vida cultural alemã. Segundo Jean-Michel Palmier (1978), em menos de um ano o ministério refundiu todas as instituições, submetendo-as ao partido, e eliminou tudo o que parecia estranho ou hostil ao movimento nazista.

Goebbels era o responsável pela reorganização das artes. Dirigiu o "Serviço de Cultura", órgão dividido em seis câmaras especiais consagradas à literatura, ao teatro, à música, ao rádio, à imprensa e às belas-artes. O cinema já tinha sido incluído anteriormente.

Na Alemanha, o cerceamento da produção cultural chegou ao paroxismo. Segundo Richard (1971), a efervescência cultural do período anterior explica, em parte, essa radicalização. Numa sociedade em crise, em que as tensões eram latentes, a cultura fervilhou, complementa Jean-Marie Palmier (1978).

Ao lado dessa produção cultural havia se desenvolvido, também no período anterior, uma arte que exaltava a guerra, o heroísmo, a raça e a nação germânica. Essa tendência encontrou campo aberto para seu desenvolvimento com a vitória do nacional-socialismo. O nazismo apresentou um projeto de embelezamento do mundo por meio da erradicação do feio, do sujo, do maléfico, do impuro. O objetivo mais alto da cultura era a expressão da raça ariana. A idéia de raça pura coincidia com a de cultura superior.

Aos que reagiram a essa submissão da cultura à política e à propaganda – e muitos o fizeram – coube o exílio, o silêncio, a morte. Os demais cantaram a glória imortal do povo germânico e de seu líder.

Na Itália, a situação cultural não chegou a esse extremo. Os intelectuais considerados perigosos foram eliminados fisicamente, como foi o caso de Gramsci, Matteotti, Gobetti e outros. Mas, ao contrário da Alemanha, houve pouca emigração. Um número significativo de intelectuais e artistas identificou-se com o fascismo, apoiou o movimento e defendeu a intervenção do Estado na cultura.

Ao longo do período, grande parte dos adesistas acabou se opondo ao regime. Gentilli foi um dos últimos a render homenagem ao Duce, mas não era um fanático: encarregado de organizar a *Enciclopédia italiana,* permitiu a participação de não-fascistas e até de antifascistas nessa obra.

Segundo Maria Antonieta Macciocchi (1976), a tentativa de fascistização da cultura italiana fracassou. Já Norberto Bobbio (1973) afirma que uma cultura fascista jamais existiu realmente.

O regime conseguiu organizar e manter em torno de si um movimento de mobilização e participação das massas. No entanto, apesar da atuação dos grupos organizados e do uso dos meios de comunicação com fins propagandísticos, o regime não conseguiu impedir que o antifascismo agisse contra o sistema. Macciocchi (idem) afirma que isso aconteceu porque não se conseguiu a penetração profunda da ideologia nas massas.

Além dessa diferença significativa entre o nazismo e o fascismo, cabe ressaltar que o regime italiano, em lugar de condenar a arte moderna, representada na época pelo futurismo, a integrou e oficializou. Essas especificidades podem ser explicadas com base em peculiaridades históricas que não cabe aqui analisar.

Os regimes varguista e peronista conceberam e organizaram a cultura com os olhos voltados para essas experiências européias. Lá, como aqui, a cultura era entendida como suporte da política. No entanto, essa postura mais geral produziu resultados específicos a serem apontados.

A concepção de cultura no varguismo e no peronismo

Não tenho, como é moda, desdém pela cultura ou menosprezo pela ilustração.... No período de evolução em que nos encontramos, a cultura intelectual sem objetivo claro e definido deve ser considerada, entretanto, luxo acessível a poucos indivíduos e de escasso proveito para a coletividade,

afirmou Getúlio Vargas, em discurso proferido em 5/1/1940 (Vargas, s.d., p.346).

O discurso enfatiza a necessidade de a cultura atingir setores excluídos desses benefícios, mas a referência à coletividade explicita a concepção do todo social homogêneo contrapondo-se à indeterminação e ao pluralismo.

Os ideólogos estadonovistas, alegando que o Estado liberal separara o homem, cujo domínio é o da cultura, do cidadão, cujo domínio é o da política, defendiam a necessidade de unificar as esferas política e social mediante o estabelecimento de uma "cultura política". Nessa perspectiva, a política era compreendida como elemento disciplinador, coordenador e organizador das forças sociais; as manifestações culturais só poderiam ocorrer sob a "tutela" da ordem política (Pimenta Velloso, 1982, p.88).

No Estado Novo a função do artista foi definida como socializadora em nível nacional e unificadora em nível internacional. Deveria cumprir a missão de testemunho do social, que em muito ultrapassava a mera veiculação da beleza. A arte vinculava-se ao nacional. Para exprimir os sentimentos sociais, o artista deveria se inspirar em nossos temas e motivos mais típicos (Goulart, 1990, p.100). Nesse contexto, a arte voltava-se para fins utilitários em vez de ornamentais e, por meio dela, buscava-se ampliar a divulgação da doutrina estadonovista. A concepção de cultura que orientou o peronismo era similar à do Estado Novo. Criticando a valorização da cultura estrangeira e o caráter minoritário/elitista das empresas culturais argentinas, Perón afirmou:

> A cultura é um bem comum, e tanto ela como o ensino, em todos os níveis, estão dirigidas ao povo. ... Eu não creio que seja um povo culto o que tem quatro ou cinco bons artistas e quatro ou cinco sábios, e os demais, ignorantes. Eu prefiro um povo que tenha uma cultura e uma ciência medianamente desenvolvidas, mas em grande profusão dentro do elemento popular. (Perón, *Cultura para el pueblo,* s.d.)

Na Constituição reformada em 1949, o capítulo sobre Direitos da Educação e da Cultura e o Segundo Plano Qüinqüenal estabeleceram os princípios fundamentais da concepção cultural do governo.

O Plano Qüinqüenal esclarecia que a Doutrina Nacional era "uma nova filosofia de vida" e a cultura deveria conformar-se a ela, devendo ser "simples, prática, popular, cristã e humanista". Alberto Ciria chama a atenção para o fato de que, por um lado, as declarações oficiais insistiam na absoluta liberdade individual para a arte e para a cultura, ao passo que, por outro, os documentos oficiais insistiam na necessidade de que a cultura se inspirasse nas expressões universais clássicas e modernas e na cultura tradicional argentina. A tradição definia-se na recompilação e na difusão do autóctone, expresso no folclore: música, dança, literatura e costumes dos setores populares (Ciria, 1983, p.214-5).

Segundo Perón, o patrimônio cultural argentino era formado pelos seguintes elementos: história, idioma, religião, culto à família, poesia popular, folclore, danças do povo e devoção a efemérides pátrias. Insistia na necessidade de se incentivar o conhecimento da origem e do desenvolvimento da história pátria; as tradições familiares, tão unidas à "nossa" religião, deveriam ser exaltadas.

O peronismo, tanto quanto o varguismo, recusava a arte pura e a existência do artista como indivíduo; em razão disso defendeu o controle do Estado na área da cultura. A submissão da cultura e de seus produtores era justificada em razão dos valores nacionais. Sem controle, argumentava o líder argentino, "a cultura se dilui num mar de inquietudes espirituais. O naufrágio da cultura de um povo significa a perda do próprio ser nacional" (Perón, 1982, p.89).

Com base nessas concepções de cultura cabe verificar como o varguismo e o peronismo atuaram diante da produção cultural do período.

A produção cultural inserida num projeto político

O cinema, o teatro, a música, as artes plásticas e a arquitetura foram valorizados nesses regimes, mas não da mesma forma ou com igual intensidade.

O cinema recebeu especial atenção no varguismo e no peronismo, ainda que de forma diferenciada. Acompanhando a experiência da Alemanha, país onde ele teve um desenvolvimento excepcional (o ministro Goebbels era cinéfilo e estimulou tanto a produção de filmes de ficção como de documentários), é possível estabelecer paralelos entre essas experiências que valorizaram a imagem como instrumento privilegiado de conquista das massas.

Os ideólogos do Estado Novo e o próprio Vargas demonstraram grande interesse nesse campo. Promovendo a realização de películas que exaltassem os aspectos naturais do Brasil e as ações do governo ou as que realizassem reconstituições históricas, institucionalizou-se, no período, uma política de proteção à indústria cinematográfica; essa política vinha ao encontro das reivindicações dos cineastas, expressas desde a década de 20. A indústria cinematográfica, até então deficitária, pôde contar com o apoio do governante que concebia o cinema como veículo de instrução; nesse sentido, declarou: "o cine será o livro de imagens luminosas em que nossas populações praieiras e rurais aprenderão a amar o Brasil. Para a massa de analfabetos, será a disciplina pedagógica mais perfeita e fácil" (apud Mello Barreto Filho, 1941, p.135-6).

No fim da década, o cinema já estava sob controle: proibia-se o que era considerado perigoso para as mulheres e crianças, havendo sessões só para homens.

Depois da Primeira Guerra o cinema norte-americano começou a ter penetração no Brasil, dominando o mercado. A partir de 1930, os filmes e as agências publicitárias dos Estados Unidos empenhavam-se em vender o

> estilo de vida norte-americano, introduzindo o consumo de diversos produtos como a Coca-Cola, as revistas e os filmes. O comportamento liberado da mulher, projetado nesses filmes, provocou reação entre os defensores dos bons costumes, preocupados com o efeito contaminador das cenas nocivas. A solução estava na educação pela imagem. (Melo Souza, 1990, p.29-46)

Alguns cineastas batalharam para fazer do Estado o grande mecenas do cinema brasileiro, reivindicando, portanto, que ele desempenhasse um papel ativo e protetor dessa atividade cultural para fazer frente ao cinema norte-americano, muito bem situado no mercado brasileiro. Atendendo aos apelos da classe, o governo decretou, em 1932, a lei de obrigatoriedade de exibição de filmes nacionais.

As iniciativas do governo nesse campo fizeram que Getúlio Vargas fosse considerado "o pai do cinema brasileiro". Mello Barreto Filho, no livro *Anchieta e Getúlio Vargas*, transcreve a fala de um entusiasmado "cinematólogo"; ele enaltece o governante protetor do cinema nacional que, "coitadinho, era um fedelho raquítico, enfezado, quase a morrer à míngua, alimentado, apenas, pela tenacidade e pela obstinação de alguns visionários". Vargas deu existência real ao cinema brasileiro:

> Tonificou-lhe o anemizado organismo, injetou-lhe força, energia, descobrindo, para isso, como se descobrisse um ovo de Colombo, a mais benéfica e providencial das vitaminas: o *short* brasileiro de exibição obri-

gatória, estabelecida pelo decreto nº 21.240, de abril de 1932. (Mello Barreto Filho, 1941, p.119)

A obrigatoriedade da inclusão de uma película brasileira nos programas cinematográficos rendeu homenagem dos produtores a Getúlio Vargas, que, na ocasião, pronunciou discurso reconhecendo a importância dos novos meios de comunicação:

> A técnica do cinema corresponde aos imperativos da vida contemporânea. Ao revés das gerações de ontem, obrigadas a consumir largo tempo no exame demorado e minucioso dos textos, as de hoje e, principalmente, as de amanhã entrarão em contato com os acontecimentos da história e acompanharão o resultado das pesquisas através das representações da tela sonora. Os cronistas do futuro basearão seu comentário nesses segmentos vivos da realidade, colhidos em flagrante no próprio tecido das circunstâncias. (ibidem, p.133-4)

Maria Eugenia Celso, autora do livro *A descoberta do Brasil*, apontou como grande perigo do cinema exclusivamente estrangeiro a "inoculação de modas, costumes, ambientes, espírito de outros países, redundando, ao cabo de certo tempo, numa verdadeira desnacionalização sistematizada de gostos e de mentalidade". A autora elogiou a medida de obrigatoriedade de projeção de filmes nacionais comentando:

> O *short* nacional, tão mal recebido a princípio, não só pelos cinematografistas, como pelo público que indignadamente o repelia, foi-se pouco a pouco aclimatando, vencendo o mau humor provocado pela imperfeição das suas primeiras exibições, ganhando terreno na simpatia geral... (apud Mello Barreto Filho, 1941, p.137-9)

Coube ao Instituto Nacional de Cinema Educativo a tarefa de organizar e editar filmes educativos brasileiros.
Com a criação do DIP, a Divisão de Cinema e Teatro ficou encarregada de realizar a censura prévia dos filmes e a produção do Cinejornal Brasileiro. As regras de orientação para a censura indicavam como caso de veto as seguintes situações: ofensa ao decoro público,

cenas de ferocidade que induzissem à prática de crimes, cenas que induzissem aos maus costumes, incitamento contra o regime vigente, a ordem pública, as autoridades constituídas e seus agentes, cenas prejudiciais à cordialidade das relações com outros povos, cenas ofensivas às coletividades e às religiões, cenas que ferissem, por qualquer forma, a dignidade ou os interesses nacionais, cenas que induzissem ao desprestígio das Forças Armadas.

Essas orientações permitiam a proibição de qualquer cena. José Inácio Melo Souza cita, como exemplo dos diversos motivos que justificavam a censura nessa área, um caso de proibição em nome da estética. Vinícius de Morais, na qualidade de censor-substituto do tio Prudente de Morais Neto, censurou um cinejornal com a seguinte argumentação: a proibição, segundo o poeta, se fez em nome do bom gosto. Tratava-se de um filme sobre uma escola pública do interior do Rio de Janeiro. Criticando o cinegrafista que realizou o trabalho num dia de chuva, comentou:

> Quando estava tudo bem sujo, bem enlameado, bem alagado, o nosso prezado cinegrafista... partira para a sua filmagem. Lá chegando, fez reunir a garotada (quase todos pretinhos, positivamente imundos, resfriadíssimos, o nariz escorrendo) em frente à tal escola (um barracão troncho de taipas...) e pôs-se a fazer a sua reportagem. A "fessora", toda prosa, ia e vinha, arrumando o grupo, batendo palmas, dando ordens, fazendo o pessoal marchar muito dentro do meio. E que alegria para eles! Metiam o dedão com vontade na terra encharcada, mostrando as cancelas da dentadura e enxugando o resfriado na manga da camisa mesmo. Nunca quis tanto bem aos nossos pretinhos como naquele dia. (apud Melo Souza, 1990, p.213)

Os documentários cinematográficos, de exibição obrigatória, mostravam as comemorações e festividades públicas, as realizações do governo e os atos das autoridades. A intensidade da produção de documentários pelo DIP gerou protestos dos produtores que a consideravam uma forma de concorrência desproporcional, já que os exibidores prefeririam cumprir a lei de obrigatoriedade com os filmes produzidos pelo governo. Havia concursos, com prêmios em dinheiro, para os melhores documentários, o que levava os produtores a abordar temas do agrado do regime (Jahar Garcia, 1982, p.104-5). A censura atingia também os filmes estrangeiros. Até 1939, proibiu-se a entrada de filmes norte-americanos antinazistas, para regozijo da Alemanha.

O projeto do ministro Capanema para o cinema consistia em retirar o caráter de diversão desse veículo para transformá-lo em instrumento de educação. Seu modelo era a "L'Unione Cinematografica Educativa", a Luce da Itália fascista. O trabalho realizado no Ince era sempre alvo de sua aprovação e de seu elogio: "excelentes são os *shorts* nacionais que demonstram o trabalho e as atividades do governo (aberturas de estradas, montagem de fábricas, vida de portos etc.)".

Além do controle da produção cinematográfica, o ambiente político da época estimulava a criação de filmes de ficção que reproduziam os valores apregoados pelo regime. Como exemplo, cabe mencionar a película *Argila*, produzida com argumento de Roquette-Pinto e direção de Humberto Mauro, que expressa muito bem os componentes ideológicos do Estado Novo.[1]

O enredo expressa a condenação do estilo de vida burguês; mostra um grupo alienado, consumidor de cultura estrangeira, que vive em meio a luxo, ócio, festas, sem se preocupar com os problemas nacionais. Em contraste com esse ambiente, aparece a representação do mundo do trabalho, honrado, orientado por uma moral impoluta e marcado pela religiosidade. O "galã" trabalhador surge em cena como empregado de uma olaria cujo patrão é um português, explorador dos trabalhadores. Mas a atriz Carmem Santos, que faz o papel da burguesa, líder do grupo de alienados, compra a fabriqueta e aí introduz a produção de peças de cerâmica em estilo marajoara.

---

1 Em Aguiar Almeida, 1993, aborda-se a trajetória do cinema brasileiro desde os anos 20 até 1945, mostrando as reivindicações dos cineastas, as formas de organização do cinema, as dificuldades enfrentadas pelos produtores, a relação do cinema com o poder, as tendências cinematográficas e suas perspectivas até a realização de filmes de caráter educativo, engajados politicamente, como foi o caso do longa-metragem *Argila*, estreado em 1942.

Esse fato modifica sua vida e seus valores: converte-se à ideologia nacionalista, o que se evidencia por seu interesse em contribuir para a valorização da cultura nacional/popular (cerâmica marajoara) e por seu envolvimento com o "trabalhador". Em decorrência disso, torna-se protetora dos trabalhadores, aos quais devota estima e respeito.

O filme procurava atender ao objetivo de utilizar o cinema como um instrumento educativo, contribuindo, dessa maneira, para a formação do povo brasileiro em novas bases; pretendia-se colocar o público em contato com personagens e situações capazes de modificar sua conduta.

No entanto, a recepção do filme pelo público foi decepcionante. O "desastroso fracasso de *Argila*", segundo Aguiar Almeida (1993), acabaria expondo não apenas as dificuldades do cinema brasileiro, mas também os limites daquela estratégia que pretendia conquistar as massas para a causa nacionalista por meio do filme educativo.

Comparando a produção cinematográfica brasileira da época com a dos regimes nazista e fascista, o autor mostra que, tanto na Alemanha como na Itália, os filmes produzidos eram, em sua maioria, de diversão, considerados os mais eficientes para a divulgação dos ideais dos regimes entre as platéias que ainda não se haviam convertido ao credo nazi-fascista. Levando em conta que os filmes de propaganda política explícita limitavam-se a "galvanizar os fiéis, sem persuadir os indiferentes e os adversários", Luigi Freddi, o diretor da Divisão de Cinema do Ministério da Cultura Popular, imprimiu essa orientação à produção cinematográfica italiana, acreditando que, movido pelo amor ao cinema, esse público compareceria às salas de exibição, travando contato com os temas de propaganda oficial, sugeridos de forma sub-reptícia em enredos aparentemente apolíticos.

Filmes como *Argila*, *Romance proibido*, *Aves sem ninho* e *Caminhos do céu* denotavam o esforço de propagação dos ideais do Estado Novo mediante filmes de ficção. Essas fitas, no entanto, disputavam público com as produções norte-americanas. Sem possuir uma indústria cinematográfica capaz de suprir as necessidades do mercado, bom receptor dos filmes hollywoodianos, o cinema educador/nacionalista brasileiro resultou em fracasso de bilheteria, sem conseguir penetrar no mercado exibidor, nem atingir grande público. Os longas-metragens não cumpriram a "função dinâmica de constante agitador das almas". As "almas" brasileiras continuaram entregues ao culto de heróis, divas e ideais veiculados por Hollywood (Aguiar Almeida, 1993, p.3-12, 200-3).

No período houve intenso debate entre intelectuais, educadores, políticos e produtores nacionais, que defendiam a idéia do cinema como agente pedagógico, e os representantes do cinema comercial, que viam o cinema como entretenimento e mercadoria capaz de gerar lucros. No caso do cinema, como no do rádio, os projetos ideológicos em relação aos meios de comunicação, formulados pelos adeptos do regime, tiveram de competir com os do setor privado, que utilizavam esses mesmos veículos para produzir mercadoria geradora de lucro. Como dispunham de melhor técnica de produção e sensibilidade empresarial para captar o gosto do público consumidor, obtiveram melhores resultados que os ideólogos nacionalistas da época.[2]

A situação do cinema na Argentina era diferente. Desde os anos 30 tinha êxito de público e, como o rádio, já criara seus astros e estrelas para as massas; Libertad Lamarque e Hugo del Carril faziam sucesso. Os setores populares de Buenos Aires, apreciadores da radionovela, aceitaram bem o cinema nacional que aproveitou e aperfeiçoou essa tradição; os demais preferiam o cinema francês ou a produção hollywoodiana. Nesse caso, o cinema "criollo" era visto como expressão "pobretona" da indústria nacional.

A política cinematográfica do peronismo apresentou características similares às praticadas nas outras áreas de cultura e comunicação. A lei n.12.900, de 1947, com modificações posteriores, dispôs sobre a obrigatoriedade de exibição de películas argentinas em todos os cinemas, como ocorreu em outros países orientados por uma política de cunho nacionalista. *Sucesos argentinos* era o nome do documentário informativo que antecedia a exibição dos filmes: nele apareciam não só notícias sobre realizações do governo, mas também comentários

---

2 A propósito dos valores que norteiam o cinema hollywoodiano da época e sua penetração/recepção no Brasil, cf. Gonçalves, 1996.

esportivos, inventos etc. O Banco de Crédito Industrial outorgou muitos empréstimos sem garantias reais: a dívida acumulada atingiu, em 1954, cifras multimilionárias, segundo Cesar Maranghello. Além disso, foram reduzidas drasticamente as permissões para entrada de filmes estrangeiros, chegando-se, em 1950, à importação mais baixa (131 películas). A decisão reduziu o público a 30% (Maranghello, 1984, p.89-108).

É importante assinalar que as medidas protetoras tiveram início na década de 1930, momento em que o governo não revelava nenhuma tendência de tipo nacionalista. As pressões de grupos nacionalistas que se consolidaram nessa época podem explicar essa medida governamental. Na ocasião, consolidou-se a produtora Argentina Sono Film, fundada em 1933, mas também delas se beneficiaram aventureiros que entraram no ramo em busca de lucros fáceis. Nessa conjuntura, a qualidade dos filmes piorou tanto a ponto de provocar sua decadência no mercado latino-americano no qual, até então, estavam bem situados.

O cinema nacional na época peronista esteve vinculado à trajetória política de Raúl Apold (ex-encarregado da publicidade da Argentina Sono Film). Em 1947, foi designado "director de Difusión de la Subsecretaría de Informaciones de la Presidencia de la Nación" e, em 1949, passou a ser "subsecretario de Informaciones", convertendo-se em homem-chave do cinema.

No início do segundo governo de Perón, Apold reconheceu a crise do cinema argentino, comentando que a proteção oficial só estimulara o aumento do número de filmes, mas não a qualidade. Admitiu que só na base da competência os mercados estrangeiros eram conquistados e se mantinham, mas os produtores argentinos do momento interessavam-se apenas pelo lucro. A quebra de empresas devia-se, segundo ele, à má organização, à má comercialização e à má qualidade dos filmes contrapostos aos frondosos orçamentos administrativos (Ciria, 1983, p.259).

A censura atuou no cinema. Muitos argumentos eram recusados e outros tinham de ser modificados, como foi o caso de *Deshonra*, que mostrava problemas das prisões femininas. O diretor teve de se remeter ao passado para mostrar que as injustiças ocorriam no antigo governo, tendo sido sanadas no presente; o cárcere foi, então, mostrado como um "paraíso". Em *Barrio gris*, o diretor foi obrigado a destacar, no final do filme, que os bairros cinzas haviam sido substituídos por bairros brancos onde imperava o conforto e onde as crianças podiam brincar felizes (ibidem, p.263). Não se permitiam críticas à vida nacional; não se podiam mostrar pessoas desesperadas, com problemas, e os filmes tinham de exibir um mundo argentino feliz e próspero. Perón deu todo apoio aos produtores em detrimento dos exibidores. Entre 1949 e 1954 foram feitos cerca de trezentos filmes. Mas esse cinema sem público não se sustentou por muito tempo; os pequenos estúdios, criados em meio ao clima de euforia protecionista, foram à bancarrota.

Nessa época, as portas dos estúdios foram fechadas para vários atores, escritores e diretores (Libertad Lamarque, Francisco Mujica) por falta de colaboração com os planos oficiais ou por pressão de Eva Perón.

Um filme de boa qualidade produzido no período foi *Vidalita*, musical que adaptou temas de operetas européias à situação argentina, ambientado na época de Rosas. Os responsáveis pela censura consideraram o filme um ultraje ao gaúcho e ao passado argentino: diante de tal "vergonha e ignomínia", foi retirado de cartaz, e seu diretor, Luis Saslavsky, teve de se refugiar na França. Outro filme de qualidade apresentado nessa época teve melhor sorte: dirigido, em 1952, por Hugo del Carril, *Las aguas bajan turbias*, ambientado no alto Paraná, nos anos 20, mostrava o regime brutal a que eram submetidos os "mensues" (trabalhadores das pastagens); já que a mensagem podia ser entendida como crítica ao período anterior e apologética da "Nova Argentina", sua exibição, além de permitida, foi elogiada como exemplo das realizações do justicialismo. O diretor e ator Hugo del Carril era peronista notório, mas isso não impediu a retirada de seu filme de cartaz, em pleno êxito, porque um jornal noticiou que ele havia cantado em Montevidéu na noite da morte de Evita.

Apesar de todos os esforços de estímulo ao cinema brasileiro e ao cinema argentino, eles não conseguiram ter a mesma importância que tiveram no nazismo e no fascismo. O cinema educativo brasileiro, projeto acalentado desde os anos 20, não teve sucesso perante o público. Na Argentina, que já apresentava uma filmografia consagrada e com mercado assegurado no continente, a política cinematográfica peronista não conseguiu impedir o processo de rebaixamento da qualidade dos filmes, iniciado na década anterior, que implicou acentuada perda de mercado exterior e de público interno.

Posteriormente, Luis Saslavsky comentou que o cinema dessa época era de má qualidade. Para o diretor, o cinema tinha de ter "qualidade, qualidade, qualidade" (*Nuestro siglo. Historia gráfica de la Argentina contemporánea* – Cine y Teatro, 9 –, p.129-44). Estava provado que pouco importava se o tema era nacional ou estrangeiro. A técnica deveria ser a mais perfeita possível e a história teria de ser bem contada e em boa linguagem cinematográfica (idem).

Diferentemente da Alemanha, onde se optou pela realização de filmes de divertimento, inspirados no modelo hollywoodiano, que apresentavam conteúdo ideológico sutilmente disfarçado, o cinema peronista e, sobretudo, o varguista não tiveram sucesso pelo sentido claramente doutrinário. No Brasil, esse estilo, aliado à falta de recursos técnicos, fez o resultado da empreitada ficar comprometido; na Argentina, havia excesso de verbas, mas o controle da produção a ser feita nos moldes impostos pelo regime impediu que a indústria cinematográfica, anteriormente produtora de boa mercadoria, fosse reabilitada. Os filmes brasileiros e os argentinos da época não despertaram entusiasmo nem patriótico nem lúdico nas platéias.

No que se refere ao teatro, a Argentina apresentava um desenvolvimento surpreendente. Aos grupos de sucesso como "Teatro del Pueblo", "La Máscara", "Florencio Sanchez", já existentes no período anterior, foram se somando outros novos até a década de 1950. No entanto, os estudiosos da cultura consideram a política cultural do peronismo nefasta, também, com relação ao teatro.

Diante das dificuldades cada vez maiores com os órgãos de controle, apenas os grupos independentes conseguiram sobreviver. No terreno oficial, o regime obteve a adesão de vários integrantes do teatro que assim o fizeram por convicção, por conveniência ou por pressão. Os descontentes manifestos viram-se obrigados a expatriar-se ou silenciar suas opiniões. Os que aderiram à política oficial produziram, geralmente, comédias ligeiras ou espetáculos de inspiração circense. O jogo leve de temas, os personagens superficiais e a exploração sentimental conseguiam grande êxito. Esse tipo de produção se adaptava melhor ao trabalho dos que não desejavam complicar-se ideologicamente.

No que se refere à música, Alberto Ciria (1983) afirma que as atitudes do peronismo oficial em relação à música clássica e ao teatro lírico foram, por um lado, positivas e, por outro, negativas. Por exemplo, a criação da Orquestra Sinfônica do Estado atendeu a uma reivindicação dos argentinos; no entanto, o orçamento para essa atividade era baixo. Outra iniciativa boa foi a criação das Orquestras de Rádio do Estado, a Sinfônica e a Juvenil. Os concertos gratuitos para os jovens foram importantes; já a obrigatoriedade de execução de partituras de compositores argentinos foi vista, por alguns, como "protecionismo ridículo".

A abertura e a gratuidade de concertos para setores populares eram consideradas critérios fundamentais da cultura na sua função social. Em conseqüência disso, várias salas teatrais passaram a ser "patrimônio do povo", sob administração oficial. Foi o que aconteceu com os teatros Colón, Cervantes, Municipal e Enrique Santos Discépolo. A municipalidade portenha contava, ainda, com o anfiteatro Eva Perón.

Perón considerava o Teatro Colón um lugar de elite, freqüentado por uma aristocracia em condições de pagar caro. A

> revolução peronista terminou com esses privilégios e abriu as portas do Teatro Colón para as classes humildes dedicando, a elas, funções especiais e gratuitas para as associações. Aí atuaram grandes músicos nacionais e internacionais, mas também foram exibidos espetáculos para um público de gosto mais simples. Além disso, o teatro se converteu em cenário político, lugar de discursos presidenciais. (Ciria, 1983, p.251-3)

No Brasil, o teatro recebeu muitos favores de Getúlio Vargas, mas nem por isso ganhou expressão maior. Em 1928, foi decretada a Lei Getúlio Vargas (na época, deputado estadual no Rio Grande do Sul), que regulamentou a profissão e a organização das empresas de diversões públicas. Desde então, o líder político contou com o apoio dos profissionais do teatro e das diversões públicas em geral (cinema, rádio, música etc.) (Mello Barreto Filho, 1941, p.67-101).

Em 1937, foi criado, no Ministério da Educação, o Serviço Nacional de Teatro, destinado a animar o desenvolvimento e o aprimoramento desse setor. Cabia a ele a função de promover e estimular o teatro em todos os níveis, da criação à apresentação.

Procópio Ferreira, um dos expoentes da cena brasileira, expressou os agradecimentos em nome da classe ao "Grande Benemérito dos trabalhadores de teatro". Dirigiu-se também aos companheiros, lembrando a obrigação de colaborarem na obra de salvação nacional e o dever de se colocarem como "soldados de vanguarda da imensa campanha" que levaria à hegemonia do Brasil no Novo Continente (ibidem, p.106-7).

Dentro do "espírito renovador e nacionalista do Estado Novo", o teatro tinha, como o cinema e o rádio, uma função educadora.

Não há muitas referências quanto a sua utilização como instrumento de difusão da ideologia do regime, segundo Nelson Jahar Garcia. Mas o autor menciona que, em 1943, grupos de amadores criaram, em Pernambuco e São Paulo, o "Teatro Proletário", para a realização de espetáculos populares com o objetivo de fazer a "propaganda pró-sindicalização geral de todos os trabalhadores". Nessa época, o Ministério do Trabalho patrocinou concurso destinado à premiação de romances e peças teatrais dirigidas ao público operário. Em 1944, o Ministério criou o "Movimento em prol da Recreação dos Operários", encarregado da organização de concertos, cinema e teatro proletário (Jahar Garcia, 1982, p.108).

No que se refere à música, concebida e organizada nos mesmos moldes do cinema e do teatro, foi também entendida como importante instrumento de educação. Cabia às Divisões do DIP controlar, estimular e divulgar a produção musical popular e erudita. Além da feição estética, essas iniciativas deveriam atingir os objetivos de educação cívica, colaborando para consolidar o sentimento de nacionalidade.

Nos anos 20-30, tinham boa aceitação no mercado brasileiro o tango, o bolero, a rumba, além das músicas francesas e italianas. Com a entrada dos produtos culturais norte-americanos no mercado, o gosto foi se afunilando nessa direção. Mas essa fase coincide com o momento em que os ideólogos nacionalistas passaram a se preocupar com a música brasileira no que se referia à música popular. Além do incentivo às letras de exaltação do trabalho, o ambiente político estimulava a criação do samba de exaltação nacional, que teve como melhor exemplo a *Aquarela do Brasil*, de Ary Barroso. Os artistas eram induzidos a compor músicas cujas letras fossem adequadas aos valores apregoados pelo regime e alguns autores foram pressionados a modificar as letras de sambas: as que enalteciam a malandragem tiveram de ser alteradas. É bem conhecido o caso de Wilson Batista, "malandro" consagrado, que acabou compondo, com Ataulfo Alves, o samba *Bonde de São Januário*, em 1940, no qual se afirma que

> quem trabalha é quem tem razão / eu digo e não tenho medo de errar / o bonde de São Januário / leva mais um operário / sou eu que vou trabalhar / antigamente eu não tinha juízo, mas resolvi garantir o meu futuro / sou feliz, vivo muito bem / a boemia não dá camisa a ninguém / e digo bem. (Haussen, 1992, p.81)[3]

Os representantes do DIP externavam sua predileção pelas músicas recreativas, folclóricas; tinham desprezo pelas carnavalescas e não valorizavam o samba como música popular. A música com sentido educativo e de mobilização popular era privilegiada, mas não se tratava da música popular e sim da música culta, apreciada pelas elites intelectuais.

Heitor Villa-Lobos foi a grande personalidade musical associada ao Estado Novo. Seu trabalho visava desenvolver a educação musical por meio do canto coral popular, ou seja, o canto orfeônico. Segundo

---

[3] O tema da música no Estado Novo foi objeto de várias análises: Cabral, 1975; Tota, 1980; Oliven, 1983.

o artista: "Nenhuma arte exerce sobre as massas uma influência tão grande quanto a música. Ela é capaz de tocar os espíritos menos desenvolvidos, até mesmo os animais. Ao mesmo tempo, nenhuma arte leva às massas mais substância". Acreditava, ainda, que a falta de unidade de ação e coesão, necessária à formação de uma grande nacionalidade, poderia ser corrigida pela educação e pelo canto: "O canto orfeônico, praticado pelas crianças e por elas propagado até os lares, nos dará gerações renovadas por uma bela disciplina da vida social, em benefício do país, cantando e trabalhando, e, ao cantar, devotando-se à pátria". O compositor saiu a campo para divulgar suas idéias; fez conferências e concertos pelo Brasil afora e formou um coral de dez mil vozes para o canto de hinos patrióticos e educação de sentimentos cívicos (Schwartzman, 1984, p.90).

Mário de Andrade, em 1938-1939, redigiu as bases para a criação de uma entidade federal destinada a estudar o folclore musical brasileiro, a propagar a música como elemento de cultura cívica e a desenvolver a música erudita nacional. Diferentemente de Villa-Lobos, nunca se identificou com o Estado Novo nem o apoiou, mas suas concepções sobre a função da música são muito próximas do ideário nacionalista que embasou o regime. Para justificar seu projeto, o escritor alegou: "A música é universalmente conhecida como a coletivizadora-mor entre as artes" (ibidem, p.91).

Arnaldo Daraya Contier (1988) analisou o significado da música no ideário nacionalista brasileiro dos anos 20 ao Estado Novo. Mário de Andrade foi alvo de sua reflexão, mas, em sua análise, Heitor Villa-Lobos ganha destaque porque é bem representativo da relação cultura e poder político, explorada pelo autor.

No que se refere às artes plásticas, não há notícias de que o regime tenha incentivado esse tipo de produção cultural, nem que tenha se empenhado na sua utilização como instrumento de propaganda. Apenas as esculturas de bustos de Vargas e as placas comemorativas gravadas com seu nome se prestaram a esse fim.

Na pintura, cabe mencionar, como exemplo da função social da arte e de seu uso para expressar uma ideologia, os murais do Ministério da Educação encomendados por Capanema a Candido Portinari. Vale lembrar que o ministro, nessa ocasião, defendeu e protegeu Portinari contra as acusações de esquerdista e comunista. Os temas sugeridos para composição dos quadros são reveladores: no salão de audiência, Capanema informou ao pintor que deveria haver doze quadros referentes aos ciclos de nossa vida econômica, ou melhor, aos aspectos fundamentais de nossa evolução econômica. Na sala de espera, o tema deveria se referir à energia nacional representada por expressões de nossa vida popular. No grande painel, deveriam figurar o gaúcho, o sertanejo e o jangadeiro, e, nesse aspecto, o ministro sugeriu a Portinari que lesse o capítulo III de *Os sertões*, de Euclides da Cunha, onde estavam traçados, de maneira mais viva, os tipos do gaúcho e do sertanejo; não sabendo onde encontrar descrições do tipo jangadeiro, propôs que consultasse Manuel Bandeira sobre o assunto. As vidas de Caxias, Tiradentes e José Bonifácio também constavam dos motivos sugeridos (Schwartzman, 1984, p.95).

A arquitetura concebida para expressar grandiosidade e pujança do poder teve enorme destaque nos regimes nazi-fascistas. No Brasil, foram realizadas algumas construções de edifícios públicos, como o Ministério da Educação e Saúde, o Ministério do Trabalho, o Ministério da Guerra, a Central do Brasil. Vargas, ao inaugurar o Ministério do Trabalho, Indústria e Comércio, em 1938, associou a solidez arquitetônica da construção à obra de integração social iniciada com a Revolução de 1930. E, quando inaugurou o estádio do Pacaembu, em 1940, declarou que a construção não valia apenas pela obra arquitetônica, mas como afirmação da capacidade e do esforço do regime na execução do programa de realizações (Jahar Garcia, 1982, p.109).

Mesmo que os projetos arquitetônicos brasileiros tenham sido muito tímidos quando comparados aos da Alemanha de Hitler e aos da Itália de Mussolini, os debates político-ideológicos que foram travados em torno deles mostram a importância conferida a esse tipo de realização.

O projeto de construção do Ministério da Educação, também conhecido como Palácio da Cultura, tinha como objetivo expressar os ideais revolucionários do Modernismo e consagrar a obra educacional e cultural do ministro Capanema. Foi Capanema quem promoveu a vinda do arquiteto modernista francês Le Corbusier ao Brasil, em 1937.[4] Gustavo Capanema, católico e conservador, convivia bem com intelectuais e artistas de posições contrárias às suas. No entanto, essa congregação de diferentes tendências em torno do ministro da Educação nem sempre foi tranqüila. Em algumas situações houve conflitos que inviabilizaram os projetos, como foi o caso do projeto arquitetônico da Cidade Universitária do Rio de Janeiro, considerado o de maior envergadura.

O ministro pretendia contratar o arquiteto italiano Piacentini, autor da Cidade Universitária de Roma, orgulho do regime fascista. A idéia encontrou forte reação por parte de um grupo de engenheiros e arquitetos, do qual fazia parte Lúcio Costa. O grupo propôs a vinda de Le Corbusier para elaboração de um projeto de estilo contrário: o estilo monumental e pesado do arquiteto italiano contrastava fortemente com a arquitetura moderna voltada para as formas puras e funcionais de Le Corbusier. A disputa, que ultrapassou largamente a discussão estética, acabou inviabilizando a realização da obra (ibidem, p.96-105).

O peronismo não se notabilizou pelas realizações no campo das artes plásticas e da arquitetura. Na pintura, obras em aquarela retrataram cenas históricas ou da vida cotidiana, por exemplo, "famílias em harmonia". Algumas delas foram reproduzidas em livros de leitura destinados a crianças.

O controle da produção cultural no varguismo e no peronismo apresenta traços similares ao controle dos meios de comunicação. Os órgãos encarregados da organização e da vigilância dos veículos de massa eram também responsáveis pela produção cultural.

Getúlio Vargas, como foi mostrado anteriormente, era bem-visto entre os artistas de rádio, teatro, cinema e também entre os demais profissionais dessas áreas, em virtude das leis que regulamentaram o exercício de tais profissões e pelo incentivo que deu às artes social-

---

4   Cabe lembrar que os nazistas, ao realizarem a destruição das obras de arte "degeneradas" e ao elaborarem a lista dos artistas "degenerados", nela incluíram Le Corbusier, considerado um dos principais representantes da arte modernista, corrente abominada na Alemanha de Hitler.

mente engajadas. O depoimento de Mário Lago, na época comunista e opositor do Estado Novo, revela bem a relação amistosa do chefe do governo com a classe artística:

> O Getúlio tinha a admiração dos artistas por uma razão muito simples. Foi o autor da lei que praticamente regulamentou a profissão; do direito autoral, que deu uma estrutura ao recebimento desse direito – a Lei Getúlio Vargas. Razão por que havia uma aura de ternura, de agradecimento, de gratidão do artista à sua figura... Todo 31 de dezembro, havia uma serenata no jardim do Palácio da Guanabara e o pessoal ia voluntariamente... (apud Haussen, 1992, p.85)

Evidentemente, nem todos tinham motivos para ser gratos ao regime e ao chefe do governo. Os que foram atingidos pela censura sentiam na pele as conseqüências do autoritarismo vigente. As pressões para produzir o que era interessante ao governo também deixavam clara a natureza política dos projetos culturais.

O peronismo contou com o apoio dos artistas que foram beneficiados com os favores do regime. Mas houve também perseguições. Poucos intelectuais aderiram à nova política e a maioria dos escritores integrou-se à corrente opositora, usando a literatura como arma de contestação.

A reflexão sobre a produção cultural no varguismo e no peronismo não teve o intuito de analisar a qualidade das obras realizadas para enaltecer os respectivos regimes. Pretendemos salientar a natureza política da orientação cultural desses regimes.

Voltando à questão colocada no início, a propósito da contraposição entre duas concepções distintas, uma que valoriza a obra de arte em si mesma e a outra que privilegia seu caráter propagandístico, recorremos a Laura Malvano, que se posicionou sobre o tema em sua análise da cultura figurativa no fascismo. A autora esclarece que esta rígida dicotomia obra de arte/obra de propaganda define dois métodos de trabalho, dois campos disciplinares e duas problemáticas dificilmente conciliáveis. Mas a exclusão de um ou de outro campo leva a um entendimento lacunar sobre um importante setor da política cultural do fascismo, a política da imagem. Diante disso, sua opção foi analisar, na sua globalidade, esse importante aspecto da política cultural fascista diante da realidade histórica do fascismo (Malvano, 1988).

Essa análise do significado da produção cultural no varguismo e no peronismo, além de se orientar por uma perspectiva histórica comparativa para melhor esclarecimento dos resultados comuns e específicos, compartilha as opiniões da autora quando se refere à problemática entre obra de arte/obra de propaganda.

Na abordagem dessa questão, procuramos mostrar que a produção cultural realizada nos referidos regimes se insere num projeto elaborado com base em uma política de massas inaugurada no período. Nesse projeto, política e cultura mesclam-se com o objetivo de adaptar os meios de comunicação e a produção cultural às novas concepções de poder. A reflexão sobre o significado da propaganda e da produção cultural voltada para o enaltecimento da política em vigor leva a concluir que, nesse contexto, obra de arte e obra de propaganda são inseparáveis. As duas formas mesclam-se formando um produto de natureza cultural e política.

Pretendi captar o sentido político desses produtos e as formas utilizadas para inseri-los nos mecanismos de poder da época. Para completar essa reflexão, resta saber como intelectuais e artistas se posicionaram nesse quadro.

Engajamento dos intelectuais no varguismo e no peronismo

A comparação entre a posição dos intelectuais no varguismo e no peronismo é significativa para o entendimento das características específicas desses regimes.

No Estado Novo foram criadas, pelo DIP, duas revistas oficiais: a *Cultura Política* e a *Ciência Política*. Mônica Pimenta Velloso esclarece que a primeira foi concebida como revista de estudos brasileiros, encarregada de definir o rumo das transformações político-sociais; congregava os intelectuais de maior projeção, produtores do discurso autoritário. A segunda, que se autodefinia "escola de patriotismo", voltava-se para a difusão dos ensinamentos do Estado Novo; nela atuavam os "intelectuais médios" que se encarregavam de decodificar o discurso produzido pelos ideólogos do Estado Novo (Pimenta Velloso, 1982, p.74-81).

O apoio de intelectuais e artistas ao Estado Novo e a convivência pacífica dos que se opunham ao governo autoritário com o Ministério da Educação representam uma das características peculiares do regime, que se explica, segundo alguns autores, pela postura controvertida de Gustavo Capanema à frente desse ministério entre 1934 e 1945.

Capanema tinha especial preocupação com o desenvolvimento da cultura (música, letras, arquitetura) e procurava, por meio da política cultural, impedir que "a nacionalidade incipiente fosse ameaçada por outras culturas e ideologias". O ministro pertencera, nos anos 20, ao grupo de intelectuais mineiros com os quais continuou mantendo contato nas décadas posteriores.

Personalidades de diferentes tendências gravitaram em torno do Ministério da Educação. Sérgio Miceli (1979, p.161) considera que a gestão Capanema erigiu uma espécie de território livre infenso às salvaguardas ideológicas do regime.

Entre os nomes que ocupavam postos nesse ministério, muitos deles não se identificavam ideologicamente com o regime, como era o caso do poeta Carlos Drummond de Andrade, chefe de gabinete do ministro, que, em 1945, declarou-se simpatizante do comunismo. A presença desses intelectuais no ministério não significava adesão ao autoritarismo; eles se colocavam na posição de funcionários públicos (o que era uma tradição no país, já que não havia mercado consumidor de produtos culturais com capacidade para dar autonomia profissional ao escritor/artista). Além disso, deles não foi exigida, como de outros funcionários, fidelidade ideológica.

Os ideólogos do Estado Novo procuraram vincular a revolução literária dos anos 20 à revolução política do Estado Novo; a primeira combatera os modelos externos no plano da cultura e a última o fizera no plano das idéias políticas. Pimenta Velloso (1987) afirma que, na verdade, a herança modernista no interior do estadonovismo foi bastante delimitada, recuperando apenas a doutrina de um grupo:

a do "verde-amarelismo", movimento integrado por Cassiano Ricardo, Menotti del Picchia e Plínio Salgado. Cassiano Ricardo, além da produção literária identificada com os ideais do regime, ocupou postos-chave no aparelho do Estado. Luiza Franco Moreira (1992) analisou a trajetória desse literato como agente histórico participante da política oficial.

Em torno da questão da cultura popular e da busca de brasilidade, essa corrente literária adepta do Estado Novo procurou consagrar a tradição, os símbolos e os heróis nacionais. A visão crítica assumida por alguns modernistas em torno do popular e do nacional foi substituída pelo ufanismo e, dessa forma, a versão macunaímica do ser nacional, que resulta na dessacralização do herói, cedeu lugar à versão mítica e apoteótica da "raça de gigantes" criada pelo grupo verde-amarelo (Pimenta Velloso, 1987, p.44-5).

A revista *Cultura Política* (dirigida por Almir de Andrade) e os jornais varguistas *O Dia* (dirigido por Cassiano Ricardo) e *A Noite* (dirigido por Menotti del Picchia) receberam contribuições das correntes mais heterogêneas da intelectualidade brasileira. Nessas publicações escreveram autores de grande projeção e perfil político menos marcado, mas também representantes da extrema direita católica e até comunistas. Os nomes de grande projeção conviviam com os de escritores menores, praticantes de uma chamada "subliteratura", que escreviam de encomenda, procurando retribuir os favores de seus protetores nos serviços públicos, segundo Sérgio Miceli.[5]

Nas páginas desses periódicos encontram-se artigos de escritores como Cecília Meireles, Gilberto Freire, Vinícius de Morais, José Lins do Rego, Manuel Bandeira, Nelson Werneck Sodré, Graciliano Ramos, Oliveira Vianna, Gustavo Barroso. O editor da *Cultura Política* afirmava aceitar a colaboração de todos, independentemente de seu

---

5 O autor estabelece uma distinção entre essas duas categorias de intelectuais: os primeiros são denominados "escritores-funcionários" e os segundos, "funcionários-escritores". Enquanto aqueles ocupavam postos de direção de instituições culturais, estes se valiam de seus instrumentos de produção intelectual para o cumprimento de funções subalternas nas instituições de difusão cultural, de propaganda e de censura (Miceli, 1979, p.150-3).

cunho ideológico. Declarava não ter partido político, pois sua preocupação fundamental era a de "espelhar tudo o que é genuinamente brasileiro" (Pimenta Velloso, 1987, p.40).

Apesar do significativo índice de participação dos intelectuais na política cultural do Estado Novo, não se pode dizer que a produção literária engajada tenha sido relevante. Também não se tem notícia de obras antivarguistas publicadas no período, até porque esse era o limite de tolerância do regime: a presença e a colaboração de intelectuais e artistas não implicavam liberdade para o exercício da crítica. Apesar das restrições, a proximidade de intelectuais independentes com órgãos de cultura do Estado mostra que o espírito de conciliação predominou nas relações entre política e cultura durante o Estado Novo. A situação foi bem diferente na Argentina peronista.

Perón justificou a submissão do intelectual e do artista à comunidade nacional, alegando:

> Por extraordinário que seja o talento criador dos homens, por assombrosas que sejam suas inteligências, têm que saber sujeitar-se ao módulo nacional. A manutenção da personalidade nacional exige renúncia aos interesses individuais.

Como essa renúncia não ocorria, nem se sustentava de forma espontânea, era necessário o "vigilante cuidado das mais altas e cultas hierarquias da organização política dos povos" (Perón, 1974, p.46).

No dia 13 de novembro de 1947, o governante recebeu uma delegação de escritores, historiadores, jornalistas, novelistas, poetas, artistas plásticos, músicos, ensaístas, pintores, escultores e outros representantes dos centros culturais. Nessa oportunidade, pronunciou um discurso em que destacou a importância da colaboração dos intelectuais com o governo no campo da cultura:

> O Estado aspira a que os senhores intelectuais formem um agrupamento ou uma associação que os unifique em suas próprias tendências e que faça desaparecer... as pequenas desavenças que se produzem. Devem agrupar-se em uma só organização para lutar pelo objetivo comum a todos: o objetivo da nação.

Estando tudo organizado, caberia aos intelectuais responsáveis pela cultura fazer um esforço para se disciplinar, unir-se, formar organizações de todo tipo e pô-las a serviço da nação, ou seja, do bem comum. Não se tratava de pensar no bom êxito individual, mas no bom êxito da nação. O governante alertou para o seguinte perigo: "...as forças do mal que trabalham no campo da cultura estão organizadas e nós, que nos consideramos as do bem, estamos desorganizados". Era, pois, "...mister organizar-se, organizar as forças do Estado e as forças civis...". Referiu-se, finalmente, à necessidade de se criar, dentro do Ministério da Educação, a Subsecretaria de Cultura (Perón, 1982, p.28-44).

A posição do peronismo em relação à cultura, ao significado da arte e ao papel dos intelectuais/artistas gerou forte polêmica. Questões dessa natureza já estavam sendo debatidas na década anterior.

Em 1931, um grupo de comunistas criou a revista literária e político-cultural *Contra*, dirigida pelo poeta Raúl González Tuñón. Com o intuito de discutir a questão das relações entre arte e sociedade, a revista realizou uma enquete entre os intelectuais; a n° 3, sob o título "Arte, arte pura, arte propaganda", inicia o questionário com a pergunta: "A arte deve estar a serviço do programa social?". As respostas de vários autores produziram ampla discussão, revelando diversidade de posições sobre o tema. A postura de Jorge Luis Borges era radical, pois o escritor se negava até mesmo a considerar os termos da pergunta que, segundo afirmou, carecia de sentido; submeter-se a ela implicava aceitar o problema da relação arte-sociedade, precisamente o que o escritor recusava (Sarlo, 1988, p.145-6).

A polêmica estendeu-se até o período peronista, quando então os intelectuais que aderiram ao regime se posicionaram a favor de uma arte engajada na questão nacional. Nesse momento, ocorreu uma disputa acirrada entre peronistas, de um lado, e comunistas, socialistas, liberais e independentes, de outro. Mesmo os intelectuais defensores da arte pura e descompromissada, como era o caso de Borges, envolveram-se no conflito, usando a literatura como arma de luta política.

Vários autores, ao analisarem a relação dos intelectuais com o peronismo, afirmam que a maioria dos escritores argentinos não se identificou com esse regime e muitos se opuseram a ele, definindo o peronismo como uma forma local de fascismo.

Os intelectuais que gravitaram em torno da revista *Sur* (revista literária que contava com a participação dos mais renomados escritores argentinos) recusavam, com desprezo, o que identificavam como a "barbárie peronista".

Passando das concepções expostas para a prática, cabe salientar que o governo peronista fez tentativas de organizar os intelectuais: em 1947 houve uma série de reuniões com artistas, jornalistas, escritores e professores, encabeçada por Gustavo Martinez Zuvíria; em 1948, foi criada a Junta Nacional de Intelectuais, cujos membros (identificados com ideologias de direita) foram nomeados pelo presidente da República.[6]

As solicitações de apoio dos intelectuais à política cultural do governo e as tentativas de organização da classe não tiveram êxito. A maioria dos intelectuais, sobretudo os de mais prestígio, fez oposição ao peronismo. Entre os escritores e na universidade concentraram-se os maiores redutos de resistência ao governo.

José Luis Romero dirigiu a revista *Imago Mundi*, na qual se discutia a proposta de construção de uma universidade alternativa à universidade peronista dominada pelos católicos radicais de direita. A revista não foi avante, talvez pela incapacidade de conseguir adeptos para esse projeto.

---

6 O governo atuou, também, em associações ou revistas que já existiam anteriormente, como no caso da Adea (Associação Argentina de Escritores), criada na década de 1930, por escritores nacionalistas, com o objetivo de se opor à Sade (Sociedade Argentina de Escritores) ou ao Centro Universitário Argentino, organizado durante a campanha eleitoral de 1946. Constituiu-se, ainda, o Agrupamento de Intelectuais do Partido Peronista, presidido por Pedro Baldasarre. Além disso, por iniciativa do Ministério da Educação, reuniram-se escritores como Gustavo Zuvíria, Manuel Galvez, Carlos Ibarguren, para produção de uma revista criada com o intuito de desenvolver uma "cultura popular peronista do cotidiano" (Plotkin, 1994).

A literatura como arma de luta na Argentina peronista

Os grupos nacionalistas dos anos 30 criticavam os intelectuais alienados dos problemas nacionais. Beatriz Sarlo afirma que, nessa época, foi construído o tema da defecção dos intelectuais como intérpretes do ser nacional e da voz do povo. De forma correlata, ficou esboçada a necessidade de uma nova categoria de escritores e políticos capaz de manter uma relação ativa com esse espírito e com os valores que um populismo cultural em germe descobriria nos homens comuns: "O iletrado, que é sábio em leituras e em doutorados da vida" (Sarlo, 1988, p.216).

A política cultural do peronismo incorporou essas teses, ferrenhamente contrárias às posições das vanguardas literárias argentinas.

A revista *Sur* é até hoje apontada como símbolo da resistência ao peronismo. Sua diretora, Victória Ocampo, chegou a ser presa, sem culpa formada. Em novembro de 1955, após a queda de Perón, o nº 237 da revista, intitulado "Pela reconstrução nacional", foi inteiramente dedicado à condenação do regime deposto. A maioria dos colaboradores permanentes escreveu artigos nesse sentido.

A indicação da literatura da época permite reconstituir esse momento histórico, mostrando que a produção cultural se inseriu num vasto campo de disputas políticas muito exaltadas.

Perón, embora alardeasse liberdade de expressão, procurou controlar as letras, estimulando a produção peronista e exercendo pressão direta e indireta sobre os opositores. Apesar disso, a produção literária vista no seu conjunto reflete os acirrados enfrentamentos políticos e indica a reação de literatos ao projeto de cultura oficial. Mesmo os escritores independentes, contrários aos engajamentos sociais ou políticos, participaram da guerra de símbolos usando as mesmas armas dos adversários.

Os intelectuais de oposição controlavam assessorias literárias de editoras importantes e publicações de grande prestígio como o "Suplemento dominical" do jornal *La Nación* e as revistas *Sur* e *Lyra*. Essas publicações foram prejudicadas pela penúria de papel imposta pelo governo. Os escritores de maior prestígio, salvo exceções, não foram impedidos de escrever, mas ficaram à margem de ajudas, subsídios, cargos públicos e foram excluídos das premiações.

A produção oficial ficou nas mãos de escritores de segunda linha, que contavam com as benesses do governo; segundo os críticos literários, eles não produziram nada de original, tomando de empréstimo aos nacionalistas valores, conteúdos e temas relativos ao gaúcho, ao "criollismo", ao telúrico, à herança hispânica.

O "Suplemento literário" de *La Prensa,* no período cegetista, e revistas como *Mundo Peronista* expressam bem o conteúdo das publicações peronistas. Segundo Goldar, elas se caracterizavam pelo maniqueísmo e pela redução temporal ao *antes-agora*. Cita como exemplo a "Historia de un maestro de palo", publicada em *Mundo Peronista,* que ilustra esse estilo: a história passa-se em 1932 (período denominado "década infame") e recorda a vida de um padeiro que morreu, deixando a família no desamparo completo. A seguir, compara a situação social do trabalhador no período de *antes* com a situação do *agora,* marcada pela proteção e pela defesa de seus direitos (Goldar, 1973, p.150-2).

Félix Luna considera que a cultura, durante o peronismo, foi mais atingida pelo tédio do que pelas perseguições. Afirma que Julio Cortázar foi para a Europa, em 1952, não porque o perseguissem, mas porque se aborrecia mortalmente com a cultura oficial. Segundo o autor, o governo tornou-se proprietário de todas as rádios, das principais revistas e dos principais diários; controlava a indústria cinematográfica e a teatral; exercia severa vigilância sobre esses setores, mas essa vigilância não se estendia aos livros, salvo exceções. No entanto, a existência de um Estado altamente politizado, que exigia lealdade e preenchia os espaços das expressões culturais maciças, provocava estreitamento dos territórios nos quais se poderia realizar, profissionalmente, a gente de letras, artes e ciência. Luna apresenta uma lista de autores, atores e cientistas que abandonaram o país em busca de melhores condições de trabalho (Luna, 1985, p.327-37).

Apesar das pressões e restrições governamentais, a oposição pôde manifestar-se. A literatura como arte certamente foi prejudicada, mas como arma política revelou sua potencialidade máxima.

Ernesto Goldar analisa as novelas de cunho marcadamente político por meio das quais os autores definem posições pró e contra o peronismo. Os textos indicados revelam a percepção dos autores sobre eventos como: o golpe militar de 1943 e o governo provisório dos militares, o 17 de outubro (data oficial do peronismo) ou sobre Eva e Perón, democracia popular, justicialismo etc. Cabe salientar que, no conjunto dos textos referidos, as obras antiperonistas são numericamente mais expressivas, revelando forte oposição ao governo.

Entre os autores peronistas cabe mencionar os de maior projeção: Miguel Angel Speroni, em *Las arenas*, produziu um retrato de Perón, enaltecido tanto por seus dotes físicos como de personalidade; Valentin Fernando, em *El dia de octubre*, e Luis H. Velasquez, em *El juramento*, descreveram, com enorme entusiasmo, o "17 de Outubro, momento de vitória do povo". Roberto Vagni, em *Tierra extraña*, salientou as preocupações de Perón com a questão social, relatando um episódio de sua vida pregressa, quando era um simples tenente e conseguiu a pacificação de trabalhadores sublevados.

No elenco de obras antiperonistas cabe mencionar: *El recuerdo y las cárceles*, do escritor comunista Rodolfo A. Alfaro, que criticou o golpe de 1943, identificando-o com o nazismo; Marta Mercader, em *Octubre en el espejo*, reproduziu a violência da repressão contra os estudantes no episódio da intervenção na Universidade de La Plata; Jorge Luis Borges, em *La fiesta del monstruo*, construiu uma paródia que retrata a massa como "monstro" e Perón como espectador do descontrole popular; H. A. Murena, em *Las leyes de la noche*, apresentou uma versão crítica do "17 de outubro", mostrando a massa composta por personagens desqualificados.

A política de massas do peronismo foi alvo de crítica exacerbada de autores como Pedro Orgambide, que, no texto *La murga*, equiparou a nova realidade à ilusão provocada por um salão de espelhos deformantes, onde "os gordos se vêem magros e os pobres acordam ricos"; Cortázar, em "Gardel", artigo publicado na revista *Sur*, afirmou que "as massas, há que se olhá-las do alto e perdoá-las de longe"; Elvira Orphée, em *Uno*, apresentou uma versão carnavalesca do movimento peronista, descrevendo o "1º de Maio" como uma festa de orgias e delírio sexual.

O tema da repressão/tortura também foi explorado pelos autores oposicionistas: Victória Ocampo descreveu seu cativeiro e as condições desumanas da prisão em *Testimonios;* David Viñas, em *Un solo cuerpo mudo,* relatou as crueldades aplicadas aos comunistas, em particular, mas atingindo também os "inocentes de ideologia"; Silvina Ocampo, em *El verdugo,* denunciou as responsabilidades do ditador na repressão e a perversão da "multidão que se diverte com o martírio".

A morte de Eva Perón causou forte impacto na sociedade argentina e serviu de inspiração para muitos escritores. Inúmeras poesias foram feitas para homenageá-la, beatificá-la, santificá-la, mas os antiperonistas reagiram contra esse culto: em *Las furias,* Silvina Ocampo referiu-se ao culto como uma heresia e um "ato de barbárie"; Borges, em *El simulacro,* deplorou as heresias e a devoção popular; David Viñas, em *La señora muerta,* introduziu, na fila do velório, personagens marginais (prostitutas, loucos) (Goldar, 1971).[7]

As obras descritas por Ernesto Goldar permitem concluir que o maniqueísmo, as representações dicotômicas, os símbolos e os estereótipos caracterizaram a produção peronista e a dos opositores: esses traços tipificam a literatura de caráter político que se desenvolveu na Argentina nesse período. As imagens do bem e do mal são utilizadas por peronistas e antiperonistas, apenas com sentido inverso.

Com as armas das letras, peronistas e antiperonistas travaram uma luta destruidora da imagem da "sociedade unida e harmônica". Os conflitos sociais e políticos expressos na literatura não deixam dúvidas quanto à polarização provocada pelo peronismo na sociedade argentina.

---

7   A propósito do tema, apresentei o artigo "Literatura argentina no regime peronista", no Encontro da ANPHLAC, em Brasília, julho de 1996 (no prelo).

Resistências universitárias ao varguismo e ao peronismo

A resistência antiperonista nas universidades contou com a participação de alunos e professores.

Nas considerações expressas pelo governante sobre cultura, a universidade e o ensino universitário ocupavam destaque. Em 1947, foi realizada a reforma universitária e, em 1948, o Congresso aprovou a criação da "Universidad Obrera", que funcionaria a partir de 1952. Perón valorizava essas realizações, assinalando o contraste com a situação anterior. Sem negar a qualidade profissional dos egressos das universidades argentinas, apontava como erro básico da instituição a orientação para uma cultura verbalista e memorialista, sem conteúdo real e prático. Além do mais, o ensino superior no país estava vedado às classes humildes. A lei de reforma universitária visava solucionar os problemas e mudar a orientação do ensino: a universidade argentina do futuro não seria uma fábrica de títulos, mas um verdadeiro centro de investigação científica e de altos estudos, voltado não apenas para a formação de profissionais liberais, mas para a afirmação e o desenvolvimento da "consciência nacional".

Num discurso sobre "A cultura", Perón definiu com clareza o perfil da universidade almejada: "Queremos uma universidade com alma argentina, que, levando em seu seio toda a civilização greco-latina e a cultura que herdamos da Espanha, transforme nossa Pátria de assimiladora de cultura em criadora de cultura". Esperava que os intelectuais se empenhassem em seguir essa cruzada do bem público encaminhada ao melhor aproveitamento das atividades do espírito. Esclareceria que não se tratava de trabalhar para um partido, para um setor, para um grupo, mas "para a maior honra do país e para a maior felicidade de todos os argentinos". O governante esclareceu também que não desejava uma cultura oficial, dirigível, nem moldes uniformes aos quais devessem sujeitar-se os intelectuais, artistas e cientistas. Não queria homens adocicados e submissos a uma voz de mando. Queria uma "universidade livre de tutelagem e interferências" (Perón, 1974, p.48).

No entanto, a outra face da "universidade livre" alardeada por Perón logo se manifestou, provocando forte reação de alunos e professores.

Carlos Mangone e Jorge A. Warley (1984) oferecem um quadro detalhado da relação entre universidade e peronismo. Os autores iniciam a descrição e a análise dessa relação a partir do golpe de 1943, que favoreceu a penetração eclesiástica na política universitária. O escritor Gustavo Martinez Zuvíria, representante do integrismo católico, chegou a ministro da Educação, marcando o ponto culminante do poder do nacionalismo ultramontano na Argentina. Nesse mesmo ano a Igreja Católica pôde celebrar sua grande conquista: o ensino religioso obrigatório.

No governo "revolucionário" de 1943, Jordan Bruno Genta, nacionalista fanático, admirador do hitlerismo e entusiasta fervoroso do franquismo, tornou-se muito influente na política educacional; posteriormente, seu nacionalismo elitista acabou se chocando com a base social do peronismo, mas ele foi um dos ideólogos do Projeto de Universidade que se contrapunha às conquistas democráticas do "Movimento de Reforma Universitária" de 1918, sobretudo no que se referia à autonomia da universidade em relação ao poder.

Para os nacionalistas católicos que ocuparam postos-chave na educação, os males da universidade resumiam-se à infiltração comunista decorrente do ensino laico; por isso, empenharam-se na difusão dos valores religiosos em todos os níveis de ensino. O plano universitário, de caráter corporativo, introduzia o ensinamento religioso nos diferentes cursos.

Esse projeto foi alvo de forte reação de professores e centros estudantis, resultando em intervenção em algumas instituições: Jordan Bruno Genta foi interventor na Universidade Nacional de Santa Fé.

A política universitária do governo de 1943 não foi aplicada de forma homogênea, ficando na dependência da mentalidade do interventor e de seu fervor nacionalista. Tal política provocou irada oposição dos setores liberais da opinião pública, nos partidos e na imprensa. O movimento estudantil protestou fortemente e a reação não se fez esperar: repressão aos centros universitários, detenção de alunos e expulsão de professores, considerados indesejáveis por serem "judeus", "divorciados" ou de "tendência esquerdista". Em outubro, a Federação Universitária Argentina (FUA) decretou greve por tempo indeterminado e, por isso, foi dissolvida. No final do ano ocorreu a dissolução dos partidos.

Com a derrota da Alemanha na guerra, o setor nacionalista mais radical, pró-Eixo, perdeu terreno no governo e a situação política da Argentina tendeu a um processo de regularização institucional. Na universidade, a situação também se modificou: a influência nacionalista começou a declinar e, paulatinamente, a direção universitária foi passando da mão dos interventores para os conselhos acadêmicos eleitos. Jordan Bruno Genta, no primeiro dia de aula, foi retirado da classe pelos alunos em meio a gritos e detenções.

Na campanha eleitoral de 1945, a maioria dos estudantes universitários e dos professores posicionou-se contra Perón. Com a vitória eleitoral do peronismo em 1946, as perseguições a professores e alunos foram retomadas nas universidades. Os setores católicos radicais prevaleceram nos quadros do poder universitário e nos quadros dos professores das humanidades. O padre Hernán Benitez (confessor espiritual de Eva Perón), expressão do pensamento católico ultraconservador, dirigiu a *Revista de la Universidad de Buenos Aires*, entre 1947 e 1954. No final desse ano, a terça parte do corpo de professores das universidades havia sido excluída.

Os estudantes da FUA, que haviam apoiado a União Democrática contra Perón nas eleições, reagiram a essa nova situação de repressão. O movimento estudantil manifestou-se, intensamente, com greves e outros meios, até 1947, quando a federação foi posta na ilegalidade.

A Reforma Universitária de 1947, definida pela lei n.13.031, ia contra os postulados de autonomia e co-gestão da Reforma de 1918, preparando o caminho para a intervenção estatal direta nas universidades: o reitor passou a ser designado pelo Poder Executivo; também os professores seriam indicados pelo governo com base em uma lista tríplice, resultante de um concurso de mérito realizado na universidade. A representação estudantil ficou reduzida a um aluno por colégio, sorteado entre os dez melhores do ano anterior. Foi criado o Conselho Nacional Universitário, composto pelos reitores e presidido pelo ministro da Justiça e Instrução Pública. O artigo 4º da referida lei estabelecia que professores e alunos não poderiam atuar, direta ou indiretamente, em política, sob pena de suspensão, exoneração, expulsão, conforme o caso.

A Constituição Reformada de 1949 legalizou uma série de princípios relativos à concepção de universidade. A partir daí foram introduzidos os cursos de argentinidade, obrigatórios aos estudantes de todas as faculdades, com o propósito de que cada aluno passasse a "conhecer a essência do argentino, a realidade espiritual, econômica, social e política de seu país e a missão histórica da República Argentina" (Mangone e Warley, 1984, p.35).

As melhorias realizadas no plano da infra-estrutura (bolsas de estudo, gratuidade, criação de novas faculdades, ampliação de matrículas, construção "faraônica" de prédios, aumento de verbas) não conseguiram neutralizar a reação contra as medidas repressoras que comprometeram a autonomia da universidade e o bom nível do ensino.

A Faculdade de Filosofia e Letras foi dominada pelos professores "tomistas e tradicionalistas" (Mangone e Warley [idem] apresentam uma lista significativa de professores enquadrados nessa rubrica), muitos dos quais substituíram aqueles que renunciaram por não aderir à ideologia oficial. Vários autores afirmam que, nessa conjuntura, os professores mais qualificados foram substituídos por "mediocridades" (Ciria, 1983, p.235).

Apesar da repressão aos estudantes e da perseguição aos professores, a resistência dos universitários ao projeto peronista persistiu na clandestinidade. Os docentes desligados da universidade (como Vicente Fattone, José Luis Romero, Ricardo Rojas) constituíram um ponto de referência para os estudantes quando tentaram reconquistar o espaço opositor. O movimento estudantil reaglutinou-se em torno da revista *Centro,* porta-voz do Centro de Estudantes de Filosofia e Letras (foram publicados catorze números da revista entre 1951 e 1959). Logo no início, ela evidencia a constituição de uma frente à qual se integraram docentes e alunos, com posições político-ideológicas distintas, identificadas em função do adversário comum, o peronismo. A revista discutiu, por vários ângulos, a questão da "Reforma Universitária".

Mangone e Warley (idem) comentam que um dos pontos mais contestados pelos estudantes de oposição era a difusão obrigatória da doutrina peronista. As universidades foram invadidas pela propaganda oficial: desde os discursos governamentais na ocasião dos festejos de cada aniversário do 17 de outubro até o luto forçado ante a morte de Eva Perón.

A outra face da "universidade livre" alardeada por Perón foi a repressão a todo tipo de oposição, evidenciando a presença coercitiva do governo.

O processo de luta interna dava-se também pela presença dos grupos nacionalistas simpáticos ao governo, que identificavam os estudantes opositores como "judeus", "comunistas", "vendepátria"(ibidem, p.68-9). Os antiperonistas respondiam a essas provocações, entrando em conflito com os "nacionalistas nazi-fascistas".

Os enfrentamentos entre esses setores foram muito violentos na universidade, sobretudo no início e no final do governo peronista. A destruição e a queima de bustos, retratos, cartazes durante as tomadas de faculdades em setembro de 1955 evidenciam o ódio acumulado e contido ao longo desses anos.

Como se viu, uma das maiores resistências ao peronismo ocorreu no âmbito das universidades com a participação de alunos e professores. No Brasil, também foram professores e alunos do ensino superior que procuraram organizar uma reação contra a ditadura do Estado Novo. No entanto, o movimento teve proporções muito mais limitadas. Cabe lembrar que as universidades argentinas tinham uma tradição muito forte de luta política – foi nesse país que teve início, em 1918, o movimento de Reforma Universitária que se espalhou pelo conjunto da América Latina; nessa época não havia universidade no Brasil; as primeiras foram criadas no período Vargas.

Foi na Faculdade de Direito de São Paulo que se desenvolveu, logo no início do Estado Novo, o foco mais significativo de oposição. John Fuster Dulles (1984) descreveu, em detalhes, esse movimento.

Logo após a notícia da criação do novo regime, o estudante Francisco Morato de Oliveira colocou um pano preto sobre uma parte do prédio, que ali não permaneceu por muito tempo. "Não se encontrava mais lá quando o estudante preparatoriano Antonio Candido de Melo e Souza, chocado com o golpe de 10 de novembro, foi até as arcadas para ver que tipo de reação lá havia. Não viu nenhuma reação, nenhuma atividade" (Dulles, op. cit., p.87-8).

A prisão de Armando de Salles Oliveira enfureceu alguns professores; Sampaio Dória atacava a Carta Constitucional de 1937, recusando-se a considerá-la como digna de estudo em sala de aula e por isso acabou desistindo de ensinar Direito Constitucional.

Júlio de Mesquita Filho colaborou com Paulo Duarte na publicação do jornal clandestino *Brasil*. Os dois jornalistas, bacharéis pela Faculdade de Direito do Largo São Francisco, juntaram-se à luta dos universitários: foram presos várias vezes e acabaram se exilando, antes do fechamento e da expropriação do jornal *O Estado de S. Paulo*, em 1940, por ordem da ditadura. Também freqüentaram a prisão Tiradentes, de São Paulo, os políticos Paulo Nogueira Filho, Antônio Pereira Lima e Antônio Carlos de Abreu Sodré.

No movimento de resistência havia uma ligação entre políticos, jornalistas, professores e estudantes da São Francisco. O jornalista de *O Estado de S. Paulo* Pedro Ferraz do Amaral distribuiu panfletos contra o Estado Novo; era amigo dos estudantes de Direito e conspirava com eles. Os professores Waldemar Ferreira, Vicente Rao e Antonio Sampaio Dória, considerados os mais adversos ao regime, foram demitidos por orientação de Getúlio Vargas e readmitidos em maio de 1941 (ibidem, p.110-1).

Em meados de julho de 1938, os estudantes tiveram conhecimento da visita de Vargas a São Paulo. Alguns membros do Centro Onze de Agosto viram aí uma oportunidade para fazer que o centro declarasse o presidente *persona non grata*. A presidência do Centro era contra, mas o primeiro-orador Auro de Moura Andrade conseguiu fazer aprovar a moção. Além disso, junto com outros estudantes, planejou manifestações de oposição à ditadura que não chegaram a se realizar. Também havia planos para acabar com o banquete e o baile no Teatro Municipal oferecidos em homenagem a Vargas; Germinal Feijó chegou a atirar uma cápsula de gás sulfúrico ao chão, sendo preso no ato (ibidem, p.101-2).

Os estudantes de Direito conseguiram realizar a publicação de seis números do jornal *Folha Dobrada*. Uma ilustração na primeira página mostrava uma espada e um capacete sobre um livro aberto com uma de suas folhas parcialmente dobrada. O editorial exigia representação popular, sufrágio universal, liberdade de expressão e uma "Constituição do povo" (ibidem, p.113-4).

A proposta de estudantes de algumas faculdades da Universidade de São Paulo de que fosse conferido a Vargas um título honorário *(Doutor Honoris Causa)* pela universidade provocou uma crise na Faculdade de Direito. O conflito teve início em agosto de 1941; nessa época, os estudantes da São Francisco estavam divididos em dois partidos: o "Conservador" e o "Libertador". Na última eleição para o Centro Onze de Agosto, os libertadores conseguiram a presidência e vice-presidência, mas o posto de primeiro-orador coube a um conservador. Os presidentes das associações, representando os estudantes das faculdades da USP, concordaram com a idéia do título honorário, com exceção de Luis Leite Ribeiro, presidente do Onze de Agosto e pertencente ao Partido Libertador, que capitaneava a reação contra Vargas na São Francisco. O conflito agravou-se quando o primeiro-orador do centro, o conservador Péricles Rolim, foi a favor do título. O caso acabou sendo levado até o Conselho Universitário, no qual apenas dois membros foram contrários ao título. A seguir, Vargas foi comunicado dessa honraria.

Nas "Arcadas", os protestos não tardaram; em sessão extraordinária do centro, os discursos inflamados lembravam os estudantes mortos na Revolução de 1932, outros manifestaram surpresa de que participantes ilustres da Revolução tivessem votado no Conselho Universitário a favor do título. As falas eram acompanhadas de "vivas" aos membros do CO que votaram contra a homenagem e gritos de "morra" dirigidos a Getúlio Vargas e ao CO. No final, propôs-se: comissão para averiguar as causas da indicação do título ao presidente, greve de um dia, uso de gravata preta por uma semana, pedido de solidariedade a outras faculdades. O movimento acabou se expandindo para além das "Arcadas": os estudantes, carregando o estandarte vermelho do centro, marcharam pelas ruas gritando "Abaixo a ditadura" e "Morra Getúlio". Diante dos conflitos entre estudantes ocorridos no interior do prédio e fora dele, a congregação dos professores decidiu fechar a Faculdade do Largo São Francisco por tempo indeterminado. A crise terminou com a intermediação do ministro Capanema, que veio a São Paulo dialogar com os estudantes da oposição: o ministro comunicou que Vargas abria mão da honraria; além disso, foram estabelecidos acordos para readmissão dos estudantes Germinal Feijó e Roberto de Abreu Sodré, que haviam sido expulsos da faculdade, e as faltas marcadas contra os estudantes grevistas seriam retiradas (ibidem, p.185).

Edgar Carone mostra que, além da Faculdade de Direito de São Paulo, considerada principal foco de resistência contra Vargas, outras organizaram movimentos contra a ditadura: na Faculdade de Direito do Distrito Federal e na de Salvador, a reação foi liderada por estudantes comunistas; nas Faculdades Politécnica e de Medicina de São Paulo, houve participação de comunistas e liberais.

Em agosto de 1937, foi fundada a União Nacional dos Estudantes, mantida durante o Estado Novo. O Segundo Congresso Nacional dos Estudantes foi realizado em dezembro de 1938, em plena vigência da ditadura. A entidade manteve-se neutra até o momento em que antecedeu o posicionamento do governo brasileiro no conflito mundial. Após o afundamento dos navios brasileiros, os estudantes, tendo a UNE à frente, fizeram manifestações a favor dos Aliados; o ápice foi a Marcha de 4 de julho de 1942, ato inédito e de grande repercussão no Estado Novo.

As "frentes" contra a ditadura começaram a surgir no final de 1941 e início de 1942. Os estudantes integraram-se nelas. Nessa mesma época, começaram os atritos internos (o ministro Oswaldo Aranha contra o chefe de Polícia Filinto Müller). A crise interna obrigou Vargas a substituir seus auxiliares mais direitistas como Filinto Müller, o chefe do DIP, Lourival Fontes, o ministro Francisco Campos e Vasco Leitão da Cunha. A partir daí, a repressão e a tortura se abrandaram.

As manifestações a favor da declaração de guerra ao Eixo se intensificaram. Nas grandes cidades brasileiras, multidões foram às ruas para pressionar o governo.

A entrada do Brasil na guerra gerou contradição entre a permanência da ditadura no plano interno e a luta pela democracia no plano externo; além disso, o aumento do custo de vida provocado pela participação no conflito internacional, a falta de produtos e o câmbio negro produziram descontentamentos, fazendo crescer a impopularidade do governo, o que favoreceu a organização das oposições (Carone, 1976, p.285-98).

A partir de 1943, o governo, enfraquecido, enfrentou uma resistência aguerrida que partiu de vários setores da sociedade. No entanto, nos primeiros anos da ditadura, essa resistência era muito limitada, tendo como principal expressão os estudantes e professores do largo São Francisco. Mesmo aí, os ativistas chegavam a apenas algumas dezenas, segundo comenta Flávio Galvão em entrevista a Fuster Dulles (1984, p.110).

O estudo comparativo dos regimes varguista e peronista nos planos da cultura e do poder permite constatar que a situação argentina era bem diversa da brasileira em muitos aspectos.

Houve, da parte de Perón, um esforço para atrair os intelectuais. Procurou organizá-los em associações e criar uma cultura popular peronista. Mas inúmeros autores referem-se ao fracasso do regime na tentativa de consolidar uma cultura peronista alternativa. Segundo Mariano Plotkin (1994), esse fracasso foi reconhecido pelo próprio governo quando se viu forçado a incorporar alguns escritores publicamente antiperonistas (alguns dos quais estavam sendo perseguidos pelo regime) à lista dos literatos ilustres do país.

A retórica antiintelectual de alguns setores peronistas contribuiu para o distanciamento da *intelligentsia*. Outro motivo do fracasso foi a incapacidade de atrair intelectuais competentes para a construção de uma cultura identificada com o regime. O *establishment* intelectual permaneceu, na sua maioria, nas fileiras do antiperonismo (Plotkin, 1994).

Independentemente da qualidade das obras literárias, o que importa salientar é a natureza política da literatura produzida no período. Essa literatura reflete um momento de enfrentamentos políticos e expressa a significativa oposição de literatos ao poder. A inserção das letras num campo de luta dessa envergadura permite aquilatar o nível de envolvimento da sociedade e a intensa participação política na Argentina dessa época. Aliás, cabe lembrar que a história argentina é marcada por uma tradição de luta política e participação social mais ampla do que a brasileira.

No caso brasileiro, não se observa essa polarização da sociedade como ocorreu no país vizinho. Tampouco se constata uma expressiva reação dos setores ligados à cultura ao regime do Estado Novo. A natureza autoritária do poder, garantida pela Constituição de 1937, certamente dificultou a exibição de obras críticas. A repressão que implicou prisões, tortura, exílios, censura, atingindo os intelectuais, ocorreu também na Argentina peronista, mas no varguismo estadonovista essas medidas eram garantidas pela lei. A experiência peronista ocorrida dentro dos limites institucionais de um Estado liberal explica a possibilidade de publicações de caráter oposicionista. Mas esse aspecto não esclarece completamente a oposição dos representantes da cultura ao regime; eles foram vítimas de perseguição, mas não deixaram de se manifestar contra o poder. A atitude de independência que os intelectuais sempre mantiveram em relação ao Estado, característica de uma cultura política mais plural, permite concluir que a valorização da liberdade de expressão cultivada no país motivou os intelectuais a reagir contra a proposta de uma cultura nacional uniformizadora e politicamente engajada nos projetos do Estado.

Na política estadonovista, alguns produtores de cultura foram vítimas, mas outros se sentiram beneficiados. Muitos intelectuais foram convocados a participar da organização do novo Estado e a teorizar sobre a "questão nacional". Essa participação, em última instância, serviu para legitimar o Estado oriundo de um golpe e conferir ao novo regime uma "cara" mais benevolente.

O Estado Novo caracterizou-se, como já foi dito, pelo seu aspecto pouco mobilizador. Considerando o povo brasileiro inepto para a participação política (a grande massa de analfabetos servia de reforço para esse argumento), os ideólogos do poder, que organizaram o Estado pelo alto, tinham a preocupação em ganhar o apoio das elites, consideradas peças importantes na construção de um novo país. A proposta de consenso era mais dirigida a elas do que aos setores populares.

A abertura do regime em direção aos intelectuais não ficou sem resposta. Havia, entre muitos deles, uma preocupação em construir o "sentido da nacionalidade", retornando às "raízes do Brasil" para forjar uma unidade nacional.

O governo Vargas, além de permitir liberdade de criação aos produtores de cultura, desde que não implicasse crítica ao governo, valorizou seu papel na sociedade, ao considerá-los a opinião pública ilustrada e, portanto, digna de expressão. O regime, por um lado, controlou as atividades culturais por meio do DIP, e, por outro, criou associações profissionais que significaram uma resposta às reivindicações de diversos setores (imprensa, teatro, cinema etc.) que pediam a intervenção estatal para fazer frente à concorrência estrangeira. Na Argentina, onde os grupos intelectuais estavam mais consolidados, porque contavam com um mercado cultural mais amplo e canais de expressão mais independentes, essa identificação dos produtores de cultura com os órgãos estatais foi menos significativa do que no Brasil. Os intelectuais e os artistas mais expressivos, que prezavam a autonomia da criação cultural, repudiaram a intervenção do Estado nesse campo.

Os intelectuais brasileiros, que, desde os primórdios da nacionalidade, se auto-elegeram "consciência iluminada da nação", na expressão de Pimenta Velloso (1987), nos anos 30 passaram a direcionar sua atuação no âmbito do Estado, identificado como representação superior da idéia de nação.

No Brasil de Vargas não houve uma polarização política como na Argentina peronista. O consenso prevaleceu na política e na cultura. Os escritores contrários à política varguista não podiam se manifestar contra o regime, mas isso não os impediu de escrever nos órgãos da ditadura. O caso de Cecília Meireles é exemplar. A autora criticou a política educacional do governo por meio de artigos na imprensa;

antes de 1937, chegou a identificar Vargas como "ditador". Mas, decepcionada com os novos rumos da política brasileira, tomou a decisão de não mais escrever sobre questões dessa natureza. Abandonou as armas e chegou a publicar artigos descompromissados em revistas do DIP durante o Estado Novo.

As diferenças entre o varguismo e o peronismo ficam mais claras quando se confrontam as duas formas de reação a essas políticas.

A produção literária do período permite estabelecer um contraponto significativo entre as duas realidades e suas formas de representação. Enquanto na Argentina houve uma significativa publicação de romances, contos, novelas, poesias, peças de teatro, tanto a favor como contra o peronismo, no Brasil isso não ocorreu. As obras literárias produzidas durante o Estado Novo ou se distanciavam das temáticas políticas ou procuravam contribuir para a afirmação da nacionalidade, destacando, então, aspectos valorizados pelo novo regime. Apenas os comunistas escreveram, na clandestinidade, obras contra a ditadura. As letras no Brasil, em vez de armas de luta, constituíram-se em instrumentos de busca de consenso, bem de acordo com o caráter desmobilizador do Estado Novo.

A ideologia estadonovista valorizava o popular, invertendo um discurso que sempre imputou ao povo a responsabilidade dos males do país; nesse novo momento, as elites de outrora foram criticadas pelo seu distanciamento da "alma da nacionalidade", deixando-se fascinar pelos exemplos alienígenas. Esse tipo de argumento justificava a intervenção do Estado na organização social, política e cultural: ele era apontado como a única entidade capaz de comandar a construção da identidade nacional. Elaborou-se, então, um projeto político-pedagógico para educar as massas: o povo era considerado potencialmente bom, mas precisava das instâncias intermediárias – os intelectuais – para se tornar autônomo (Pimenta Velloso, 1987, p.46-8).

No regime peronista não se observa essa elevação do Estado a sujeito principal da história. A própria figura do líder Perón sobrepõe-se à do Estado; o elemento popular representava o sustentáculo do regime, sua base de apoio contra as oposições das elites políticas e intelectuais que manifestavam desprezo pelo peronismo, identificado como nazi-fascista ou totalitário.

O movimento de resistência ao peronismo evidencia que muitos setores não se retraíram nem se acomodaram diante de medidas autoritárias e repressoras, manifestando descontentamento. A sociedade foi palco de uma disputa política que não deixou lugar para os indiferentes: a radicalização do processo exigia tomada de posição contra ou a favor do peronismo.

No caso do Brasil, o espaço para expressão do descontentamento foi mais estreito e a busca de consenso no plano da cultura também revela o autoritarismo e o elitismo do regime. Daniel Pécaut (1990) lembra que se os fascistas italianos conseguiram organizar uma "cultura de consenso" com a qual conquistaram uma sólida base de apoio, por intermédio de associações criadas para envolver os diferentes setores sociais; no Brasil, o governo preocupou-se em estruturar uma política de consenso, envolvendo, prioritariamente, os setores de elite, nos quais foi buscar apoio e legitimidade para a construção do novo Estado.

O tipo de fonte utilizado nesta análise não permitiu resgatar a história dos que resistiram ao Estado Novo. A discreta presença dos opositores neste livro certamente não faz jus àqueles que, no anonimato, lutaram contra o regime autoritário. Espero que esta lacuna seja preenchida por outras investigações que, baseadas em outras fontes, consigam resgatar a atuação de trabalhadores, militantes políticos, intelectuais, professores, jornalistas e cidadãos comuns que não se curvaram perante as práticas desse Estado autoritário e repressor.

4
POLÍTICA DE MASSAS: UMA NOVA CULTURA POLÍTICA

O varguismo e o peronismo caracterizam-se pela introdução de uma política de massas que resultou na configuração de uma nova cultura política. A crise do liberalismo no final da Primeira Guerra fez rever, em muitos países, o papel do Estado na sua relação com a sociedade e provocou a busca de soluções alternativas para a questão social. No Brasil e posteriormente na Argentina, a resposta aos problemas da época deu-se por meio da configuração de um Estado intervencionista, tendo à frente um líder carismático que se dirigiu às massas e introduziu uma política social com vistas a evitar as "revoluções populares".

Os movimentos varguista e peronista foram definidos por seus artífices como uma "revolução" que introduzira a "democracia social" e uma forma particular de "cidadania" nesses países. Cabe analisar o significado dessas concepções e as práticas delas decorrentes.

Vários estudos sobre o varguismo e o peronismo salientaram a manipulação ideológica, entendida, em alguns casos, como o fator explicativo único para a adesão das classes trabalhadoras a esses regimes: a origem rural e a conseqüente ausência de experiência política, a falta de maturidade e de consciência de classe explicariam a adesão dos trabalhadores a um líder carismático e demagogo. Essa tese já foi suficientemente questionada por meio de análises mais específicas sobre o tema da adesão: elas mostram que a manipulação de massas pela propaganda obtinha resultados quando acompanhada de benefícios reais aos trabalhadores.

No entanto, o problema que ainda se coloca para o investigador, segundo Daniel James, em sua abordagem sobre o peronismo, é o desvendamento da convivência contraditória entre uma política do bem-estar que implicou melhoria de condições de vida e de trabalho, além do reconhecimento do lugar das classes de trabalhadores pelo Estado, fato inédito na história dos dois países, e o autoritarismo dos regimes que procuraram liquidar as formas de organização autônomas, independentes do controle do Estado, e reprimir com violência os opositores de todo tipo (James, 1990).

A explicação para a adesão dos trabalhadores brasileiros à política varguista também foi revista. Ângela Castro Gomes refere-se a uma dupla lógica no processo histórico em questão: a adesão, por um lado, pode ser explicada pela lógica material – os interesses nos benefícios trazidos pelo direito trabalhista – e, por outro, pode ser entendida segundo uma lógica simbólica de formação e mobilização de identidade. Esta última relia as demandas e os valores dos trabalhadores, transformando seu atendimento num ato de generosidade que reclamava, implicitamente, reciprocidade (Castro Gomes, 1988, p.327).

A tese do apoio aos referidos regimes em razão, unicamente, dos benefícios sociais foi contestada por outros autores. Gareth Stedman Jones observou que um movimento político não é simplesmente uma manifestação de miséria e de dor. Sua existência se caracteriza por uma convicção, comum a muitos, que articula uma solução política para a miséria e um diagnóstico político das causas. É preciso, portanto, pensar no atrativo político e ideológico das mensagens, assim como examinar sua natureza. Referindo-se à credibilidade do discurso, considera que um vocabulário político particular deve propor uma alternativa capaz de inspirar esperança em algo possível de se fazer e, ao mesmo tempo, sugerir os meios para realizá-los nos quais se possa crer (Jones, 1984).

Os autores mencionados chamam a atenção para a importância do imaginário e do simbólico na compreensão das questões indicadas.

Neste capítulo pretendemos explorar a noção de democracia que as políticas de massa varguista e peronista introduziram na história dos respectivos países. Por meio da propaganda política foram divulgadas as benesses dessa nova fórmula política que caracterizou, ainda que de maneira distinta, os dois regimes.

A instauração do Estado Novo e a do governo peronista foram propagandeadas como o advento de uma nova era, introdutora de uma ordem política e social inédita. O termo *revolução*, utilizado para legitimar as mudanças que elas produziram na sociedade, destaca a ruptura com o passado e salienta a novidade da experiência.

A política de massas foi imposta no Brasil (décadas de 1930-40) e na Argentina (décadas de 1940-50), em contraposição ao "liberalismo decadente" e como promessa de inserção desses países no mundo novo. O período entreguerras foi marcado por uma profunda crise do sistema liberal no plano internacional, e a América Latina não ficou alheia a esse processo.

Tanto no Brasil quanto na Argentina a crise teve profundas e duradouras conseqüências, como mostra José Luis Bendicho Beired (1996) em sua análise sobre a nova direita no Brasil e na Argentina entre 1914 e 1945. Nessa época, a ordem oligárquica liberal foi posta em xeque após o abalo sofrido pela economia agroexportadora estruturada desde o século XIX. O autor aponta, como referências para explicação das mudanças, a crise de legitimação dos modelos institucionais vigentes, a emergência de novos atores políticos e sociais e a formulação de projetos ideológicos antiliberais.

O surgimento de um novo tipo de nacionalismo radical de direita, nos dois países, indica a existência de problemas comuns que geraram as propostas de substituição da ordem liberal a partir de 1920. Esse estudo comparativo permite compreender os antecedentes do varguismo e do peronismo.

De forma genérica, os antiliberais responsabilizaram o liberalismo pela subversão da ordem no mundo contemporâneo e acreditaram que o comunismo resultara da ideologia liberal. A crítica ao sistema liberal-democrático, tido como artificial e perigoso; a necessidade da substituição da ordem política liberal por outra de natureza corporativa e autoritária; a compreensão paternalista e autoritária do conflito social; a restauração de valores afirmativos de autoridade, hierarquia, ordem e obediência em detrimento da noção de igualdade e de liberdade; a hipertrofia do aparelho do Estado e sobretudo do Poder Executivo; a demanda por uma certa intervenção do Estado na economia; a reivindicação da independência econômica da nação. Todos esses elementos compunham o arcabouço do discurso antiliberal (ibidem, p.355).

O Estado Novo e o regime peronista resultaram dessas idéias que propunham a construção de uma política adaptada à nova conjuntura mundial e às realidades nacionais. A crítica ao artificialismo da ordem liberal resultante da imitação de modelos externos justificou os projetos de reforma política.

Varguismo e peronismo: a construção do novo

Os críticos dos "modelos importados" inspiraram-se nas experiências externas ao buscar soluções para os dilemas do liberalismo. Da política de Roosevelt ao nazi-fascismo, os artífices do novo colheram elementos para compor a nova ordem. A marcação de um tempo novo, definido como "revolução" para indicar a ruptura com o tempo velho do liberalismo, representa uma referência constante nas mensagens propagandistas do varguismo e do peronismo.

A inserção do Brasil no "tempo novo"

> Marchamos para um futuro diverso do que conhecíamos em matéria de organização econômica, social e política. Os velhos sistemas e fórmulas antiquados entraram em declínio. Não é, porém, como pretendem os pessimistas e os conservadores empedernidos, o fim da civilização, mas o início tumultuado e fecundo de uma nova era. (Vargas, 1940, p.33)

Os ideólogos estadonovistas justificaram as reformas realizadas no Estado como necessárias à solução dos problemas que impediam a realização do progresso. O papel tutelar do Estado em relação à sociedade, a defesa da direção do Estado por uma elite política/intelectual capaz de analisar a sociedade e apresentar projetos de reforma por meio de um instrumental científico, de base sociológica/antropológica, foram os aspectos apontados como necessários à inserção do Brasil numa nova era.

Getúlio Vargas explicitou, em seu discurso de Primeiro de Maio, em 1938, que "Ordem e Progresso" eram suas mais importantes aspirações, acrescentando que

> um país não é apenas uma aglomeração de indivíduos em território, mas é, principalmente, uma unidade de raça, uma unidade de língua, uma unidade de pensamento. Para se atingir esse ideal supremo, é necessário, por conseguinte, que todos caminhem juntos em uma prodigiosa ascensão... para a prosperidade e para a grandeza do Brasil. (apud Wolfe, 1994, p.32)

A fala do chefe deixou claro que, no momento, a política do Estado Novo não se voltava prioritariamente para os direitos dos trabalhadores. A transformação de uma sociedade agrária e rural em nação industrializada e unificada era a meta primeira do governo. Remodelar o Brasil por meio da industrialização implicava a organização de uma força de trabalho disciplinada e de mecanismos de controle social para assegurar a ordem. Em vários discursos, Vargas apelava para que todos os brasileiros evitassem os conflitos sociais e atuassem com espírito de conciliação para o bem geral; alegava que somente a centralização em mãos estatais poderia lutar contra a "subversão estrangeira", ajudar a industrialização e prover a todos de uma real justiça social. Nesse sentido, afirmava: "Todos nós marcharemos juntos visando um esforço comum: trabalharemos, sem limites, para a prosperidade e grandeza do Brasil" (apud Wolfe, 1994, p.33).

Em 1940 declarou que o Estado Novo era uma democracia econômica e não política, por isso apresentava um simplificado mecanismo de consulta e controle da opinião pública.

Os ideólogos do Estado Novo, Azevedo Amaral e Oliveira Vianna, tinham como preocupação central a reforma do Estado para transformá-lo em agente de modernização econômica, integração política, social e regional. Oliveira Vianna colocava ênfase na governabilidade e na centralização do poder com vistas à organização da sociedade amorfa e inorgânica. Azevedo Amaral atribuía ao Estado o papel de promotor da modernização econômica. Apenas os grupos católicos, orientados pela Encíclica *Rerum Novarum*, colocavam em evidência a "justiça social" como principal atribuição do Estado.

Francisco Campos dava ênfase ao problema das massas sem, no entanto, propor justiça social. Referindo-se ao divórcio entre a democracia e o liberalismo, explicava as causas da mudança: o sistema baseado nos elementos intelectuais e racionais pudera funcionar, durante algum tempo, segundo as regras do jogo porque o processo político se limitava a reduzidas zonas humanas, envolvendo interesses suscetíveis de controle racional. De repente, porém, ampliou-se o quadro: o controle político passou a abranger massa cada vez mais volumosa de interesses.

Sob a máscara socrática com a qual a risonha leviandade do racionalismo tentara dissimular aos seus próprios olhos o caráter trágico dos conflitos políticos, a democracia começou a perceber os traços terríveis da Górgona multitudinária e a distinguir, intervindo na área composta para o delicado registro da voz de Ariel, o baixo profundo de Caliban, entoando o canto da sua libertação das genas históricas do ostracismo. (Campos, 1940, p.20)

A extensão e a intensidade de antagonismos, tensões e conflitos internos, no plano internacional, resultaram no "Estado totalitário ou de massas" que, segundo o autor, realizava, mediante o emprego da violência, a eliminação de formas exteriores ou ostensivas de tensão política (ibidem, p.30-1). O modelo a ser seguido para o controle de "Caliban" vinha da Alemanha (ibidem, p.29).

Nesse contexto, Francisco Campos previa "o fechamento das portas do Fórum romano e a abertura das portas do Capitólio, colocado sob o sinal e a invocação de Júpiter, ou da vontade, do comando, da AUCTORITAS, ou seja, dos elementos masculinos da alma, graças aos quais a humanidade ainda podia encarar de frente e amar o seu destino". A perspectiva de controle rigoroso das massas foi explicitada, com toda clareza, pelo autor.

O diagnóstico de Francisco Campos sobre os "tempos novos" revela sua admiração pelo "Estado totalitário ou de massas", assim como a valoração positiva das experiências nazi-fascistas. No entanto, outros ideólogos, como Azevedo Amaral, Oliveira Vianna e o próprio Getúlio Vargas, insistiam na particularidade da situação brasileira, negando o caráter fascista ou totalitário do Estado Novo.

Defendiam um sistema de representação corporativa que garantisse espaços de autonomia, procurando preservar uma esfera mínima de direitos aos indivíduos e às corporações. Ambos propunham um regime sem liberdade política, mas que permitisse o desenvolvimento da livre iniciativa no âmbito econômico.

A defesa da liberdade na esfera econômica esclarece a definição do Estado Novo como "democracia econômica", na expressão de Vargas. A modernização econômica e o controle social eram as metas prioritárias indicadas pela ideologia que propôs a reforma do Estado.

Os divulgadores da nova doutrina de Estado procuraram transformar as idéias formuladoras da reforma estatal em representações de fácil compreensão com vistas a conseguir legitimação e adesão à ordem política instaurada em 1937. Nas obras de divulgação sobre o significado e os objetivos do Estado Novo, encontramos textos apologéticos do regime e de seu chefe. Os livros laudatórios, as conferências e os discursos transformavam conceitos e idéias em imagens de forte conteúdo emocional, procurando atingir o público leitor pelos sentimentos.

"Nova fase do mundo e o Brasil da nova era" foi o título de uma conferência pronunciada pelo professor doutor da Faculdade de Direito de São Paulo, M. F. Pinto Pereira, em 1940. O conferencista informava que os atuais episódios políticos da Europa patenteavam a ineficácia da velha democracia. Acreditava que, apesar das lições retiradas das experiências de outros povos, cada qual deveria traçar seu próprio destino. O regime brasileiro seria "o regime da ordem e da paz, de acordo com a índole e a tradição do nosso povo". Garantia, portanto, que o Estado Novo não seria um Estado totalitário.

Argumentava que a primazia da idéia de comunidade no mundo contemporâneo era indubitável e a nova era exigia restrições à liberdade porque seu exagero conduzia à anarquia econômica e ao esmagamento do fraco pelo forte. Por isso, considerava que a necessidade dera origem aos "regimes autoritários" (Pinto Pereira, 1940, p.18-24).

Nessa perspectiva, as vigas mestras do Estado Novo baseavam-se num liberalismo construtor, diferente do liberalismo manchesteriano (que usa a liberdade para matar a liberdade) e divergente do planismo socialista despótico e arbitrário. Introduzira a disciplina em todos os sentidos com o objetivo de que o povo se tornasse livre (ibidem, p.27-9). Do que se pode depreender do texto, a "liberdade disciplinada" era a meta do regime autoritário.

Nessa mesma linha de argumentação, o autor Leão Machado comentou os problemas e mudanças que ocorriam no mundo com a perspectiva de esclarecer e justificar o Estado Novo brasileiro. Referindo-se aos "tempos novos", localizou, na Revolução Industrial, a origem das injustiças sociais. Desse estado de coisas nasceram interrogações e delas surgiram respostas radicais. Depois da Grande Guerra, "o mundo começou a dividir-se: de um lado o comunismo, de outro lado o fascismo. A face do mundo ficou convertida num amplo campo de batalha, cujo desfecho era ainda uma incógnita". O autor acreditava que qualquer que fosse o resultado do conflito, dele surgiria um novo Estado (nem fascista, nem comunista). E concluiu que esse Estado já existia em embrião no Brasil, com o nome de Estado Novo.

> Graças à sua Revolução, o Brasil já penetrara no sentido da Nova Idade e realizara mais da metade das radiosas promessas que o futuro aponta. Deixando de lado as velhas fórmulas sociais, políticas e econômicas... adaptou-se à era contemporânea, penetrou, enfim, sem abalos, no período de transição para as novas fórmulas e os novos tempos... (Machado, 1942, p.207-26)

Os textos mencionados evidenciam a preocupação em salientar a originalidade da nova ordem política. A solução brasileira era valorizada não só porque se adaptava às condições e características nacionais, mas também por ter sido precursora de uma transformação pacífica, capaz de resolver a questão social com um Estado reformado.

O peronismo e a nova era

Perón foi eleito num momento de pós-guerra, quando a Europa, enfraquecida pelos conflitos, deixou espaço para o surgimento de outras potências internacionais – Estados Unidos e União Soviética –, que, em disputa pela hegemonia mundial, deram início à guerra fria. A América Latina, no decorrer do conflito, foi sendo arrastada para o lado dos Estados Unidos, sob o signo do pan-americanismo, mas a Argentina não participou dessa confraternização no hemisfério.

Alguns documentos secretos do GOU procuram justificar a neutralidade da Argentina na guerra, referindo-se também às insistências do governo norte-americano para um posicionamento pró-Aliados. Os membros dessa organização alegavam que a neutralidade era possível e vantajosa para a Argentina tendo em vista sua posição geográfica e as riquezas do seu próprio solo que, sem dúvida, lhe davam independência (Potash, 1984, p.193). Quanto à situação nacional, o grupo julgava que o governo chegara a um "beco sem saída": "com uma situação interna difícil ... a classe dirigente desacreditada e desprestigiada, com os políticos comprovadamente delinqüentes, a situação interna não poderia ser mais desoladora" (ibidem, p.203).

Analisando as soluções propostas por diferentes grupos, concluíam que a Frente Popular (União Democrática Argentina) era pela revolução social de tipo comunista e se chegasse ao governo faria a revolução a partir de cima, pelo mesmo método seguido na Espanha. Os nacionalistas também encaravam a solução dos problemas por meios mais ou menos revolucionários, mas esperavam a ação do Exército, contra o qual não desejavam atuar por serem forças da ordem. Já o Exército vivia o problema do momento, não havendo quartel onde não se discutisse a situação do país; os oficiais jovens eram partidários de atuar e estavam prontos para sair a qualquer momento, mas os chefes, em geral, não participavam do entusiasmo dos oficiais e, pesando os prós e os contras, eram favoráveis a soluções mais suaves.

O documento termina dizendo que, como as questões não tinham sido encaradas seriamente, "as forças ocultas, movidas a partir do exterior, invadiram literalmente o país em todas as suas partes. Hoje se movem agentes estrangeiros de toda espécie, encarregados de sabotagem contra o Estado" (ibidem, p.203-9).

Embora apontasse para uma situação de indefinição, o documento demonstrava claramente que o setor dos jovens oficiais estava "pronto para sair a qualquer momento". Foi o que ocorreu em 4 de junho de 1943. Na verdade, outros setores das Forças Armadas já haviam tentado, sem sucesso, em 1941 e 1942, dar um golpe contra o regime para garantir a neutralidade na guerra.

O golpe liderado pelo GOU, grupo do qual fazia parte o coronel Juan Domingo Perón, aconteceu num momento em que começava uma luta interna pelo controle da organização; entre o 4 de junho de 1943 e o 17 de outubro de 1945, data em que a condução política do grupo passou indiscutivelmente para as mãos de Perón e seus aliados, a disputa pelo poder foi intensa. A ascensão de Perón ao poder ocorreu por caminhos tortuosos e incertos. A crítica situação movida pela ruptura com os países do Eixo, apoiada por Perón, motivou a renúncia do presidente Ramírez e a desconfiança do Exército. Os conflitos tornaram-se mais agudos quando o governo militar posicionou-se por uma "saída eleitoral".[1]

---

1 Após o golpe, o general Rawson assumiu a Presidência do país; logo destituído do poder e substituído por Pedro P. Ramírez. O grupo de Perón venceu o coronel E. Gonzáles, (chefe do GOU na primeira fase), o general Ramírez e finalmente o general Avalos, último obstáculo militar no caminho do poder. O único aliado forte de Perón foi o presidente Farrell (Floria, 1975, p.76-8).

Com o fim do conflito mundial, tanto as circunstâncias internas como as externas impunham uma adequação do país à nova conjuntura. Apesar da vitória dos aliados, o modelo liberal exigia revisões, e a divisão internacional do trabalho anterior também se alterara, substituindo alguns mercados por outros. Foi nesse contexto que Perón consagrou-se como o grande líder político da Argentina.

No ano decisivo de 1945, Perón acumulava as seguintes funções: secretário do Trabalho e Previdência, ministro da Guerra, direção-geral da Aeronáutica Civil, vice-presidência da Nação e presidência do Conselho Nacional de Pós-guerra.

Em 5 de julho de 1946, já eleito presidente da República, Perón discorreu sobre a "Revolução Salvadora", que se iniciara há três anos com o golpe de 1943 e se concretizara, naquele momento, com o triunfo que merecia o autêntico povo argentino. Nesse contexto, o líder afirmou: "De agora em diante se inicia uma nova etapa para a vida do país. Recuperada e fortalecida, a nação argentina pôs-se novamente em marcha" (Perón, 1973, p.130).

Imagens de revolução no varguismo e no peronismo

A idéia/imagem da revolução destaca-se nas mensagens varguista e peronista. Em vez de desqualificar o significado do termo em nome de um modelo teórico, pretendemos recuperar o sentido de "revolução" expresso no material propagandístico.

Francisco C. Falcon chama a atenção para a importância da idéia de revolução e da prática revolucionária no período de pós-guerra. Ativada pelo impacto causado pelas notícias sobre a revolução bolchevista na Rússia, a

> Revolução deixara de ser monopólio de socialistas, comunistas e anarquistas, pois, entre os setores habitualmente denominados de conservadores, direitistas ou "contra-revolucionários", logo surgem vozes que se opõem à revolução "vermelha" ou "bolchevista", em nome do

que intitulam "outra revolução", "terceira revolução" ou "verdadeira revolução". Desprezada pela historiografia de viés marxista, pois é evidente que a direita jamais poderia ser revolucionária, por definição, essa "outra revolução", só em época recente, voltou a ser estudada ... (Falcon, 1991, p.39)

O autor refere-se à relação contraditória entre essas idéias de revolução que expressam visões de mundo antagônicas. Enquanto a direita odeia e teme a revolução proletária, chamada de "revolução bolchevista", para a esquerda, a proposta de uma "terceira revolução" é inconcebível. Mas, como afirma Falcon, há enormes diferenças entre as duas e não será ignorando ou desqualificando uma delas que se conseguirá compreender o significado dos discursos e formas de pensamento para os quais a realidade de ambas se afigurava igualmente indiscutível (ibidem, p.29-43).

Levando em conta essas observações do autor, procuro entender a representação de revolução criada no varguismo e no peronismo com o intuito de legitimar a "destruição da velha ordem" e a "construção do novo".

A vitória desses dois movimentos foi saudada como o triunfo das luzes sobre as sombras. O mito solar da revolução, analisado por Jean Starobinski (1988), no contexto da Revolução Francesa, aqui se reproduz. A Revolução de 1930, no Brasil, foi comemorada com expressões do tipo: "Benditos sejam os nomes daqueles que fizeram raiar, para quarenta milhões de escravizados, a nova alvorada da república e da democracia" (*Diário Carioca*, 24 out. 1930). Na Argentina, Perón, recuperando a memória do 17 de outubro de 1945, afirmou: "Resplandece no contraste das luzes e sombras da noite, a maravilhosa luz do dia 17 de outubro onde em meus ouvidos ressoavam as vozes dos descamisados, reclamando, em meu nome, seus próprios e inalienáveis direitos à justiça e à liberdade" (*Noticias Gráficas*, 2 jun. 1952).

As políticas varguista e peronista condenavam os valores oriundos da Revolução Francesa, mas se valeram das imagens produzidas em torno desse acontecimento. O mito solar da revolução, como mostra Starobinski, faz parte de uma leitura imaginária do momento histórico, destacado como um ato criador que contribui para modificar o curso da história. A imagem do dia triunfante e da origem relaciona-se à paixão pelo recomeçar. Aquilo que é aniquilado, sem retorno, deixa o campo livre para o começo. O autor insiste não apenas no poder de representação do mito, mas também na sua capacidade criadora, mobilizadora, transformadora do real (Starobinski, 1988, p.38-43).

Alguns autores recorreram a outras imagens, também de forte impacto, para representar a Revolução de 1930 no Brasil, considerada como marco inicial da transformação que se consolidou no Estado Novo. Leão Machado (1942, p.35) referiu-se a uma "avalanche que se desequilibrou dos cimos nevados da montanha e desceu impetuosamente pelas ladeiras, arrastando pedras, árvores e edifícios em seu tremendo desabamento e, no dia 3 de outubro de 1930, rebentou a Revolução, com o rompimento material da ordem". Alvimar Silva (1939, p.19) construiu imagem semelhante do episódio:

> Ouvia-se o rumor da borrasca. A tempestade armava-se no horizonte. Todo mundo esperava alguma coisa. Poderia ser um cataclismo destruidor ou a força desalentadora da nacionalidade. A sociedade brasileira estava numa agitação tenebrosa.

Nessas representações, a "revolução" é associada a forças incontroláveis da natureza. O poder humano, racional, ficava à mercê dos acontecimentos imponderáveis e nada se podia contra eles. As metáforas sugerem violência relacionada à potencialidade de destruição do movimento revolucionário. Para Leão Machado (1942, p.37), a revolução tinha um programa a cumprir, mas "...os primeiros ímpetos são meras forças destruidoras, cegas, brutais, desencadeadas por um conjunto de circunstâncias estranhas à própria substância da revolução pregada".

A violência da Revolução de 1930, simbolizada pelas forças incontroláveis, justificava-se pela sua tarefa de destruição da velha ordem, abrindo caminho para gerar mudanças profundas na sociedade. A tarefa de reconstrução ficava ao encargo do Estado Novo. Para Leão Machado, a "revolução brasileira" ocorrera em dois tempos: 1930 e 1937. No primeiro tempo, destruíra um regime que mergulhou o país em grande desordem. Seu objetivo, portanto, era o da "substituição orgânica e profunda de métodos, de processos e normas da vida pública". Possuía um programa de reforma radical, o que ocorreu a partir de 1937 (ibidem, p.60-2).

A Argentina não viveu um processo de luta armada como ocorreu no Brasil. No entanto, os peronistas utilizaram o termo *revolução* também com o sentido de ruptura e transformação radical. O golpe de 1943, definido como "Revolução Salvadora", representava o momento de destruição da velha ordem; a eleição de Perón em 1946 dava início à fase de reconstrução.

Os marcos revolucionários estabelecidos pelo peronismo eram os seguintes: 1943, 1945 e 1946. O primeiro momento, o da "Revolução Salvadora", segundo Perón, representou um desejo superior de justiça que foi o motor da revolução triunfante (Perón, 1973, p.30). O líder procurou esclarecer que o golpe de 1943 não significara um "golpe quarteleiro", mas um movimento que dera início a um processo de transformações profundas: "Na mente dos que conceberam e gestaram a Revolução de 4 de Junho estava fixa a idéia da redenção social da nossa Pátria." Mil novecentos e quarenta e três representou uma "chispa que o 17 de Outubro incendiou a fogueira na qual hão de queimar-se e consumir-se os restos do feudalismo que ainda se deixa entrever em terra americana" (ibidem, p.131). Procurando vincular mais claramente o golpe de 1943 com o movimento popular de 17 de outubro de 1945, Perón afirmou: "A Revolução feita há dois anos e quatro meses pelo Exército tinha sido compreendida e havia passado ao povo e, em conseqüência, havia triunfado" (ibidem, p.133).

As imagens de ruptura estão mais associadas ao 17 de Outubro: "Na Praça de Maio, no dia 17 de outubro: o triunfo. ...O que aconteceu antes é pré-história. A História de uma Nova Argentina começou ali" (*La Prensa*, 16 out. 1954). Mas as três datas, quando indicadas em seqüência, transmitem a idéia de um processo:

O clamor popular que acompanhou as Forças Armadas no 4 de Junho e fez estalar pujante no 17 de Outubro impôs-se, solenemente, no 24 de Fevereiro de 1946. (ibidem, p.134)

O registro de corte, marcando a separação entre o *velho* e o *novo*, está presente tanto no imaginário varguista como no peronista. No Brasil, a "Velha República" representava o passado a ser destruído e a política varguista era identificada pela construção do *novo*, expresso na denominação "Estado Novo". Na Argentina, o *velho* significava a "década infame" e o *novo* referia-se ao peronismo, construtor da "Nova Argentina".

Hannah Arendt, referindo-se ao conceito moderno de revolução (século XVIII), afirma que a representação da revolução faz supor que uma história, inteiramente nova, nunca antes conhecida ou narrada, está para se desenrolar. Golpe de Estado, revoluções palacianas, insurreições que provocam alternância de homens ou grupos no poder não se confundem com as revoluções: estas implicam mudança no sentido de um novo princípio em que a violência foi utilizada para construir uma nova forma de governo completamente diferente, dando origem à formação de um novo corpo político, no qual são almejadas a libertação da opressão e a constituição da liberdade (Arendt, 1988, p.23).

Tanto o golpe de 1937 no Brasil como o golpe de 1943 na Argentina eram representados como etapas da revolução: o argentino representava o começo do processo revolucionário (fase destruidora do *velho*) e o brasileiro, o fim (fase construtora do *novo*).

Alegava-se que, no Brasil, o governo revolucionário de 1930 encontrara muitas dificuldades para promover as mudanças: reação dos adversários, resistências ao novo etc. Mas logo se concluiu que o "defeito, a falha, o mal, não estava nos homens, mas no regime" (Machado, 1942, p.132).

O golpe de 1937 mereceu aplausos por ter dissolvido o poder parlamentar e declarado extintos os partidos (Souza Soares, 1939, p.25). Para os adeptos desse ato, o Estado Novo representava uma "Nova Era", acompanhada de uma consciência marcada pelo respeito à autoridade e pelo aumento da obediência. O povo aprendeu, em três curtos anos, a "acatar, respeitar e fielmente obedecer".

Com isso, "além da supressão das causas de desordem, acabou, também, a pecha de indisciplina do povo brasileiro" (Machado, 1942, p.150-1).

Getúlio Vargas salientou a necessidade de reforma política para completar a obra da revolução. Argumentando que a gênese política de nossas instituições não correspondia, desde 1889, aos fins para que elas se destinavam, justificou a necessidade do golpe de 1937 pelos riscos de luta de classe e guerra civil. Como a máquina do Estado não funcionava mais, cabia criar instrumentos de poder efetivos e reais, o que resultou na instauração de um regime forte, com reforço do poder central e recuperação da autoridade nacional (Vargas, 1938, p.21-30 e 30-2).

Pelo exposto, pode-se concluir que a essência da revolução consistia na reforma política: ela implicava destruição das instituições liberais e criação de um Estado Novo, autoritário, promotor do encontro entre o "Brasil legal" e o "Brasil real". Os princípios de autoridade e obediência estavam na base dessa reforma revolucionária.

Os discursos varguistas davam destaque à questão social, entendida como a problemática dos novos tempos. A política trabalhista tinha como meta eliminar a miséria e garantir os direitos dos trabalhadores, atendendo a suas reivindicações. No entanto, alegava-se que tais problemas só poderiam ser solucionados com a construção de um Estado forte, dotado de instrumentos prioritários para o atendimento das questões sociais e com capacidade para proteger as massas, organizá-las e controlá-las. Nessa perspectiva, a reforma política era prioritária porque dela dependia a reforma social.

No caso da Argentina, por circunstâncias históricas diversas, a justiça social acabou se impondo como o carro-chefe da "revolução peronista". Um periódico peronista afirmou: "O que inauguramos é mais do que a era atômica, é a era do povo" (*Democracia*, 9 jan. 1947). Essa imagem revela a importância atribuída às realizações do governo no plano social. Num discurso pronunciado em 2 de setembro de 1944, Perón declarou:

As revoluções devem ser profundamente inovadoras em suas finalidades e, no caso, a inovação fundamental reside em levar às massas trabalhadoras um bem-estar superior ao que atualmente gozam ... (Perón, 1973, p.224-5)

A representação da "justiça social", também identificada como "terceira posição", está muito bem expressa no álbum comemorativo das realizações peronistas, na página dedicada às "Três posições ideológicas". Em dois quadros localizados na parte superior da página, encontram-se as referências aos regimes capitalista e comunista. O primeiro é representado por imagens de exploração do trabalho; o segundo, por imagens de opressão. Na parte inferior da página, aparece, em destaque, o quadro referente ao "justicialismo", ilustrado com o desenho de um casal abraçado, segurando uma criança, e, mais abaixo, aparece a imagem de uma casa, simbolizando o lar. A cena completa-se com os seguintes dizeres de Perón: "Regime Justicialista Argentino. Oferece trabalho, paz, justiça e bem-estar" (*La Nación Argentina*, Publicación Especial Comemorativa, 1950, p.470).

A democracia da nova era

O varguismo e o peronismo denunciaram a hipocrisia do sistema democrático formal e prometeram ampliar a democracia para além dos limites de usufruto dos direitos do "indivíduo", incluindo os direitos sociais, em termos legais. Cabe analisar a concepção de democracia social proposta nos dois regimes, seus limites e as diferenças entre a "democracia autoritária" do Estado Novo e a "democracia justicialista" do peronismo.

A democracia autoritária do Estado Novo

Francisco Campos afirmava: "A nova Constituição é profundamente democrática". Mas esclarecia que os valores implícitos na expres-

Figura 8 – Páginas da cartilha *Getúlio Vargas para crianças* (p.84-5).

Figura 9 – Ilustração do livro *Justicialismo* (p.121).

são "democracia" variavam com os tipos de civilização, de cultura e com as transformações operadas no mundo. Tratava-se, portanto, de inverter o conceito de democracia próprio do século XIX, que definia o poder do Estado como negativo, e transformá-lo em positivo, pois só o Estado forte poderia exercer a arbitragem justa, assegurando a todos o gozo da herança comum da civilização e da cultura (Campos, 1940, p.56). Definia o Estado como democrático porque o presidente, chefe responsável da nação, só poderia exercer suas enormes prerrogativas se contasse com o apoio e o prestígio do povo, precisando, para isso, apelar freqüentemente à opinião pública. Dessa forma o seu mandato teria um caráter eminentemente democrático e popular (ibidem, p.58).

O Estado Novo foi definido por Azevedo Amaral (1938) como "democracia autoritária" marcada pelo reconhecimento das liberdades civis e de consciência, mas negadora das liberdades políticas em favor do princípio de autoridade do Estado. Já Oliveira Vianna (1949) era defensor da substituição de um sistema político baseado na "solidariedade mecânica" – o liberalismo – por outro fundamentado na "solidariedade orgânica". Na "democracia orgânica", o poder seria a expressão do conjunto das funções desempenhadas na sociedade, não o resultado do somatório de vontades individuais e iguais, como ocorria na "democracia atomística". Para esse autor, o problema básico do Brasil era a falta de autoridade do Estado, por isso propunha a "democracia corporativa, orgânica e autoritária", com ênfase no princípio da autoridade em detrimento da liberdade política (Beired, 1996).

O Estado Novo não incorreria no erro dos socialistas de propor a utopia de uma sociedade sem propriedade privada e sem classes, comenta Ângela Castro Gomes. O Estado autoritário reconhecia o capital, a propriedade privada e a importância da livre iniciativa empresarial. A autora mostra que, por essa razão, o mercado continuava a proteger uma área fundamental de liberdade (liberdade privada), que distinguia a sociedade do Estado e se realizava fora da esfera pública. Isso implicava a distinção entre liberalismo político e econômico: o primeiro era negado e o segundo persistia, limitando-se apenas os seus excessos. O intervencionismo do Estado, assumindo a planificação econômica e a participação na produção, não deveria chegar aos excessos totalitários de negação do mercado e do valor econômico de uma liberdade privada do indivíduo (Castro Gomes, 1982).

Como se pode notar, o alvo de ataque dos antiliberais era o liberalismo político e seu sistema de representação. Júlio Barata divulgou o espírito da nova Constituição nos seguintes termos:

> A nova Constituição brasileira é a democracia em atos e não em palavras, é a democracia do povo e não a democracia dos partidos. Esta é a democracia de verdade e não aquele hipotético governo das multidões, que Homero comparava à loucura, e que a Bíblia amaldiçoou no livro dos Juízes, em apólogo célebre lembrando-nos de que o voto, mal exercido nas democracias de pura fachada, redunda na promoção dos maus ao poder. ...O Estado democrático, que hoje afinal possuímos, atinge os mais altos e os mais honestos objetivos dos partidos conservadores e também dos direitistas. (Barata, 1938, p.40-1)

Essa democracia, definida também como racional, porque feita sob medida para o corpo do Brasil, criara, segundo o autor, um Estado forte sem nenhuma daquelas características dos regimes de força implantados no estrangeiro. É a força, mas não é a violência. O Estado forte afirmava-se pela centralização do poder, pela limitação racional da liberdade do indivíduo em proveito da liberdade coletiva, pela unificação das vontades graças à supressão das excrescências partidárias que pouco a pouco nos atiraram na anarquia e no caos (ibidem, p.86 e 89).

As imagens expressas nesse texto de divulgação salientam as diferenças entre a "boa democracia", a democracia autoritária, e a "má democracia", a democracia liberal. Além disso frisa o espírito pacífico e ordeiro da nova ordem, traços sempre reafirmados como característicos da "índole do povo brasileiro".

Em 1940, Getúlio Vargas declarou que o Estado Novo, verdadeiramente democrático, deveria possuir a característica de um governo forte que não admitisse a sobrevivência do espírito de desagregação e das expressões particularistas (Vargas, s.d., p.62-3). Chamamos a atenção para o fato de que Getúlio Vargas, em seus discursos referentes à natureza do regime, não deu ênfase à problemática da justiça social; tampouco o fizeram os sociólogos Azevedo Amaral (1938) e Oliveira Vianna (1949), que se orientavam por uma perspectiva laica e cientificista. Essa questão foi abordada especialmente pelos católicos, como afirmamos anteriormente. Os autores de formação cristã entendiam a democracia autoritária por um outro prisma.

O autor Leão Machado, de formação cristã, divulgou as benesses da "democracia renovada", fazendo crer que ela incorporaria todas as promessas do socialismo e, orientada pela teoria social da Encíclica *Rerum Novarum*, conservaria todas as boas conquistas da civilização cristã. Ela seria, em suma, um Estado no qual haveria pão e bem-estar para todos, nenhuma guerra, nenhuma exploração do homem pelo homem, nenhuma contradição. Além disso, asseguraria a posse pacífica dos princípios espirituais da liberdade de pensamento, da família e da propriedade individual. Os traços do novo Estado, segundo o autor, baseavam-se na disciplina política, na justiça social que ampara o trabalho e o trabalhador, no fim do monopólio das classes privilegiadas e da riqueza sem energia criadora (Machado, 1942, p.221-3).

Para os ideólogos do Estado Novo, a meta do novo governo era a reforma política com introdução de uma democracia autoritária capaz de promover o progresso econômico e a ordem na sociedade; o programa de justiça social estava subordinado à reforma do Estado e ao desenvolvimento econômico. Nisso se diferenciavam dos autores católicos que apontavam a justiça social como meta prioritária da nova política.

Nos textos destinados à formação cívica das crianças e do povo brasileiro em geral, expunham-se, de forma didática, as qualidades do novo regime. O *Catecismo Cívico do Brasil Novo* abordou temas como "A nacionalidade", "Deveres para com a pátria" etc., na forma de perguntas e respostas. Cabe reproduzir algumas passagens para mostrar como os conceitos políticos foram traduzidos em imagens simples para atingir o povo/criança.

Nos itens referentes ao "Princípio da autoridade" e ao "Regime autoritário", ficam visíveis as justificativas para as mudanças políticas. Tais justificativas tinham como objetivo a busca de legitimidade e apoio à nova ordem. Mencionaremos, a seguir, alguns exemplos:

> Pergunta: O exercício da autoridade suprema por um chefe não contraria a vontade do povo em uma democracia?
> Resposta: Absolutamente, não. O Chefe do Estado, em um regime democrático como o que foi estabelecido no Brasil pela Constituição de 10 de Novembro, é o expoente do povo, o seu representante direto. ... Obedecendo, portanto, ao Chefe que o representa, o povo, apenas, se conforma com aquilo que ele próprio deseja e é executado pelo depositário de uma autoridade por ele conferida.
>
> Pergunta: Não há, portanto, nenhuma incompatibilidade entre as idéias de democracia e de governo autoritário?
> Resposta: Nenhuma. Sob a influência dos erros com que o liberalismo corrompeu o verdadeiro conceito de democracia, surgiu a crença de que o regime democrático envolvia o enfraquecimento da autoridade governamental. Semelhante idéia, entretanto, é falsa. A autoridade é indispensável em qualquer forma de governo e sem ela uma nação não pode permanecer unida e forte. ...Na democracia autoritária, é preciso que o Estado tenha poder para harmonizar todos os interesses particulares e submeter as conveniências dos indivíduos e dos grupos sociais às do bem coletivo. Em tais circunstâncias, é muito necessário que num regime democrático como o nosso a autoridade do Governo seja ampla.
>
> Pergunta: Do que acabo de saber, posso concluir que as limitações que, outrora, diminuíram a autoridade do Presidente da República causaram males ao Brasil?
> Resposta: Sim. Pode-se afirmar que todos os males sofridos pelo país durante os primeiros quarenta anos de regime republicano decorreram, principalmente, do fato de o Chefe da Nação não dispor de meios de agir com eficácia em todos os setores da vida nacional e em todos os pontos do território do Brasil. Além disso, a fraqueza do Poder Central envolvia conseqüências políticas muito sérias e desinteligências entre os Estados, fazendo com que constantemente estivesse em risco a ordem interna do país.

Pergunta: No nosso atual regime constitucional poderiam subsistir os partidos?

Resposta: Evidentemente, não. ...O Estado Novo é o órgão da Nação no seu conjunto, não podendo, portanto, ser jamais monopolizado por partidos, como acontecia outrora. O único partido admissível será o que congregue os interesses e o patriotismo de todos os brasileiros para a defesa do Estado e o engrandecimento da Pátria. Semelhante partido só poderá ter um chefe, que é o próprio Presidente da República, a quem cabe, nos termos claros da Constituição de 10 de Novembro, dirigir a política nacional.

O tom categórico das certezas e verdades contidas nas respostas, a visão maniqueísta apresentada em relação ao *antes* e ao *depois,* a simplificação das explicações elaboradas a fim de induzir as escolhas constituem técnicas do discurso autoritário, eficazes no sentido da persuasão.

Nessa publicação não há ilustrações, como era de se esperar num texto de tal natureza. O mesmo ocorre com o livreto de caráter semelhante, intitulado *O Brasil é bom* (série produzida pelo Departamento Nacional de Propaganda). Nele, o Estado Novo também é explicado de forma pedagógica: o texto transmite imagens positivas do regime com vistas a formar a consciência do pequeno leitor com base nos valores novos.

No exemplar nº 33, de 1938, a primeira página de *O Brasil é bom* define seu público leitor:

Menino:

Lê este livrinho com atenção. Aprende estes ensinamentos. Se teu pai e irmãozinhos sabem ler, faze que eles o leiam contigo. Se eles não sabem ler, prestarás um serviço ao teu Brasil, lendo-o em voz alta para que eles o ouçam e aprendam o que nele se ensina.

Todas as páginas iniciam com a frase afirmativa: "O Brasil é bom"; na primeira, ela é seguida de uma interrogação: "Por que o Brasil é bom?". Nas seguintes, responde-se, em trinta lições, a essa indagação, exaltando, em cada uma delas, as qualidades do "bom Brasil".

Na lição 25, explica-se que "o Brasil é bom porque é uma democracia. Democracia é o governo do povo". A lição 28 esclarece que o novo regime brasileiro é uma reforma do nosso sistema político. Não é, porém, um repúdio aos ideais democráticos. Não é o abandono da democracia. A democracia continua. O que se fez foi corrigir o que nela estava errado. Foi emendar os seus vícios.

O livro *Getúlio Vargas para crianças* (volume especial da Biblioteca da Pátria, patrocinado pelo Suplemento juvenil-mirim O Lobinho) constitui um roteiro para a juventude brasileira acompanhar a História do Brasil. O capítulo 6 apresenta um texto sobre o "Estado Novo", contendo algumas ilustrações desenhadas com traços simples, em branco-e-preto (por exemplo, um livro grande com o título *Constituição*, jogado sobre um mapa radioso do Brasil e, no alto, uma folhinha marcando 10 de novembro de 1937; um retrato do general Eurico Gaspar Dutra, ministro da Guerra, e, no fundo, tanques de guerra; Getúlio Vargas entre homens sorridentes demonstrando contentamento com o novo regime; uma sala de aula com adultos fazendo prova de concurso para ingresso aos cargos de administração, novidade introduzida pelo regime).

O texto responsabiliza os agitadores políticos, elementos de destruição e desordem, pela mudança do regime:

> Horrorizado pela demagogia crescente do Poder Legislativo e verificando os maus rumos da campanha de sucessão presidencial, em 1937, a 10 de novembro, Getúlio Vargas outorgou ao povo brasileiro uma nova Constituição, criando, nesse dia predestinado, o Estado Novo. ...O Estado Novo nasceu com o prestígio do apoio das forças de terra e mar e logo a opinião pública ratificou por completo o gesto de Getúlio Vargas. ...O General Eurico Gaspar Dutra, Ministro da Guerra... expressou a confiança que o Exército depositava no novo regime e na firme aplicação dos dispositivos da Carta de 10 de Novembro, fator de maior união e de maior desenvolvimento para o Brasil. ...Em viagens que realizou ao interior do Brasil, pôde o Presidente avaliar o contentamento com que o novo regime de governo havia sido recebido em toda terra brasileira.

Figuras 10 – Páginas da cartilha *Getúlio Vargas para crianças* (p.86-7).

A explicação do Estado Novo contida nesse capítulo afirma o caráter de "outorga" da nova Constituição, elaborada pelos ideólogos da reforma do Estado, implantada por meio de um golpe apoiado pelos militares. O povo foi participado do acontecimento *post-festum*, cabendo apenas manifestar contentamento em retribuição ao benefício outorgado em seu nome. O ato autoritário e a ausência de participação popular estão implícitos e justificados no texto.

Em outras partes aparece o presidente viajando pelo país para entrar em contato com o povo em diferentes regiões. Além de demonstrar o interesse do chefe pelas necessidades populares, regionais e das diferentes etnias, o texto reforça a idéia de aprovação do povo em relação às reformas do Estado.

Cabe notar que as mensagens divulgadas por meio dessas publicações demonstram a preocupação de salientar a originalidade da democracia brasileira no contexto dos tempos novos: a noção de democracia autoritária buscava legitimidade mediante as imagens que mostravam a relação direta do chefe do Estado com o povo e as que expressavam contentamento popular diante do novo poder.

Ângela Castro Gomes considera que o legado do Estado Novo foi um projeto democrático que se concebia como autoritário. Ele necessitava de um Estado forte e prescindia de participação política. No seu interior se constituiu um novo sujeito social, definido como o cidadão de uma nova espécie de democracia: o trabalhador brasileiro é o cidadão da democracia social e o homem da nova comunidade nacional (Castro Gomes, 1982, p.143). Este será o tema do próximo capítulo.

A "democracia justicialista" do peronismo

A ideologia do Estado Novo foi formulada por um conjunto de intelectuais que também definiram as linhas mestras da reforma do Estado. Na Argentina, a "doutrina peronista" era identificada como sendo de autoria de um único homem, o líder Perón. Seus escritos e pronunciamentos orais tratam de assuntos diversos, mas dão especial

Figura 11 – Ilustração do livro *Justicialismo*, p.89.

ênfase ao "justicialismo", nome que ele próprio atribuiu à sua política de "justiça social".

Diferenciando-se do Estado Novo varguista, em que a reforma do Estado era prioritária para a realização do progresso material dentro da ordem, Perón definiu a justiça social como eixo de sua doutrina e de sua política. O justicialismo dava sentido à nova democracia.

O Estado moderno, segundo Perón, não podia ser indiferente, nem testemunha silenciosa e inoperante diante das angústias do homem e da comunidade. Deveria compenetrar-se da dor humana e buscar remédios apropriados para os males da sociedade, cujos destinos rege. Cabia a ele realizar uma política de segurança social (4 dez. 1944) (Perón, 1973).

Embora Perón fosse favorável ao Estado intervencionista, suas posições distanciavam-se das teses defendidas pelos teóricos brasileiros. É preciso levar em conta que a política varguista teve início (1930-1937) num momento de entusiasmo geral com as experiências fascistas, sobretudo no que se referia à organização corporativa. Já o peronismo consolidou-se após a derrota desses modelos (1945).

Perón, antes de sua aparição na cena política, estivera na Itália de Mussolini e na Alemanha de Hitler, onde observou *in loco* transformações por ele consideradas muito positivas. No entanto, no mundo de 1946, a implantação de políticas dessa natureza dificilmente poderia ocorrer sem provocar fortes pressões internas e externas. As diferenças de conjuntura vivenciadas durante o varguismo e o peronismo explicam, em parte, as posições assumidas pelos dois líderes. Com a derrota do nazi-fascismo e a vitória dos Aliados, Perón não conseguiria pôr em prática uma política similar à do Estado Novo. É possível supor que não foi por apreço à democracia liberal que o líder argentino manteve esse sistema em vigência; suas simpatias pelo Eixo eram bem conhecidas até sua ascensão ao poder. Seus discursos sobre a natureza do Estado, quando comparados aos dos estadonovistas, mostram bem a necessidade que teve de se adaptar à mudança política internacional.

Em 18 de janeiro de 1945 o líder já se pronunciara a respeito dos limites do Estado: "Não cheguemos a pensar que o Estado é tudo e o indivíduo nada, porque o todo é a Nação, e o Estado é, dentro dela, uma só de suas panes" (18 jan. 1945) (Perón, *Doctrina peronista*, 1973, p.87). Nessa perspectiva o líder argentino não se identificava completamente com a concepção orgânica orientadora dos reformadores brasileiros que, embora admitissem a liberdade individual em alguns planos, insistiam na supremacia do todo em relação às partes. Perón propunha a indispensável cooperação da comunidade para manter o equilíbrio dos interesses individuais e sociais e para obter o reconhecimento e o respeito dos direitos inerentes à personalidade humana. Mas esclarecia:

> Essa conclusão não nos há de levar a abraçar as doutrinas coletivistas e, menos ainda, a apartar-nos do princípio essencial que sustenta a supremacia do indivíduo em relação ao Estado, cujo fim primordial é assegurar o bem-estar daquele dentro da maior liberdade possível (24 fev. 1947). (ibidem, p.86)

Ao tratar da democracia, o líder esclarecia as posições anteriores. Referindo-se à evolução do sistema, afirmou que confiar nessa fórmula nascida do individualismo não significava esquecer que o homem é um ser eminentemente social (ibidem, p.113-4).

Propunha adaptações do liberalismo nos seguintes pontos: respeito à "unidade" composta pelas forças armadas, as forças econômicas e as forças criadoras; à "autoridade", que implicava a atuação do Estado como terceira parte no que se referia ao problema da relação capital/trabalho; à "riqueza" do país controlada pelo Estado, porque as economias jovens não deveriam ser geridas pela iniciativa privada, não capacitada a atender aos interesses nacionais; à administração do econômico em função do social; às conquistas sociais que dependiam das conquistas econômicas e sem elas não poderiam subsistir.

A adaptação aos tempos novos, além de exigir a interferência do Estado nos pontos referidos, implicava uma forma nova de organização da sociedade. Segundo Perón, era necessário estimular o espírito de associação profissional e a formação de entidades profissionais que atuassem acima das lutas ideológicas e políticas (2 dez. 1943). Anos mais tarde, o líder ainda insistia na importância da organização produtora da "harmonia coletiva":

As massas humanas, organicamente constituídas, deveriam formar um ser harmônico, sem o qual não chegariam a ser massas organizadas. Essa harmonia haveria de ser estabelecida por um sentimento uniforme, por um conhecimento geral e por uma ação similar.

Perón advertia:

> Pense-se no que ocorreria a um homem que tivesse que marchar numa direção e o seu coração, sua alma, o impulsionasse para outra direção. Enquanto as pernas movem o corpo num sentido oposto ao desejado não se pode chegar ao ponto que se quer alcançar. Com as organizações coletivas ocorre o mesmo: há que se dar a elas uma alma coletiva de modo que possam mover-se de forma similar e possam resolver de maneira semelhante seus problemas. Há que se infundir nelas o conhecimento de como se move, se evolui e atua essa massa harmônica. Finalmente, há que se estabelecer como deve marchar e como deve proceder. O primeiro, o que forma a alma coletiva, é a doutrina; o segundo, o que imprime marcha em conjunto, é o que lhe proporciona a harmonia de conjunto, para que possa caminhar na direção que queira e para onde o guie sua alma e espírito. (25 dez. 1949) (Perón, 1973, p.62-3)

O discurso de Perón demonstra afinidades com a ideologia estadonovista no que se refere à concepção orgânica. Mas a diferença se estabelece na concepção de Estado; enquanto os brasileiros pensaram organicamente a construção do Estado para, em seguida, organizar orgânica e harmonicamente as massas, Perón referia-se apenas à organização das massas. Os ideólogos brasileiros definiram a questão da organicidade com base em parâmetros "científicos", sobretudo a sociologia positivista e as teorias corporativistas que fundamentavam a criação de um Estado forte e autoritário. Perón não priorizou a reforma do Estado; insistia que a constituição orgânica das massas era fundamental e deveria ocorrer a partir da consciência (sentimental e racional) das massas, formada por meio da incorporação de sua doutrina. A propaganda política tinha a tarefa de divulgar os valores da doutrina justicialista; o forte apelo sentimental visava à formação da consciência orgânica.

Referindo-se às disputas políticas na eleição presidencial, Perón desqualificou a posição democrática de seus adversários. Contrapondo essa falsa postura democrática à sua posição, afirmou:

> sou democrata no duplo sentido político e econômico do conceito porque quero que o povo, todo o povo (nisto sim é que sou totalitário), e não uma parte ínfima do povo governe a si mesmo e porque desejo que todo o povo possa exercer as faculdades de autodeterminação. Sou, pois, muito mais democrata que meus adversários porque hoje busco a democracia real, enquanto eles defendem uma aparência de democracia, a forma externa da democracia. (12 fev. 1946) (Perón 1984, p.200-1)

Analisando os discursos de Perón no seu conjunto, pode-se concluir que as referências à democracia ou à natureza do regime político e do Estado são escassas. A grande ênfase está posta no justicialismo. Por isso, em polêmica com seus adversários, afirmou: "o que no fundo do drama argentino se debate é, simplesmente, uma partida de campeonato entre a justiça social e a injustiça social" (ibidem, p.196).

O estudo do tema do justicialismo permite constatar a presença de um elemento importante na composição da 'doutrina peronista': a ênfase nos valores religiosos e hispânicos. Perón, em inúmeros discursos, referia-se à "Nova Argentina, profundamente cristã e profundamente humanista" (28 dez. 1945). O cristianismo constituíra a primeira grande revolução, a primeira libertação humana, completando as realizações gregas. Mas o cristianismo mesclava-se também com o hispanismo nos pronunciamentos do líder:

> A República Argentina é produto da colonização e conquista hispânicas, que trouxe irmanadas, à nossa terra, em uma só vontade, a cruz e a espada. E nos momentos atuais parece que volta a formar-se essa extraordinária junção das forças espirituais e do poder que representam os dois maiores atributos da humanidade: o Evangelho e a Espada. (28 jun. 1944)

"Ao impulso cego da força, ao impulso cego do dinheiro, a Argentina, co-herdeira da espiritualidade hispânica, opõe a supremacia vivificante do espírito" (12 out. 1947) (Perón, 1973, p.53-4 e 67).

A "terceira posição", ou seja, o justicialismo, sustentava-se nestes pilares: cristianismo, humanismo, hispanismo. A ênfase na tradição cristã e nos valores espirituais permitiu definir o peronismo como "uma doutrina a serviço do bem". Perón enfatizava os "valores humanos", com os quais dizia se identificar: "Eu sou dos homens que pensam que o que governa há de ter em sua alma o sentido inato da justiça. Sem essa condição, nenhum homem poderá fazer bom governo e deve ter também em seu coração o amor ao próximo". Definiu a crise do "nosso tempo" como materialista, "porque se valoriza mais o possuir do que fazer bom uso do que é possuído" (9 abr. 1949) (idem, p.100). Valores humanos, valores morais e sentimentos compunham a definição de peronismo. À pergunta: "o que é o peronismo?", o líder respondeu:

> O peronismo é um humanismo em ação; o peronismo é uma nova concepção que descarta todos os males da antiga política; é uma concepção [baseada] no social, que iguala um pouco os homens, que lhes outorga iguais possibilidades e lhes assegura um futuro para que nesta terra não haja ninguém que não tenha o necessário para viver... E o peronismo não se aprende, não se diz, se sente ou não se sente. O peronismo é uma questão de coração mais do que de cabeça... (9 abr. 1949) (ibidem, p.67-8)

Diferentemente dos sociólogos brasileiros que invocaram teorias científicas para fundamentar as propostas de mudança, Perón privilegiou, em seus discursos, os valores e os sentimentos, argumentando que as transformações sociais dependiam desses componentes. Pouca importância atribuía às teorias, dizendo-se fiel à insígnia "melhor do que dizer é fazer e melhor do que prometer é realizar". O lema tão conhecido "Perón cumple y Evita dignifica" sintetiza bem o privilégio da ação e dos valores no ideário peronista.

5
A CIDADANIA NO VARGUISMO E NO PERONISMO

A construção da cidadania em novos moldes foi uma das principais tarefas impostas pela política de massas. Por meio de argumentos de natureza teórica ou ideológica e da construção de imagens, o varguismo e o peronismo introduziram nas culturas políticas brasileira e argentina um padrão diferente de cidadania. A substituição do cidadão/indivíduo da doutrina liberal pelo cidadão/trabalhador teve conotação distinta nas duas experiências. Tentaremos mostrar o significado da cidadania/trabalho, indicando suas especificidades nesses contextos.

A política trabalhista e o cidadão brasileiro

No Estado Novo, como mostra Ângela Castro Gomes (1982, p.127), a dimensão privada e pública do homem era definida pela relação trabalhador/cidadão, isto é, membro socialmente útil do Estado. O trabalho, antes forma de escravidão, passara a ser visto como forma de emancipação da personalidade, algo que valorizava o homem e tornava-o digno do respeito e da proteção da sociedade.

A relação direta homem/poder público é assim qualificada pelo trabalho como uma relação cidadão/Estado. Na democracia estadonovista, o cidadão não se definiria mais pela posse dos direitos civis e políticos, mas pela posse dos direitos sociais, e a realização plena da cidadania deveria ocorrer pela promoção da justiça social. Porém, a justiça social dependia da reforma do Estado, ficando, portanto, colocada como perspectiva de realização no futuro. O presente estava voltado para a nova organização estatal.

Segundo a autora, os artífices do Estado Novo, contrariando a igualdade perante a lei proposta pelo liberalismo, procuraram requalificar o significado da nova democracia. Para eles, as concepções de liberdade e igualdade diziam respeito à própria concepção da natureza humana que orientava essa formulação, e a operação que elegia a eqüidade política abandonando o critério de justiça era a mesma que mascarava a existência de desigualdades naturais entre os homens.

Seguindo uma nova orientação científica, traduzida nos postulados de teóricos europeus (como Pareto e Mosca), procuravam afirmar a inexistência de uma situação de igualdade de condições entre os seres humanos. Dizia-se que o liberalismo, consagrando o não-intervencionismo estatal e o valor do individualismo, acabara criando, com seu ideal de eqüidade, uma ordem social plena de novos privilégios políticos e de profundas desigualdades sociais. Portanto, outro deveria ser o ideal da democracia moderna, a verdadeira democracia preocupada com a revalorização do homem tanto no sentido material como espiritual. O grande ideal e o grande sentido da democracia não deveriam ser a liberdade, mas a justiça (ibidem, p.127-130).

Reconhecendo a existência da questão social no Brasil e admitindo a situação de pobreza em que vivia o povo, os artífices da nova política afirmavam que o verdadeiro problema a ser vencido era o da necessidade e não o da liberdade. A democracia brasileira deveria deixar de ser política para se tornar democracia social e econômica, ou seja, uma democracia antiliberal. Essa era a grande inovação.

Cabia ao novo Estado Nacional conciliar homem e sociedade, liberdade e autoridade, entendida como quantidade de força coercitiva indispensável à garantia do desenvolvimento do homem como povo.

O abandono da diretriz liberal pela postulação da democracia social como finalidade do Estado desembocava numa política intervencionista justificada como "ato terapêutico". A sociedade estava enferma; a liberdade do livre-arbítrio e a igualdade formal que expulsaram o Estado do mercado e da sociedade acabaram por promover a desordem e impedir a democracia. A política e o papel do Estado eram pensados em novas bases, fundamentadas na concepção da sociedade como uma totalidade, como um 'organismo' em que todas as partes deviam se harmonizar. Assim, a forma do Estado ficava submetida ao paradigma de uma sociedade ordenada, isto é, hierarquizada e harmônica, que recolocava o significado da democracia e da cidadania (ibidem, p.136).

A argumentação teórica para construção do novo conceito de cidadania era decodificada em linguagem simples, exemplos e imagens divulgados pelos veículos de propaganda.

Getúlio Vargas esclarecia que, "no regime atual", as relações entre o indivíduo e o Estado estavam nitidamente definidas num conjunto de direitos e deveres (entrevista ao *Paris Soir,* publicada no Rio de Janeiro em 19 de julho de 1939).

Mas quem era cidadão nesse novo Estado? Quais eram seus direitos e deveres? A essa pergunta procuraram responder não só os teóricos do regime, mas também os autores de obras de divulgação.

Os ideólogos do Estado Novo partiam do princípio de que o dever precede o direito, pois a nação é anterior e entidade superior aos indivíduos. Nessa perspectiva, os deveres fundavam os direitos na sociedade política; a representação de caráter orgânico anulava a noção de direitos políticos em favor da prestação de deveres e funções obrigatórias prescritas pelos fins do Estado. A cidadania foi concebida com base nessas premissas, mas a originalidade do caso brasileiro residia na relação cidadania/trabalho.

O trabalhismo constituiu um dos traços definidores da política varguista. A constituição do Ministério do Trabalho, a Lei do Sindicalismo, a legislação social compõem a estrutura da nova cultura política.

No que se refere à cidadania/trabalho, a atuação do governo se fez sentir em duas direções: a primeira dizia respeito às concessões efetivas feitas às classes trabalhadoras, e a segunda referia-se à propaganda dessa política com vistas a introjetar na consciência do cidadão trabalhador os compromissos da nova cidadania, aí se incluindo o sentimento de gratidão e retribuição.

A mensagem propagandista divulgava os valores inerentes à nova cidadania por meio de discursos do líder, de textos de caráter didático, do cinejornal, de manuais escolares, festas cívicas, fotografias, cartazes e ilustrações, que tinham como destinatários as classes populares em geral e os trabalhadores em particular.

Na publicação *O Brasil é bom*, referida anteriormente, a lição 2 ensinava "ao menino" o significado da cidadania, indicando quem era considerado cidadão e os que se excluíam dessa categoria:

O Brasil é bom. O menino já ficou sabendo isso na lição anterior. O menino já pode se considerar um bom brasileiro. Um bom brasileiro ama o seu país. Trabalha pela grandeza do Brasil. Conhece o Brasil e respeita as suas leis. Defende a ordem e a justiça.

Um operário é um bom brasileiro? Sim, menino, um operário é um bom brasileiro, porque é um brasileiro que trabalha.

Um soldado é um bom brasileiro? Sim, menino, porque é um brasileiro que defende a ordem, a lei e a justiça.

O pai do menino é um operário. O pai do pai do menino também foi um operário.

Quem é o pai do pai do menino? É o avô do menino. O menino sabe que o avô foi pobre e se queixou de injustiças. Mas o pai do menino já não é tão pobre. Por quê? Porque o pai do menino já tem DIREITOS. O direito é a riqueza do homem honesto e trabalhador. Hoje, todos os brasileiros são iguais. O patrão e o operário são do mesmo tamanho. O Estado, isto é, o Brasil, é que é maior do que ambos. E por isso tem a autoridade necessária para resolver as divergências entre os dois. O menino sabe o que é uma divergência? Não, o menino não sabe. Já viu uma briga entre irmãos? Pois isso é uma divergência. Todos os brasileiros são irmãos. O Brasil não quer que os seus filhos, irmãos brasileiros, briguem uns com os outros. O Brasil não quer coisas feias. O Brasil não quer divergências. Aí está mais uma razão pela qual O BRASIL É BOM.

Na lição 10, o "menino" aprendia que o Brasil é bom e que a Constituição também é boa porque, entre outras coisas, protege o homem que trabalha.

O Chefe da Nação... é um homem que trabalha. E trabalha mais do que todos, porque trabalha pelo Brasil. O Presidente é um homem modesto, de vida simples, sem ostentações. Ele não exerce o governo por vaidade ou prazer. Exerce o governo por força de uma predestinação e porque gosta de trabalhar pela grandeza do Brasil. Ele é também um operário: o operário da grandeza nacional. Trabalha entre muitos papéis, escravo do seu dever. Ele é o homem mais ocupado do país. Homem a quem não sobra a menor parcela de tempo. O Chefe da Nação é um exemplo de atividade para todos os brasileiros. Todos os brasileiros devem ser trabalhadores como o Presidente. Todo o trabalho é útil... porque se trabalha pelo bem geral. Só não são úteis à Pátria os ociosos, os derrotistas e os boateiros. Esses são inimigos da Pátria. Ocioso é o que não trabalha. Derrotista é o que diz que o Brasil não é bom. É mentiroso, e mentiroso também é o boateiro, que conta histórias falsas com o simples intuito de provocar dissídios no seio da grande família feliz dos brasileiros. Esses são maus brasileiros.

A caracterização do cidadão/trabalhador completa-se na lição nº 27, na qual se esclarece que, no regime novo, o governo deixava de ser o inimigo do indivíduo e o cidadão deixava de ser homem livre ou revoltado contra o poder, para ser o titular, o beneficiário de novos direitos. No final, o texto lista os direitos do cidadão: os dois primeiros são o "direito à atividade criadora" e o "direito ao trabalho".

Essas lições esclareciam a essência da nova cidadania. O cidadão era sinônimo de bom brasileiro e o bom brasileiro era o que trabalhava pela grandeza do Brasil, respeitando a ordem. Por isso as greves e quaisquer outras formas de perturbação do trabalho eram proibidas (cf. lição 17). O brasileiro ordeiro e trabalhador tinha direitos decorrentes do cumprimento dos deveres para com o coletivo – Brasil. O primeiro dever era o trabalho que era também o seu primeiro direito.

O ministro do Trabalho, Alexandre Marcondes Filho (1943, p.31), afirmou: "O Sr. Getúlio Vargas, reconhecendo e outorgando os direitos do trabalhador, cumpriu o seu dever histórico; o trabalhador, cumprindo os próprios deveres, mostrará que está à altura desses direitos".

A categoria trabalho, que produz um amálgama entre deveres e direitos, está relacionada à idéia de origem positivista "Ordem e Progresso", lema da nossa bandeira desde o advento da República.[1] A lição exposta no texto, de que patrão e operários eram irmãos e, portanto, não podiam brigar, traduz a concepção de base comteana que propõe a conciliação e a harmonia entre as classes, promovidas pelo Estado/Brasil, maior do que ambos. O Estado simboliza o todo no qual se inserem as partes em questão, que tinham deveres para com a coletividade nacional.

A imagem das classes irmãs e do Brasil pai prestava-se ao fortalecimento da idéia de autoridade. Getúlio Vargas, o pai, não gostava de briga entre irmãos porque isso provocava discórdia/desordem. A obediência ao pai resultava em harmonia na família brasileira.

O tom coloquial e familiar é perfeito para a explicação simplificada dos princípios de controle social; essa técnica propagandística

---

1   A partir dos anos 20, alguns intelectuais e políticos brasileiros começaram a reconhecer a existência de uma "questão social" no Brasil. Nesse momento passaram a concordar com a tese defendida pelos positivistas no início da República de que era necessário fazer concessões às classes trabalhadoras para impedir as revoltas e, no limite, a revolução proletária. Essa tese, esposada por Augusto Comte, após as Revoluções de 1848 na França, contestava princípios do liberalismo, sobretudo no que se referia à política social: o autor indicou a necessidade de conter o espírito revolucionário por meio de uma política positiva que privilegiou a ordem em detrimento da liberdade, a autoridade e a hierarquia em detrimento da igualdade, e colocou, em primeiro plano, os deveres das classes perante a coletividade e, em segundo plano, os direitos sociais, não-individuais. O autor condenou a riqueza opressiva e definiu a desordem social como decorrente do egoísmo cego dos patrões e das exigências desmesuradas dos operários. Esse "deplorável antagonismo entre empresários e trabalhadores" poderia ser solucionado com a interferência do Estado, organismo capaz de regulamentar o trabalho e promover a cooperação entre patrões e operários. Dessa cooperação resultariam a união, a harmonia social e a ordem indispensável ao progresso. Isso não significava, na perspectiva de Comte, uma alteração da sociedade no sentido de modificação da posição "inferior" do operário. A sociedade era entendida como uma "hierarquia positiva", que pressupunha a submissão à estratificação social e o respeito ao princípio da autoridade. Essas teses comteanas serviram de base para o desenvolvimento de teses sociológicas que analisaram as sociedades modernas (complexas) valendo-se dessas primeiras indicações sobre a questão social (Capelato, 1989, p.100-1).

visava conseguir reconhecimento dos trabalhadores dos benefícios trazidos pela nova ordem. O direito representava a recompensa pelo dever cumprido. Os que não trabalhavam, os "ociosos", não tinham direitos; não eram cidadãos, mas inimigos do Brasil; eles provocavam "dissídios no seio da grande família feliz dos brasileiros". Eram "maus brasileiros" e podiam ser punidos pelo pai.

A concepção do todo orgânico expressa nas lições constrói a imagem da identidade coletiva no plano do trabalho: os trabalhadores (os filhos) igualam-se ao chefe da nação (o pai trabalhador). Mas nessa igualdade identitária havia uma hierarquia: o chefe da nação/pai era superior aos filhos/trabalhadores, porque trabalhava mais do que todos e tinha responsabilidades maiores em relação ao coletivo. Por isso tinha que ser obedecido.

Na publicação *Estado Novo,* já mencionada, a noção de cidadania é esclarecida no item referente aos "deveres para com a Pátria", em que se afirma: para se tornar digno do título de cidadania é preciso prestar serviços à pátria. Diante da pergunta: "como se deve servir ao Brasil para ser um bom brasileiro?", a resposta é a seguinte:

> Serve-se à Pátria de duas maneiras distintas, mas que se completam: cumprindo os deveres impostos pelas condições de vida de cada um e concorrendo, pela ação cívica, para fortalecer o Estado, ajudando-o, assim, a engrandecer a nacionalidade.

O atrelamento da cidadania ao dever cívico justifica a necessidade de apoio ao regime, meta visada pela propaganda política.

Os textos acima mencionados explicitam a vinculação da cidadania com o trabalho: o trabalhador era cidadão. A construção da categoria cidadão/trabalhador está no cerne da "ideologia da outorga" que orientou o governo na elaboração da política trabalhista.

Ângela Castro Gomes (1982) analisa o significado da ideologia da outorga com base na apresentação da legislação social no discurso oficial. Nas falas enaltecedoras da política trabalhista de Vargas, punha-se em relevo a tese de que a construção da legislação brasileira, esse instrumento mediador das relações entre governantes e governados, fora outorgada pela personalidade clarividente do chefe do Estado a seu povo. A ideologia da outorga dava suporte à relação do Estado com as classes trabalhadoras. Os discursos deixavam implícita uma relação de doação, uma relação de dar e receber dádivas/presentes/benefícios. Nesse ponto a autora indaga: o que significa doar? E responde: a dádiva é um procedimento que tem uma face desinteressada, mas necessária; tem, portanto, uma feição obrigatória. Porém, ela é igualmente um procedimento imposto e interessado, pois não dar implica erro. O presidente Vargas, por sua clarividência, antecipara-se voluntariamente às demandas sociais e outorgara a legislação; esse ato era visto como resultado da compreensão do seu dever histórico.

A outorga impedia o uso da força e removia o conflito, tornando possível a construção de uma sociedade harmônica. O presidente, ao doar generosamente, cumpria um dever de Estado, que era o de garantir a justiça social. Caso não o fizesse poderia lançar a sociedade no caos da desordem social: cabia ao Estado a garantia da ordem. Mas essa obrigação política do Estado era também entendida como direito do povo. Essas duas dimensões da dádiva – voluntária e obrigatória – estiveram muito presentes no discurso estadonovista no qual a "generosidade" do presidente articulava-se com o cumprimento de seu "dever de estadista". Entretanto, o ato de doar implicava a obrigação de receber: aquele que recebia precisava aceitar o benefício, pois a recusa de uma dádiva era entendida como descumprimento de uma obrigação social (e não aceitar era um ato egoísta). Assim, receber benefícios era um direito, mas igualmente um dever. Por esse motivo o Estado precisava não só doar como criar a obrigação de receber. O dar e receber pressuposto pela outorga implicava retribuição, vista como dever sagrado; não retribuir significava romper com a fonte de doação. A relação de doação acabava criando um tipo específico de obrigação que se estruturava em torno de uma lógica material de interesses individuais, mas também de uma lógica coletiva eminentemente simbólica. Ocorre que, na relação de contrato sob forma de presentes, o contrato não era um negócio e a noção de interesse individual/material ficava fortemente diluída. A força do dar/receber/retribuir estava em conceituar a prática política como uma espécie de prática religiosa, isto é, como um contrato de adesão direta e total à autoridade (ibidem, p.242-3 e 246-8).

Ser cidadão – integrar o mundo da política – era pertencer a uma totalidade econômica (trabalhar = produzir riquezas), jurídica (possuir a carteira de trabalho) e moral (compreender o trabalho como um dever/direito), conclui a autora.[2]

O sentimento de generosidade implícito na ideologia da outorga não contrariava a noção de necessidade, de dever, de trabalho, de luta individual pelos próprios interesses, por seu "lugar econômico". O povo tinha o direito de receber e, portanto, o dever de retribuir. Não retribuir, não pertencer, não trabalhar eram crimes. Esse era o reverso da cidadania: estar fora, recusando o vínculo, a aliança (ibidem, p.253).

A relação entre o presidente Vargas e o povo trabalhador assumia um caráter de relação pessoal. O povo trabalhador era entendido como pessoa coletiva, mas o discurso sobre o trabalhismo determinava quem era povo: o povo era constituído pelos trabalhadores.

---

2   Cidadania significava pertencimento, e, neste caso, argumenta Ângela Castro Gomes, a noção de religião civil de Rousseau presta-se admiravelmente bem à reflexão. O presidente/Estado não era o temível soberano de Hobbes, mas o legislador de Rousseau que, formalizando as leis pelas quais o povo estabelecera o contrato, não submetia ninguém e a todos abarcava completamente. O povo revelava à autoridade suas necessidades e esta, por sua virtude e sensibilidade, captava esse sinal que existia implicitamente. Nessa dinâmica, o povo era o princípio e o resultado da ação do legislador. Ou seja, o Estado brasileiro era produto tanto de uma vontade nacional inconsciente (o povo) como de uma vontade racional consciente (o legislador). O que fazia doações dispensava não apenas recursos materiais, mas também espirituais. O presidente dava ao seu povo a legislação social e amor. O que se pedia ao povo em retribuição é que amasse seu presidente. Recusando a lógica utilitária de mercado e os interesses materiais, a cidadania era entendida como pertencimento e a retribuição, como paixão. A obrigação moral aí implícita não excluía, como nas relações de mercado, a idéia de sacrifício. A própria legislação social tinha embutida uma lógica material de mercado (só o trabalhador são e integrado era produtivo), mas era também concebida por meio de uma moral de grupo. Nesse sentido, a legislação social representava uma dívida da coletividade nacional para com os trabalhadores, o que implicava bem-estar material e proteção. Ela não era caridade, mas função da solidariedade criada e devida pela autoridade (Castro Gomes,1988, p.249-51).

Os desempregados, os mendigos, os marginais em geral não se integravam nessa pessoa coletiva. O "pai dos pobres" era o pai dos trabalhadores (ibidem, p.251).

É preciso salientar que o número de desempregados nessa época era muito grande; a enorme massa dos pobres sem trabalho não se integrava na categoria de cidadão. Ficando à margem da relação chefe/povo trabalhador, essas pessoas não tinham identidade e eram vistas como perigo e ameaça à harmonia da sociedade.

Em resposta a esse discurso definidor da cidadania, vários representantes dos setores desfavorecidos manifestaram-se reclamando o direito ao trabalho. A Constituição de 1937 estabelecia:

> A todos é garantido o direito de subsistir mediante o seu trabalho honesto e este, como meio de subsistência do indivíduo, constitui um bem, que é o dever do Estado proteger, assegurando-lhe condições favoráveis e meios de defesa.

Entre as inúmeras cartas enviadas ao presidente Getúlio Vargas, muitas continham pedidos de emprego. Algumas expressavam, de forma pungente, as dificuldades enfrentadas para se conseguir trabalho. Virgílio G. da Silva, de Juiz de Fora, escreveu, em 1937:

> É a desesperada necessidade de que me acho possuído, que me faz vir mui respeitosamente Vossa Excelência, suplicar digne fazer-me uma misericórdia, a fim de que eu obtenha um emprego. ... A negra miséria ergue aduncas garras sobre meu pobre lar, mas tenho fé ... de que eu consiga me colocar para que assim eu possa novamente, com o produto do meu trabalho, sustentar o meu lar. (apud Ferreira, 1997, p.31)

Lourival M. da Silva também se dirigiu a Vargas, em 1940, para suplicar trabalho:

> [O Presidente] saberá avaliar a aflição de um pai sem ter o meio de ganhar um vintém para o sustento da família ... eu vos faço este apelo diretamente, porque neste mundo não tenho quem peça por mim e já me acho cansado de sofrer ... Eu suplico que pelo amor de Deus me dê uma colocação para o sustento de meus filhos ... (ibidem, p.32).

João E. Ferreira escreveu uma carta a Vargas em 1939 que permite compreender de que forma foi interiorizado o valor do trabalho pelo autor da missiva: "Quem se dirige a vós pela palavra escrita é um nordestino. É um cearense que tangido pela necessidade, pela miséria envergonhada, ousa pedir um auxílio" (ibidem, p.32).

O discurso mais pungente de relatar o desespero a que chegavam os sem-trabalho está contido no telegrama enviado a Vargas por Antonio Moreira da Costa Lima em 1938:

> Comemoração hoje Natal do Nosso Senhor Jesus Cristo e considerando-me quase igual nos seus sofrimentos porque estou com 27 anos 2 meses e 9 dias, sem serviço, vivendo com dois inocentes filhos e esposa passando inúmeras necessidades em todos os sentidos, quase esmolando caridade pública e sem poder educá-los. Sou cumpridor dos meus deveres, honestíssimo, honradíssimo em todos os sentidos. Não havendo meios de eu conseguir ser melhorado (sic), assim, imploro a V.Ex. a execução da pena de morte para mim e minha família, porque vejo ser o único meio de conseguir a minha melhora. (ibidem, p.44)[3]

A ênfase dada pela propaganda a propósito das realizações do governo no âmbito do trabalho fazia crer que a questão social e o problema do desemprego tinham sido equacionados no país. No entanto, as cartas mencionadas mostram duas faces do mundo do trabalho: numa delas, vislumbram-se confiança, reconhecimento, esperança

---

3   Jorge Luís Ferreira (1997) analisou o conteúdo dessas e de outras cartas, procurando mostrar de que forma as pessoas comuns se dirigiram a Vargas para fazer vários tipos de reivindicação. Dessas leituras conclui que os receptores das mensagens do Estado Novo, ao contrário do que sempre salientou a literatura sobre o tema, não recebiam passivamente esses discursos interiorizando a dominação. Quando trabalhadores e sem-trabalho explicavam sua realidade social, tinham uma forma particular de se apropriar do discurso autoritário dando-lhe novos significados e interpretações. Não se trata de reprodução mecânica ou submissão. Longe de repetirem mimeticamente a doutrina estatal, repensavam a simbologia dominante e, por meio de filtros culturais, reformulavam-na e reelaboravam-na. Nesse sentido, Jorge Ferreira recupera as falas dessas pessoas comuns, mostrando que o aparente conformismo ou passividade pode, muitas vezes, estar "nos olhos de quem vê. O fato de as pessoas escreverem ao presidente da República já demonstra que não estavam passivas ou resignadas" (p.56).

em relação ao presidente Vargas; na outra, aparecem o desespero, a miséria, a insegurança, a dificuldade de emprego, o sofrimento, a desolação e, no limite, o desejo de morte.

No "paraíso do trabalhador", havia uma legião importante dos "sem-trabalho" que, além das dificuldades materiais, vivenciava a situação indigna de seus integrantes serem considerados "não-cidadãos", portanto, "não-brasileiros". Estar fora da sociedade "unida e harmônica" significa não existir, ou pior, ser considerado perigoso ou inimigo. Nesse contexto, a sentença de morte era preferível à miséria acompanhada da exclusão social. A situação de marginalidade no mundo do trabalho produzia, em alguns dos receptores das mensagens oficiais ou oficiosas, humilhação e vergonha. João Ferreira refere-se à "miséria envergonhada" que significava o oposto do "trabalho honrado e produtor de riqueza" que o Estado esperava dele. Mas, em outros casos, o remetente reconhecia seus valores morais: Antonio Costa Lima dizia-se "cumpridor dos deveres, honestíssimo, honradíssimo"; tinha, portanto, as qualidades necessárias para o exercício da cidadania, mas não era cidadão porque não conseguia trabalho. Nesse caso, o "pedido de condenação à morte" pode também ser lido como um gesto de revolta contra a injustiça da marginalização. O remetente do telegrama afirmava ter as habilitações necessárias para exercer seu dever de cidadão trabalhador. Nessa afirmação ficava implícito que o governo não estava fazendo sua parte, já que não cumpria o dever estabelecido pela Constituição de garantir o trabalho para todos.

Como se pode notar, as cartas mencionadas estavam marcadas por referências religiosas. A revolta ficava contida nos limites da religiosidade. Além das invocações em nome de Deus, termos como súplica, sofrimento, misericórdia e fé demonstram que a crença na religião era mais forte do que a crença no Estado protetor: os missivistas dirigiam-se ao chefe de Estado em nome de Deus.

No entanto, a interpenetração do ideário católico no ideário estadonovista servia para reforçar o controle social exercido no Estado Novo: as doutrinas autoritárias (como positivismo, organicismo, corporativismo), que ajudaram na configuração da estrutura do novo regime, guardam entre si diferenças significativas, mas elas se unem num ponto comum: a concepção da sociedade organizada pelo alto, dirigida por uma autoridade capaz de manter a ordem e a hierarquia social. Por essa razão, o catolicismo, que se identificava com essa perspectiva, pôde ser integrado no discurso estadonovista (Romano, 1979).

O tom humilde e suplicante das cartas, que contrasta com a situação de desespero e revolta explicitada nelas, permite constatar que a submissão e a obediência à autoridade não foram aprendidas nas cartilhas do Estado Novo; esses valores faziam parte de uma cultura autoritária de longa duração, sedimentada numa sociedade cuja história é marcada por formas diversificadas de exclusão política e social. O Estado Novo reforçou essa tendência usando argumentos que prometiam integração dos excluídos e proteção aos necessitados. As cartas mencionadas revelam que, nessa época, as promessas de inclusão dos pobres no mundo do trabalho deixavam muito a desejar. Mas o discurso oficial insistia na generosidade do chefe do governo.

Nesse sentido, o caso relatado pelo ministro Marcondes Filho é exemplar: o "Mutilado de Cachoeira de Itapemirim", personagem do relato, escreveu uma carta ao presidente Getúlio Vargas pedindo um emprego como porteiro, contínuo ou guarda de construção, e para isso conta sua "estória dolorosa". O solicitante trabalhava numa estrada de ferro quando foi atingido pela explosão de uma mina; o acidente resultou na amputação de dois terços de cada antebraço. Apesar disso, procurou viver do seu próprio esforço. Era casado e tivera vinte filhos. Sua existência fora de "lutas, amarguras e, ultimamente, até fome. A idade, a mutilação e o encarecimento da vida o obrigavam, agora, a viver da caridade pública". Mas, apesar de tudo, queria trabalho. O ministro descreve, a seguir, o percurso da carta pelos caminhos da burocracia, circulando entre montes de papéis e passando por muitas mesas, mas chegou rapidamente a Getúlio Vargas, que pediu estudo do caso. O acidente ocorrera no ano de 1909 e nenhuma indenização fora paga porque ao tempo não havia leis que regessem os acidentes de trabalho. Nada, pois, podia ser feito. Mas o ministro comenta: "no Catete, habita uma vontade de aço a serviço de um coração de veludo" e, apesar de não ter a lei a seu favor, o caso acabou sendo resolvido graças aos sentimentos humanitários do presidente da República. Marcondes Filho refere-se a esse processo como "uma jóia de administração pública em que o Senhor Presidente da República, mais uma vez, revela as suas excelsas qualidades de protetor dos trabalhadores do Brasil" (Marcondes Filho, 1943, p.63-7).

À margem do contexto propagandístico que enaltecia as realizações do governo em relação às classes populares, encontra-se um material que permite recuperar outras falas de trabalhadores que reclamavam do custo de vida e dos baixos salários durante o Estado Novo.

José Rogério da Silva (1992) analisou as condições de vida da classe trabalhadora em São Paulo durante o Estado Novo. Menciona cartas enviadas ao jornal *Platéia*, que revelavam insatisfação dos trabalhadores perante as dificuldades de sobrevivência. Numa delas, escrita em 12 de setembro de 1941, o missivista dizia-se representante de milhares de outros operários em igual situação. Depois de mencionar o montante de seu salário e uma lista pormenorizada de gastos indispensáveis, concluiu:

> Passo muito das minhas possibilidades. Nada de carnes, nada de verduras, nada de frutas ... Os que tabelaram os nossos vencimentos jamais souberam o que quer dizer olhar para as panelas vazias vendo um grupo de crianças chorar de fome! Devo dizer mais: onde arranjar os meios para vestir e calçar mulher e filhos e eu próprio? (J. R. Silva, op. cit., p.105-8).

Nesse contexto de baixos salários e preços altos, realizou-se, em 1941, a "Exposição de Alimentação" em São Paulo, como parte de um programa de educação alimentar visto como elemento regenerador da eugenia social. Durante a exposição foram distribuídas cópias da receita alimentar a ser seguida pelas crianças. As professoras de grupos escolares freqüentados por crianças pobres ditavam a seus alunos as normas alimentares:

Faça, todos os dias, cinco refeições separadas por intervalos certos. ... Não deixe de pedir à sua mamãe, todos os dias, pelo menos um bife sempre mal passado e preferivelmente de fígado, dois copos de leite e um pouco de manteiga, uma fatia de queijo e um prato de frutas ou verduras. Sem isso você não crescerá bem. Ficará para toda a vida, pequeno e feio, provocando riso dos que em criança souberam comer melhor. ...Faça isso tudo em seu benefício e em favor daqueles a quem você quer bem e assim, patrioticamente, você muito estará contribuindo para a grandeza do Brasil. (apud J. R. Silva, 1992, p.116-7)

O autor menciona outro exemplo que mostra o profundo contraste entre as mensagens produzidas pelos programas de eugenia e as condições de vida das classes populares. Por ocasião de uma campanha de educação sanitária, foi incluída, entre as atividades, uma historieta com sentido exemplar: "Era uma vez três irmãozinhos chamados Maria, Amélia e José. Todos os três eram muito doentes e por mais que sua mãe insistisse não tinham vontade de comer nem de brincar". O narrador da história descreve o aspecto das crianças e as características repugnantes de suas doenças. Elas eram feias, fracas, pálidas, barrigudas. Mas um dia aconteceu um fato milagroso:

As crianças viram lá no horizonte uma coisa luminosa, como uma estrela que se aproximava ...E a visão, quando estava bem perto, disse: "Maria, Amélia, José, ouçam bem o que eu vou falar e prestem bastante atenção. Eu sou a saúde. Maria, se você quiser crescer, curar essa doença que tem nos olhos; se você, Amélia, quiser ficar corada, nunca mais ter dor de dente nem as gengivas inflamadas e sangrentas; se você, José, quiser ficar forte, endireitar as pernas e poder correr bastante, precisam fazer o que eu disser: todos os dias vocês devem comer muitas frutas, muita verdura, bastante leite, ovos, laranja, limão, abacate, tomate, milho, aveia, agrião, banana, cenoura, abóbora, fígado, carne, alface, pimentão, devem comer sempre. Se fizerem o que lhes disse, vocês ficarão fortes, grandes, vivos, inteligentes, bonitos assim como eu". (apud J. R. Silva 1992, p.117-9)

A máxima "operários fortes – Brasil grande" foi propagandeada, como lembra José Rogério da Silva, em tempos de carestia de vida e baixo poder aquisitivo da população de baixa renda.

A entrada do Brasil na Segunda Guerra tornou a situação ainda mais crítica. Além do aumento do custo de vida, houve racionamento de produtos básicos e de gêneros de primeira necessidade. Nessa conjuntura, o governo apelou para o patriotismo dos brasileiros e pediu sacrifício de todos pelo Brasil.

A partir de 1942, os discursos oficiais sofreram modificação. A preocupação central dos pronunciamentos passou a ser a mobilização em massa das forças trabalhistas brasileiras, relacionando a mobilização econômica com a mobilização militar. Nesse sentido, Vargas dirigia-se aos "soldados da produção" responsáveis pela "batalha da produção". O país deveria ser envolvido na conscientização de que o tempo era de muito trabalho e sacrifícios, exigindo muita disciplina e participação. Ângela Castro Gomes (1988, p.244) ressalta que todo esse esforço de propaganda dirigida para os trabalhadores era feito *pari passu* à decretação de uma série de leis que suspendiam a vigência de diversos direitos trabalhistas alegando dificuldades advindas do 'estado de guerra'.

O ministro do Trabalho Alexandre Marcondes Filho, nomeado para esse cargo em 1942, passou, desde então, a ocupar todas as quintas-feiras, durante dez minutos, os microfones do programa *Hora do Brasil*, no qual falava aos trabalhadores, não só para explicar a legislação social doada pelo Estado para protegê-los, mas também para lembrar que tinham o dever de se sacrificar pela pátria em guerra. Chegara o momento da retribuição:

> durante doze anos o Presidente Getúlio Vargas tudo deu aos trabalhadores do Brasil ... havia chegado o instante em que ansiosos aguardávamos para prova-lhe que os trabalhadores do Brasil, sabendo retribuir o bem que lhes fora outorgado, obedeciam ao que ele determinasse e mostrar que, no cumprimento dos deveres que nos competiam, estaríamos à altura dos benefícios que nos havia conferido. (Marcondes Filho, 1943, p.198)

A ideologia da outorga, analisada por Ângela Castro Gomes (1982), aqui se esclarece com toda nitidez.

Note-se que, no pronunciamento do ministro, as frases foram construídas na primeira pessoa do plural. O "nós" tem aí dois significados: indica que o ministro se inclui no rol dos trabalhadores (ele se definia como "trabalhador intelectual"), expressando a idéia do coletivo integrado, mas significa também que Marcondes Filho não só fala "aos trabalhadores", mas "pelos trabalhadores". Falar pelo outro representa uma das estratégias características da fala autoritária (Capelato, 1986).

No contexto da guerra foi publicado novo decreto-lei para controlar os órgãos de divulgação e publicidade. O desempenho desse encargo coube a Marcondes Filho, na qualidade de ministro da Justiça, que expôs a medida, explicando o que seria considerado antipatriotismo: "o elogio aos regimes diferentes, porque importa em depreciação do nosso"; "pensar e dizer o que o Estado deveria realizar e não realizou..."; "reclamar realização e reconhecimento das providências é trabalho contra o Estado, porque pretende submeter o Estado à vontade individual, isto é, um conjunto a milhões de fragmentos"; "publicar ou difundir o que dizem os estadistas e os jornais dos países inimigos não será obra de esclarecimento, mas de derrotismo...". Tudo o que fosse divulgado contra o Brasil ou seus aliados, sem o competente revide, favoreceria o inimigo. No final, propôs: "Falemos em brasileiros, no patriotismo dos brasileiros, nos deveres dos brasileiros, na congregação dos brasileiros em torno do Chefe da Nação..." (Marcondes Filho, 1943, p.231-6).

Comemorando a consolidação da política trabalhista (que já completava 12 anos), o ministro referiu-se, com muita honra, ao "instaurador da justiça social no Brasil", o presidente Getúlio Vargas (ibidem, p.259).

Por ocasião do cinqüentenário da *Rerum Novarum*, o governo brasileiro mandou fazer medalhas a serem enviadas ao Papa; numa delas estava representado, no verso, o Palácio do Catete (centro espiritual de um imenso mundo físico) e, no reverso, o relevo do Palácio do Trabalho. Noutra, reproduzia-se, no verso, a figura de Leão XIII, "inspirador da justiça social no mundo moderno", e, no reverso, a efígie de Getúlio Vargas, "instaurador da justiça social no Brasil". O ministro Marcondes Filho considerava que a política trabalhista de Vargas estava em consonância "com a civilização cristã do grande e nobre povo a que se destina e soube resolver esse agitado capítulo da discórdia humana, estabelecendo entre os homens a paz e a harmonia que a Encíclica propugnava" (ibidem, p.97-9).

Como já foi indicado antes, a maioria dos autores que escreveram sobre o Estado Novo se preocupou em diferenciá-lo do nazi-fascismo. Muitos deles usaram como argumento para essa diferenciação a inspiração na doutrina social da Igreja na elaboração da nova política, especialmente no âmbito trabalhista.

A demonstração de que a justiça social não era objetivo prioritário no Estado Novo reside no fato de que suas representações relacionadas ao mundo do trabalho tinham lugar secundário nas mensagens propagandísticas. Embora a política trabalhista esteja sempre associada ao varguismo, tanto na historiografia como em textos de outra natureza ou mesmo na memória brasileira, as fontes consultadas não permitem afirmar que a preocupação básica do governo no Estado Novo estivesse concentrada no trabalhador. Como já foi dito anteriormente, o termo *justiça social* era pouco empregado e aparecia especialmente nos escritos de autores de formação católica. A constatação é confirmada quando se busca saber qual a importância atribuída ao tema trabalho/trabalhador nas imagens divulgadas pelos veículos de propaganda.

José Inácio Melo Souza (1990), ao pesquisar os temas da propaganda política abordados em jornais, livros, revistas, rádio e, sobretudo, nos cinejornais do DIP, constata que o assunto "trabalho" não era prioritário nos meios de comunicação. Na imprensa paulista controlada pelos órgãos do DIP, o tema dominante era a política, os aspectos doutrinários do Estado Novo e suas realizações; entre 127 textos pesquisados pelo autor, 2,2% diziam respeito ao trabalho. Na revista *Cultura Política*, editada pelo DIP, o trabalho não era questão de grande interesse, registrando-se apenas 28 artigos a esse respeito. No rádio, o autor destaca apenas atuação do ministro Marcondes, no programa "Falando aos trabalhadores", transmitido na *Hora do Brasil*. No cinejornal, o tema ocupou a 10ª posição entre os demais, focalizando as benesses do Estado, como a Lei do Salário Mínimo, instalação da Justiça Trabalhista, abono familiar, campanhas de prevenção de acidentes. Os personagens principais do cinejornal eram Getúlio Vargas e as Forças Armadas, compondo a imagem do poder que sustentava a "unidade". Os grupos sociais eram pouco representados: os empresários apareciam em cenas de confraternização com os operários, com Vargas despontando na posição de mediador; os trabalhadores urbanos tinham presença marcante no Primeiro de Maio, quando apareciam vestidos com macacões de trabalho.

A imagem do trabalhador não se identificava sempre com a do operário. O autor mostra que ela era construída de formas diversas nos cinejornais: 1) o operário moderno, fabril, era mostrado no local de trabalho, ligado à máquina, como peça da engrenagem da fábrica. Nessa representação ele aparece como parte do maquinário que move a fábrica; "as vedetes são as máquinas modernas", e não o trabalhador; 2) os trabalhadores pobres, não-organizados, eram mostrados como massa amorfa; 3) os trabalhadores típicos de cada região também apareciam nos documentários (Rio de Janeiro, os marítimos, os funcionários públicos, operários da indústria naval ou bélica; São Paulo, operários metalúrgicos, têxteis, da indústria alimentícia; Salvador, pescadores do xaréu); 4) os trabalhadores não-organizados, representativos do "Brasil atrasado"; os pescadores eram privilegiados nesse conjunto.

José Inácio Melo Souza (1990) chama a atenção para documentários que retratavam a vida cotidiana de jangadeiros cearenses e pescadores de xaréu na Bahia; no documentário sobre os pescadores baianos, o fundo musical é uma canção de Dorival Caymmi e a câmera mostra os resultados de um trabalho coletivo, o arrastão (pescadores, numa jangada, jogam a rede no mar e a recolhem com os peixes). O documentário sobre os jangadeiros cearenses mostra uma experiência de "coragem e heroísmo" realizada, em 1941, por quatro jangadeiros que saem do Ceará com destino ao Rio de Janeiro, viajando 61 dias. Foram recebidos, na Baía de Guanabara, como os "heróis do mar". No encontro com os jangadeiros, Getúlio Vargas perguntou a eles sobre suas necessidades e esperanças e satisfez seus justos pedidos (ibidem, p.390).

Cabe, finalmente, destacar que, em cartazes produzidos pelo DIP, o trabalhador era representado como expressão da força de trabalho,

Figura 12 – Operário na construção da Central do Brasil, Rio de Janeiro (Peter Lange, CPDOC/FGV, Arquivo Gustavo Capanema).

no que se assemelham aos produzidos na Alemanha e na Itália: nesses desenhos se destacam os músculos da figura e muitos aparecem com os braços erguidos e as mãos empunhando instrumentos de trabalho. Essas representações, embora pouco numerosas no Brasil, revelam a preocupação em transformar o trabalhador em mão-de-obra produtiva voltada para o desenvolvimento industrial.

A ênfase atribuída ao ensino técnico é reveladora dessa preocupação. Dias depois do golpe de 1937, Getúlio Vargas conclamou todos a participar, em cooperação com o Estado, da campanha para reduzir o número de iletrados. Mas, a seguir, alertou que o preparo profissional constituía outro aspecto urgente que o regime deveria resolver: "Cabe aos elementos do trabalho e da produção, agrupados corporativamente, colaborar com o governo para formar técnicos de que tanto carecemos" (2 dez. 1937). Nos anos seguintes continuou insistindo que o ensino profissional tinha lugar de destaque, cabendo-lhe preparar o operariado das diversas indústrias. Considerando que o progresso dependia, em grande parte, da preparação profissional, empenhava-se em difundi-la o mais possível (10 nov. 1939).

A formação do cidadão/trabalhador implicava a disciplinarização do trabalho. A organização racional do trabalho, questão de grande relevância no período, era representada na propaganda política pelo conjunto "trabalhador/máquina". Nessa imagem a figura do trabalhador/operário, ofuscada pela máquina, permite supor que a tecnologia era privilegiada em detrimento do homem/operário.

A inexpressiva representatividade do operariado na propaganda varguista também pode ser explicada por dois outros fatores que se entrecruzam: a doutrina estadonovista negava a identidade de classe do operariado, diluindo-a no coletivo nação/Brasil. Essa diluição da classe no todo explica-se pela tentativa de negar a identidade da classe operária construída pelo comunismo, que elegeu o operariado como sujeito privilegiado da história e promotor das transformações por meio da luta social. A negação do conflito social pela imagem da sociedade unida e harmônica implicava negação da representação do operário como classe social com interesses próprios.

O desafio do Estado Nacional, que deveria enfrentar a questão social não como uma questão operária, mas como um problema de todos os homens e de todas as classes, permite compreender melhor a questão: já que eram considerados trabalhadores todos os que produziam (sem distinção de trabalho manual ou intelectual), optou-se pela representação "totalista do trabalho", na expressão de Ângela Castro Gomes (1982, p.155-6).

A cidadania do trabalho no justicialismo peronista

A justiça social teve ênfase muito maior no peronismo do que no varguismo. Cabe buscar as explicações para essa diferença.

Desde suas atividades na Secretaria de Trabalho e Previsão, após o golpe de 1943, Perón se dedicou, com grande empenho, à política trabalhista. Foi nesse posto que granjeou popularidade entre as classes trabalhadoras, fato importante para o sucesso que conquistou na cena política. Sua consagração como líder popular no movimento de 17 de outubro de 1945 garantiu também a vitória eleitoral em 1946. Durante a primeira gestão na Presidência da República (1946-1951), consolidou as bases da "doutrina justicialista" e procurou pôr em prática a alardeada "justiça social", eixo central de seu governo.

A revista *Descamisado,* que se dizia imparcial, publicou, no nº 15, de maio de 1946, um verso dedicado à eleição de Perón, intitulado "Mañana alegre":

> Madre, muy de mañana / con todo el alma, voté a Perón / Madre, tu bien lo sabes / el voto ha sido mi corazón / De esta mi patria argentina / tiene el inmenso querer / toda la raza latina / por él sabrá renacer / hoy es de todos el trigo / y el pueblo trabajador / que ve en Perón su amigo / vive un mundo de amor / Madre del anciano / y los pobres él se acordó / Madre, por qué voto grande / que voto inmenso fué el corazón.

O verso revela o teor sentimental da propaganda veiculada pelos meios de comunicação na Argentina peronista.

MULTIDÕES EM CENA 199

Figuras 13 – Capa e quartacapa do livro *Justicialismo. Texto de lectura para cuarto grado*.

O sucesso dos primeiros anos do governo de Perón deu-lhe respaldo político para realizar a "Reforma da Constituição" em 1949, que foi muito festejada e vista como a consolidação da doutrina justicialista e, conseqüentemente, da democracia social.

A Constituição reformada em 1948 foi jurada em 1949. Nesse ano, a revista peronista *En Marcha* esclareceu a diferença entre a democracia liberal, baseada no *homus ecconomicus,* e a democracia social, voltada para o bem-estar do povo. A primeira era mercantilista, utilitarista, materialista, enquanto a segunda tinha preocupação espiritual. O fracasso da democracia liberal deu-se em decorrência das injustiças sociais, da opressão e das desigualdades. A democracia social, a verdadeira democracia, significava o governo de um povo organizado por meio de suas forças de trabalho, produção e cultura. A democracia que se assenta no trabalho é abençoada por Deus *(En Marcha,* n.14-15, fev./mar. 1949).

Nesse mesmo número, comemorou-se o juramento da Constituição. A revista descreveu, primeiramente, o povo que chegava "de mil lugares" representando "um milhão de vozes, dois milhões de olhos cravados na figura do Condutor". O "povo em festa" comemorava a "glória e a felicidade" trazidas "por esse dia 16 de abril de 1949". O povo da soberania e da independência jurou a Constituição: "Pátria Velha e Justiça Nova". O juramento, segundo o autor da reportagem, representava um voto de segurança quanto ao futuro e foi feito com "fé religiosa: o povo se pôs de joelhos frente à nossa Constituição". Nessa hora "fantástica do renascer argentino", o povo gritou: "Juro porque sou descendente de heróis/ Juro porque sou argentino/ Juro porque sou peronista". A seguir, relata o jornalista, o povo pôs-se de pé e fez um "Juramento macho" diante do líder, livre e seguro de si mesmo.

Perón explicou, em 1º de maio de 1949, a necessidade da reforma constitucional alegando que a Constituição de 1853 não tinha sido um obstáculo ao desenvolvimento da Argentina até a segunda década deste século; mas, nos últimos trinta anos, as questões sociais tinham adquirido importância capital e levaram o mundo a uma completa transformação; para os respeitadores da lei, a Carta antiga não valia mais. Apenas os que a consideravam um documento formal e, portanto, passível de ser desconhecido quando o exigiam os imperativos da realidade, não se preocupavam com essa mudança (Perón, 1973, p.75). A reforma da Constituição era comemorada nos livros de leitura para crianças da escola primária.

Os textos referiam-se aos benefícios consagrados na Carta reformada:

> Nossa Constituição de 1949 ampara as classes trabalhadoras e muito especialmente as mais humildes. Contém os Direitos do Trabalhador, do Ancião, da Família e da Educação e Cultura, e se chama "justicialista" porque reconhece aos cidadãos seus direitos de levar uma vida mais cômoda, organizada e feliz. (Palacio, 1953, p.3-4)

A doutrina justicialista foi concebida com a preocupação de definir um caminho novo, uma "terceira concepção" ou uma "terceira posição" que Perón considerava uma saída para as duas alternativas em disputa no mundo: o liberalismo individualista e o comunismo ou socialismo estatista. Em discurso pronunciado para os industriais em 27 de novembro de 1946, Perón defendeu essa concepção, alegando que ela representava a combinação harmônica e equilibrada das forças do Estado moderno. Para evitar a luta e o aniquilamento de uma delas, propôs a conformação de um Estado no qual as forças do capital e as forças do trabalho combinadas pudessem construir um destino comum (Chávez, 1984, p.30).[4]

---

4 Perón retomou essa idéia da "terceira posição", posteriormente, num contexto bem diverso. Em mensagem lida em 7 de setembro de 1973, na IV Conferência de Países Não-Alinhados, efetuada em Argel, lembrou o "avanço precursor da Terceira Posição, proclamada há trinta anos e que hoje tem vigência nesta mesma Assembléia dos Países Não-Alinhados". Explicou também por que o "Justicialismo tem, teve e terá sempre vigência", apesar de todas as manobras do Imperialismo. Essa doutrina, segundo Perón, tivera como ponto de partida uma ação revolucionária que deu conteúdo filosófico ao movimento, do qual emanou a "Doutrina Justicialista". A ação revolucionária ocorreu "quando, no ano de 1943, um grupo de homens de armas decidiu libertar o país da dependência estrangeira, fazendo uma verdadeira Revolução Nacional..." (Chávez, 1984, p.112-3).

As representações sobre a "Terceira Posição", associada à "Doutrina Justicialista", são abundantes e muito significativas no material de propaganda política. O álbum comemorativo das realizações peronistas dá destaque ao tema.

A primeira referência à justiça social no álbum tem como título "O caminho da justiça", seguido de um desenho que mostra um homem sorridente, um "descamisado" com um bastão na mão; diante dele há um caminho que passa por pontes, casas, cidades, até penetrar numa cordilheira. Ao lado, o texto explica que

> O General Perón se encontra também frente a estas duas grandes montanhas que devia transpor para depois travar, do outro lado, a batalha decisiva, ou seja, a batalha construtiva que devíamos vencer na nova reestruturação Justicialista da Nação.

As montanhas representavam o imperialismo econômico e o imperialismo político constituídos dentro e fora da nação. A batalha decisiva, segundo o texto, fora travada no dia 24 de fevereiro de 1946 e durara das 8 h até as 18 h.

> O povo, com o apoio das Forças Armadas da Nação, pôde exercer nesse dia seus direitos políticos e expressando sua vontade soberana deu o veredicto: a vitória de Perón. ... Exercendo o alto mandato conferido pelo povo, Perón pôde iniciar então a gigantesca obra de seus sonhos: fazer a Grande Argentina do futuro. (p.53)

É importante esclarecer que entre os múltiplos simbolismos da montanha, ela representa o reencontro do céu e da terra, morada dos deuses e termo de ascensão humana. Perón, ao enfrentar o desafio de transpor as montanhas, iniciou o processo de condução do povo argentino à ascensão que tinha como ponto culminante a realização da "Grande Argentina".

A "Terceira Posição Justicialista" foi ilustrada, em outra página, pela imagem da Justiça irradiando luz. Ela segurava a cruz, símbolo do cristianismo, numa das mãos, e, na outra, objetos que representavam outorgas da justiça social (saúde, proteção à criança etc.). Pairava sobre a esfera do mundo, com os pés sobre o mapa da Argentina. Na parte de baixo da esfera, aparecia, em ponto pequeno em relação à imagem superior, o desenho de figuras humanas de braços abertos ou com a cabeça baixa, em atitude de respeito e reconhecimento pelos benefícios recebidos da Justiça, no alto.

Noutra página, o mapa da Argentina, no centro de uma esfera, irradia faixas com os seguintes dizeres: "justiça, solidariedade, educação, confiança, patriotismo, liberdade, paz, cultura, bem-estar, progresso e igualdade". Eles significavam os resultados da "Terceira Posição" (p.11).

A representação mais expressiva da "Terceira Posição", entendida como "Revolução", tem como título "A Argentina ilumina o mundo". Abaixo dele, situa-se o mapa da Argentina, na frente de um círculo representando o sol, que ilumina os dois hemisférios da Terra, situados abaixo. Na parte inferior da página estão impressos dizeres de Perón alusivos ao tema:

> Quando penso que fomos os primeiros a anunciar esta solução aos homens e quando comprovo que fomos os primeiros a realizá-la, confirma-se a minha fé nos altos destinos que Deus reservou à nossa Pátria e minha alma estremece de emoção pensando que não pode estar longe o dia em que a humanidade, para poder vislumbrar em sua noite alguma estrela, tenha que pôr seus olhos na bandeira dos argentinos. (p.476)

A "Terceira Posição", sinônimo de "justicialismo", além de proporcionar a felicidade do povo argentino, constituía uma esperança de salvação para o mundo, quando imitasse o original modelo peronista. A hegemonia do país dependia, pois, da obra de justiça social.

Os textos escolares procuravam explicar às crianças, de forma didática, um tema abstrato como a definição do justicialismo. Alberto Ciria comenta que, nesses casos, as metáforas eram abundantes. Cita como exemplo uma lição escolar que invoca a balança como símbolo da doutrina justicialista:

> A professora trouxe para a classe uma balança de dois pratos e em torno dela propôs um exercício: "Vamos ver, Estevão – disse a um aluno.

Ponha a mão aqui". Estevão apoiou a mão num dos pratos e a balança se inclinou. "Vamos ver você, Aníbal. Ponha sua mão no outro prato". (Aníbal é o menor de nossos alunos). "Senhorita! – disse Aníbal. Estevão é maior e mais forte do que eu!". "Bem", responde sorrindo a professora. "Eu ajudarei você". E, pondo sua mão no prato de Aníbal, equilibrou a balança. "Assim era antes. O pobre não podia fazer valer seus direitos porque a mão do rico pesava demasiado na balança. Hoje, o governo põe sua mão no prato do pobre, e os dois pratos se igualam. É o justicialismo". (Garcia, apud Ciria, 1983, p.223)

Na capa de um livro de leitura para quarto grau, que tem como título "O justicialismo", a imagem da justiça aparece em primeiro plano (ver ilustrações nas p.200 e 201). O tema da primeira página é o justicialismo e o texto afirma:

O General Perón, Presidente da Nação Argentina, apresentou ao mundo o Justicialismo, a doutrina criada por ele, profundamente cristã e que encerra o amor, a paz, o respeito e o justo lugar que deve ocupar o homem na sociedade. Não pode haver justicialismo sem justiça social e sem liberdade econômica. [O justicialismo] Se forjou na dignificação do trabalho, na humanização do capital, na proteção ao desvalido, na prodigiosa multiplicação de escolas e hospitais, na potencialidade das fábricas levantadas pela Revolução, nas melhorias do trabalhador do campo. (Videla, 1953, p.1-2)

O tema da justiça social foi explorado até mesmo em livro de alfabetização. As crianças tomavam contato com a questão por meio das seguintes estratégias: desenhos de trem, avião, telefone, fogão, representando o progresso material, base da justiça social, entremeados pela frase: "Perón nos deu e nos dará mais"; ou em representações, por imagens, dos direitos sociais, como o "aguinaldo" (direito ao 13º salário para os trabalhadores). O desenho dessa página retrata adultos e crianças felizes, segurando pacotes de presentes; o texto explica a razão da felicidade: "Miguel e seus amigos receberam seu aguinaldo. É um presente de fim de ano. Por causa dele hoje não falta pão, doce nem brinquedos em nenhum lar argentino. Quanta felicidade!" (Bueno, 1954, p.93).

Noutro texto escolar há referências aos benefícios trazidos pela justiça social como uma "milagrosa realidade". A contrapartida para as doações recebidas (em realizações materiais ou direitos) era a retribuição por meio do apoio ao líder. Nesse sentido, o texto adverte que para continuar nesse caminho o povo argentino deveria se manter unido a seu líder: "ao lado de quem o ama, de quem lhe deu seu coração: o general JUAN PERÓN" (Palacio, 1953, p.2-3).

A menção aos benefícios como um "milagre" e a idéia de união em torno do líder por meio dos sentimentos demonstram a importância da incorporação do imaginário católico nas mensagens de propaganda, que continham forte apelo emocional.

Todos os livros de leitura mencionados referem-se, enfaticamente, aos direitos sociais, mas nem todos fazem referência aos direitos específicos dos trabalhadores. Eles não ganham destaque entre os demais. As representações nesse sentido procuram mostrar os contrastes entre o *antes* e o *depois,* como é o caso da história do metalúrgico que sofreu um acidente de trabalho e foi dispensado por esse motivo. O texto esclarece que o fato ocorreu antes de 1943 e acrescenta:

> O atual governo justicialista ampara amplamente aos trabalhadores. ... Agora, não só o pobre Agustin teria sido perfeitamente atendido no seu sofrimento pelos médicos da empresa em que trabalha, além do que de forma alguma sua enfermidade teria sido causa de dispensa. (Palacio, 1953, p.16-7)

A representação totalista do trabalho que Ângela Castro Gomes (1982) identifica no varguismo também está presente no peronismo. No livro de alfabetização, o trabalho aparece representado pelo desenho de uma família, em que os pais e os filhos crianças trabalham juntos no cultivo de um jardim. O título "Todos trabalham" vem acompanhado dos dizeres: "Deus mandou trabalhar. Perón trabalha. Papai trabalha. Eu trabalho. Todos trabalham"; noutra página aparece a figura do presidente, seguida da frase: "Nosso presidente é o primeiro trabalhador" (Bueno, 1954, p.19 e 81).

No entanto, há uma diferença significativa entre as representações do trabalho no Brasil e na Argentina. Enquanto o varguismo privilegia o trabalho como fator de produção destinado ao desenvolvimento material, o peronismo salienta a justiça social como elemento prioritário no que se refere ao mundo do trabalho. A justiça social é a "prima-dona" na propaganda peronista.

É importante esclarecer que no material propagandístico pesquisado não há praticamente referências aos sindicatos; raras vezes há menção aos trabalhadores organizados e, quando isso ocorre, usa-se o termo associação no lugar de sindicato.[5] O Partido Peronista também está ausente nas mensagens de propaganda. A justiça social é o grande tema e a grande obra. É possível supor que os sindicatos e o partido, assuntos de natureza nitidamente política, não fossem abordados porque Perón insistia no fato de que o movimento peronista situava-se fora da política, lugar dos conflitos e da corrupção. A propaganda fazia crer que o peronismo se preocupava apenas com a justiça e o bem-estar social, buscando melhoria das condições de vida e de trabalho. Ela frisava, acima de tudo, que o governo peronista proporcionava alegria e felicidade ao povo argentino.

Não se pode negar, contudo, que a obra mais importante realizada pelo peronismo foi a organização dos trabalhadores em sindicatos, fato que fortaleceu enormemente o movimento dos trabalhadores.[6] Mas a força política dos trabalhadores peronistas, que permanece viva até hoje, não se explica completamente pelo apoio de Perón à

---

5 O livro *Mensajes del coronel al pueblo trabajador* traz uma compilação de discursos e mensagens de Perón aos trabalhadores. Mesmo nesse caso em que o trabalhador é o destinatário específico da "mensagem", em vários momentos Perón se refere a eles como totalidade. Por exemplo, quando afirma que: "No caminho da grandeza da Pátria, o Estado há de contar com o fervor e a adesão de todos os homens de trabalho que desejam o bem supremo do país", ou quando diz que "na Nova Argentina, há uma só classe de homens, os que trabalham".

6 Daniel James (1990) afirma que os sindicatos constituíam o pilar fundamental do regime peronista de 1946 a 1955; foram eles os mobilizadores essenciais das massas peronistas, e a direção sindical atuou como agente principal desse poder em suas negociações com outros setores da organização política, estando acima das Forças Armadas.

organização sindical. Cabe apontar outros elementos que explicam por que o discurso peronista conseguiu sensibilizar a classe trabalhadora a fim de conseguir apoio maciço.

Procurei mostrar que as mensagens peronistas tinham um tom coloquial de fácil compreensão pelas classes populares, às quais procuravam atingir no seu cotidiano. Divulgavam intensamente os resultados conseguidos. Reconheciam as desigualdades sociais e propunham melhoras, reforçadas por palavras de ordem como "Perón cumple" (Jones, 1984).

A retórica peronista tinha um conteúdo realista que também a diferenciava da retórica dos demais. Em vez de prometer o fim das desigualdades sociais e da exploração, Perón declarava:

> Queremos que desapareça de nosso país a exploração do homem pelo homem e que quando esse problema desaparecer, igualemos um pouco as classes sociais para que não haja, como tenho dito, neste país, homens demasiadamente pobres nem demasiadamente ricos. (apud James, 1990, p.39)

Os veículos de propaganda política divulgavam amplamente mensagens dessa natureza.

No que se refere à cidadania, a propaganda mostra sua redefinição com base em um contexto mais amplo, com ênfase no social. Daniel James (1990) apresenta observações importantes sobre a questão da cidadania em si mesma e do acesso à plenitude dos direitos políticos. Considera que esse foi um aspecto poderoso do discurso peronista, que fez parte de uma linguagem de protesto de grande ressonância popular ante a exclusão política. Componentes dessa linguagem política peronista eram originários de uma parte da linguagem democrática que pedia igualdade de acesso aos direitos políticos. Essa tradição já se encarnara principalmente na União Cívica Radical e em seu líder Yrigoyen. Antes de 1930, o Partido Radical havia mobilizado as classes médias urbanas e rurais, assim como uma parcela pequena das classes humildes urbanas, com uma retórica que tinha como símbolo a luta contra a oligarquia e com uma linguagem tradicional acerca da cidadania e dos direitos e obrigações de caráter político. O peronismo era suficientemente eclético para incorporar elementos desse legado yrigoyenista. Além disso, a força do interesse por esses direitos políticos da cidadania advinha dos escândalos das fraudes e corrupções da "década infame" que se seguiu à queda de Yrigoyen.

O peronismo soube tirar bom proveito do mal-estar político/moral, da crise de confiança nas instituições políticas estabelecidas e da descrença na sua legitimidade (James, 1990, p.27-29).

A propaganda peronista explorou até as últimas conseqüências os males da situação anterior. Mas, como argumenta Daniel James (idem), a atração exercida pelo peronismo sobre os trabalhadores não se explica simplesmente pelo aceno à participação política e pelo pleno reconhecimento dos direitos de cidadania. Formalmente, esses direitos já existiam (direito de associação, de igualdade ante a lei e sufrágio universal masculino garantido desde 1912). Além disso, na Argentina, existia uma sólida tradição de instituições sociais e políticas representativas. A demanda do peronismo por esses direitos significava apenas o restabelecimento de direitos já anteriormente reconhecidos, além do que esse discurso não era monopólio do peronismo: a União Democrática valia-se dele na luta contra o peronismo.

Com base nessa argumentação, o autor conclui que o êxito de Perón com os trabalhadores se explica, sobretudo, por sua capacidade para refundir o problema total da cidadania em um molde novo, de caráter social. O discurso peronista negava a validez da separação formulada pelo liberalismo entre o Estado e a política, por um lado, e a sociedade civil, por outro. A cidadania não deveria mais ser definida em função dos direitos individuais e das relações dentro da sociedade política, mas redefinida em função das esferas econômica e social. Acenou com uma democracia que incluiria direitos e reformas sociais. Nesse ponto se diferenciava dos propósitos da União Democrática, restrita às consígnias democráticas liberais. Não resta dúvida de que esse elemento do discurso peronista tocou numa tecla sensível dos trabalhadores. No primeiro ato público organizado pela CGT para respaldar Perón contra o ataque dos opositores, em julho de 1945, Manuel Pichel, delegado daquele organismo gremial, afirmou: "Não basta falar de democracia. Uma democracia defendida pelos capitais reacionários não a queremos, uma democracia que seja um retorno à oligarquia, não a desejamos". O autor refere-se a uma "anedota" relacionada ao ano de 1945: algum antiperonista perguntou a trabalhadores se não temiam a perda da liberdade de expressão com a vitória peronista, ao que responderam: "A liberdade de expressão é coisa de vocês. Nós nunca a tivemos" (ibidem, p.31).

No Brasil, o caráter social da cidadania era destacado na propaganda, mas sua realização ficou comprometida pelas condições desfavoráveis da conjuntura econômica brasileira que não permitiam melhoria significativa nas condições de vida das classes populares. Além disso, a marginalização de uma grande parte da população pelo mercado de trabalho impunha limites à política social do governo. Esse quadro servia de justificativa para que a meta primeira do governo fosse o progresso material, jogando para o futuro o compromisso de realização da justiça social. Na Argentina, ao contrário, a propaganda procurava mostrar que o "futuro" já chegara ao país.

As prioridades da cidadania nos regimes de massa

A análise dos elementos constitutivos das propagandas políticas varguista e peronista no que se refere à divulgação do significado da cidadania em moldes novos permitiu constatar uma diferença significativa nos dois casos: a ideologia estadonovista privilegiou a reforma do Estado, ao passo que o peronismo privilegiou a justiça social, núcleo da doutrina justicialista. Cabe analisar as razões dessas diferenças por outro ângulo.

Nos itens anteriores, procuramos mostrar os argumentos que justificaram a ênfase nos aspectos diversos da política de massas, lembrando as condições particulares do surgimento da política estadonovista, implantada por um golpe de Estado, e da política peronista, oriunda de um movimento popular.

A análise da propaganda política permitiu salientar essa diferença entre a cidadania baseada na justiça social e a cidadania baseada na perspectiva de formação de força de trabalho para o desenvolvimento material. Resta, no entanto, tentar explicar por que a propaganda peronista teve maior receptividade e deixou marcas mais fortes na sociedade argentina do que a propaganda varguista o fez na sociedade brasileira.

A propaganda política, como dissemos no início, representa um dos pilares de sustentação da política de massas. No entanto, a nova ordem não se manteria sem a realização de medidas concretas e mudanças efetivas nas condições de vida de amplos setores da sociedade. A análise desse último aspecto permite explicar melhor as diferenças entre os dois regimes.

No que se refere aos benefícios materiais trazidos pelo peronismo, é preciso indicar alguns dados para a compreensão desse momento histórico. A crise de 1929 afetou os países agroexportadores da América Latina. A Argentina foi especialmente atingida porque o volume de sua exportação era muito significativo e trouxera desenvolvimento econômico maior do que em qualquer outra economia latino-americana. Na década de 1920, o país situava-se entre os dez mais desenvolvidos em termos comerciais. A crise internacional produziu mudança de eixo na economia: houve diminuição das exportações, mas o processo de substituição de importações implicou o crescimento da produção industrial: entre 1930-1935 e 1945-1949 essa produção duplicou; as importações caíram de uma quarta parte do produto bruto, em 1925-1930, para 6% em 1940-1944. O número de estabelecimentos industriais e de trabalhadores duplicou entre 1935 e 1946. A indústria passou a ser o centro dinâmico de acumulação de capital na metade dos anos 40, ainda que a agroexportação continuasse sendo a principal fonte de divisas (James, 1990).

Além do crescimento industrial, a recuperação das exportações ocorreu no pós-guerra. Quando Perón chegou ao poder, em 1946, as condições econômicas da Argentina eram especialmente favoráveis. Finda a guerra, o país devedor tornou-se credor graças à colocação de seus produtos agropecuários no mercado europeu. Essa situação garantiu o sucesso da política peronista.

Entre 1929-1932, os salários nominais haviam diminuído 19%; em 1934, essa queda atingiu seu ponto crítico, chegando a 77%. A partir daí a curva salarial começou a subir e, em 1942, já superava os níveis de antes de 1929. Além disso, a capacidade aquisitiva dos salários teve grande aumento a partir de 1943: em alguns ramos, o operariado aumentou seu poder de compra em cerca de 50% em três anos. O aumento do nível de vida favoreceu o consumismo (eletrodomésticos, indumentária). Em 1948, Perón comentou a diferença na indumentária dos dirigentes sindicais que o visitavam: "antes vinham de alpargatas. Agora os vejo com camisas de seda e bons trajes". O momento era de euforia e otimismo com relação ao futuro. Mas a inversão da situação ocorreu no segundo governo de Perón, trazendo conseqüências políticas que resultaram na sua deposição (*Nuestro Siglo*, v.11).

A política peronista investiu fortemente na organização da classe trabalhadora, feita em novos moldes. Embora o movimento operário argentino, quando comparado com seus congêneres latino-americanos, Brasil, inclusive, possa ser considerado importante, forte e combativo, quando Perón assumiu a Secretaria do Trabalho e Previsão apenas 20% dos trabalhadores estavam sindicalizados. Os comunistas tinham conseguido bons resultados entre os operários da construção e os da alimentação, mas a organização sindical sob seu controle não abarcava um conjunto significativo da classe operária.

Perón, na Secretaria do Trabalho e na Presidência da República, estimulou a organização sindical: em 1948 a taxa de sindicalização havia subido para 30,5% e, em 1954, para 42%. A legislação, que enquadrou o sindicato em novos moldes, estabeleceu que cada setor de atividade econômica teria apenas um sindicato reconhecido oficialmente: as negociações com os patrões seriam feitas por meio desse sindicato (havia os ramos locais, as federações nacionais e a central única, a CGT).[7]

---

7   O Estado supervisionava e articulava a estrutura sindical unificada e centralizada. Antes do advento do peronismo havia duas CGTs: CGT 1, controlada por líderes de tendência sindicalista, e CGT 2, controlada pelos socialistas e comunistas. Perón extinguiu a CGT comunista e contou com o apoio da sindicalista. Segundo Portantiero e Murmis (1978), a tendência sindicalista da CGT 1 explica a adesão ao peronismo, já que essa política vinha ao encontro, em certo sentido, de suas posições.

Entre 1946 e 1949 os salários reais dos trabalhadores industriais cresceram 53%. Nesse contexto ocorreram a gradual subordinação dos sindicatos ao Estado e a destruição, por meio de controle político e repressão pela força, dos opositores que reagiram, de algum modo, à perda da autonomia. Dessa forma foram perseguidos e derrotados não só os comunistas, socialistas, anarquistas, mas também os membros do Partido Laborista que fizeram críticas a Perón. Esse partido foi extinto e substituído pelo Partido Peronista.

Os aumentos salariais demonstram um ganho real da classe trabalhadora; no entanto, a explicação da adesão unicamente pela lógica dos benefícios sociais, presente nas análises de Gino Germani e outros, foi contestada por muitos autores (Portantiero e Murmis, Hugo del Campo, Matshushita) por meio de estudos sobre o movimento operário da época, que mostram sua capacidade participativa e reivindicativa.

Era voz corrente na Argentina que quando se perguntava aos trabalhadores por que aderiram ao peronismo, eles batiam a mão no bolso. Mas a questão não é tão simples e, como propôs Gareth Stedman Jones (1984), é preciso pensar também no atrativo político e ideológico do discurso peronista. Referindo-se à credibilidade desse discurso, o autor afirma que: "Um vocabulário político particular deve propor uma alternativa capaz de inspirar uma esperança de algo que seja possível de se fazer e propor, ao mesmo tempo, os meios para realizá-la nos quais se possa crer". O discurso peronista era mais concreto do que as consígnias abstratas dos socialistas e comunistas, afirma o autor, e conclui seus comentários citando Ernest Bolch a respeito dos nazistas e comunistas: "Os nazistas falavam falsamente, mas às pessoas; os comunistas diziam a verdade, mas falavam de coisas".

A credibilidade política que o peronismo oferecia aos trabalhadores, acrescenta Daniel James (1990), não se devia apenas ao concreto de sua retórica, mas também à sua imediatez. Diferentemente do discurso de esquerda que acenava com as mudanças estruturais abstratas de longo prazo, dependendo de uma consciência apropriada da classe trabalhadora, a doutrina peronista levava em conta a consciência, os hábitos, os estilos de vida e os valores da classe trabalhadora tais como os encontrava e afirmava sua validade. Glorificava o cotidiano e o comum como base suficiente para a rápida consecução de uma sociedade justa. Para isso bastava apoiar Perón e manter um movimento sindical forte. O peronismo ignorava a necessidade de uma elite iluminada e expressava um profundo antiintelectualismo.

Além do estilo e do idioma políticos bem de acordo com as sensibilidades populares, o peronismo significou uma presença social e política muito maior da classe trabalhadora na sociedade argentina. Segundo Daniel James (idem), esse fato pode ser facilmente mensurável em vários aspectos, como relação do governo com o sindicalismo, maciça ampliação do gremialismo e do número de parlamentares de extração gremial. No entanto, existiram outros fatores muito menos tangíveis e muito mais difíceis de quantificar, mas que é preciso se levar em conta para avaliar o significado social do peronismo: "Nos referimos a fatores como orgulho, respeito próprio e dignidade" (ibidem, p.40).

O autor conclui que o peronismo, na sua retórica oficial, pôs em relevo a mobilização controlada e limitada dos trabalhadores sob a tutela do Estado. O próprio Perón referia-se ao perigo das "massas desorganizadas" e à necessidade de os sindicatos atuarem como instrumentos do Estado para mobilizar e controlar os trabalhadores. Esse aspecto cooptativo se reflete na consígnia fundamental dirigida pelo Estado aos trabalhadores para exortá-los a conduzir-se pacificamente: "Da casa ao trabalho e do trabalho à casa". Além disso, Perón deixava claro seu esforço para conseguir a "harmonia social": "Buscamos suprimir a luta de classes suplantando-a por um acordo justo entre operários e patrões sob amparo da justiça emanada do Estado" (ibidem, p.51).

O Estado peronista teve, sem dúvida, considerável êxito no controle da classe trabalhadora. Ainda que o conflito não desaparecesse, a temida vingança dos *sans-culotte* portenhos, pressagiada pelos adversários de Perón, não se realizou. Várias razões explicam esse sucesso: a capacidade da classe trabalhadora em satisfazer suas aspirações materiais dentro dos parâmetros oferecidos pelo Estado, o prestígio pessoal de Perón e a habilidade de seu Estado e seu aparato cultural, político e ideológico para promover e inculcar noções de harmonia e interesse comum das classes.

Mas esse sucesso não deve ser explicado exclusivamente em virtude da manipulação e do controle social. A eficácia da ideologia dependeu de sua capacidade para associar-se com as perspectivas e experiências da classe trabalhadora. A retórica peronista dizia a seu povo o que ele queria escutar.

Nessas reflexões sobre o peronismo, os autores mencionados indicam elementos importantes para a comparação com o varguismo no que se refere à política social voltada para as classes trabalhadoras. Foi nesse aspecto que as duas políticas se diferenciaram mais fortemente.

A política varguista iniciada uma década antes da peronista, e, portanto, numa conjuntura diversa, apresenta distinções já identificáveis nas denominações "justicialismo" e "trabalhismo". Enquanto na Argentina a "justiça social" foi o carro-chefe do peronismo, no Brasil, ela ocupou um papel secundário, já que o objetivo principal do novo regime era a reforma do Estado com vistas ao desenvolvimento econômico e à disciplinarização da força de trabalho. Isso não significa que o governo não tenha introduzido modificações importantes no mundo do trabalho, mas elas são modestas quando comparadas com as ocorridas na Argentina.

Ângela Castro Gomes (1982) afirma que os anos 30 e 40 são verdadeiramente revolucionários no que diz respeito ao encaminhamento da questão do trabalho no Brasil. Nesse sentido, menciona a legislação trabalhista, que regulou o mercado de trabalho, e a ideologia política, que valorizou o trabalho e o papel do trabalhador nacional. O trabalho urbano, conturbado por agitações grevistas consideradas cada vez mais ameaçadoras, e a percepção de que o trabalhador rural estava completamente abandonado e desorganizado colocaram como grande questão para a sociedade não apenas a organização do mercado de trabalho, mas também o combate à pobreza, síntese de todos os problemas nacionais. Segundo a autora (1982),

> promover o homem brasileiro e defender o progresso e a paz do país eram objetivos que se unificavam em uma mesma e grande meta: transformar o homem em cidadão/trabalhador, responsável por sua riqueza individual e também pela riqueza do conjunto da nação.

Nos anos 30, as regras legais e a política ideológica podem ser pensadas como mecanismos organizadores de consentimento e controladores do conflito social, por meio de formas diferenciadas do exercício da coerção. Contudo, o processo de produção de consentimento não tem somente raízes políticas e ideológicas, mas também a dimensão socioeconômica, que implica vantagens materiais efetivas para os grupos dominados.

O cidadão/trabalhador brasileiro, como já foi dito antes, constituiu-se com base na "organização científica do trabalho" e na "política de controle da mão-de-obra". No que se refere a esta última, o Estado era visto como o organizador de políticas públicas as quais deveriam fornecer e resguardar para o trabalhador nacional um número significativo de empregos e possibilitar o acesso à propriedade de bens materiais (Castro Gomes, 1982, p.160).

Diferentemente do discurso peronista que releu o passado das lutas dos trabalhadores incorporando reivindicações e bandeiras de outrora, o discurso estadonovista ignorou a herança de lutas do movimento operário brasileiro e estruturou a versão da política trabalhista com base em uma ética abstrata do trabalho e da valorização da figura do trabalhador nacional. Era a essa figura – novo modelo de cidadão – que o discurso se destinava e era a ela que os benefícios sociais foram oferecidos como uma dádiva, lógica simbólica que presidiu e instituiu a "palavra" do Estado (Castro Gomes, 1988, p.253-4).

No que se refere ao sindicato, não se mencionava sua existência antes de 1930. Mesmo durante o governo Vargas, a atenção ao sindicalismo só ocorreu a partir de 1942. As mudanças internas e externas provocadas com a entrada do Brasil na guerra explicam o novo interesse. A partir de 1940, Vargas aumentou significativamente o orçamento do Ministério do Trabalho e o ano de 1942 assinalou um aumento de gastos efetivos, e quase todas as entradas se destinavam à previdência social e a programas de bem-estar. O ministro Marcondes inaugurou um período de realizações, mas o tema da sindicalização era o que articulava e dava sentido aos demais (ibidem, p.268).

O ano de 1943 deveria dar início a uma campanha de sindicalização. Não só o ministro mas outros autores da época consideravam que a sindicalização não vinha obtendo sucesso. Anos antes (1935, 1936 e 1938), tinham sido feitas pesquisas para levantamento da massa sindicalizada nos vários estados do país. Além das dificuldades enfrentadas no levantamento de dados, o que pode indicar falha técnica, os resultados eram desalentadores. Os debates em torno da sindicalização ocorridos a partir de 1942 voltavam-se para a questão da real representatividade dos sindicatos. A percepção da fragilidade nesse campo explica a decisão da campanha para dinamizar a vida sindical, esperando aumento de inscrições, mas, sobretudo, aumento da freqüência às sedes.

Na busca de explicações para o problema, foram apontadas razões de natureza profunda como causas da falta de espírito associativo no Brasil. Entre elas destacou-se a "índole pacífica do nosso operariado, dotado de uma timidez social inata", característica oriunda da origem rural do nosso homem trabalhador, desconfiado e individualista. Várias análises acabaram incorporando esses estereótipos na explicação do movimento operário da época.

Após a campanha de sindicalização, em 1943, a temática do corporativismo surgiu como questão de realce político. Foi de fundamental importância a desmobilização do movimento operário independente, cortando os laços que, até 1935, muitos insistiam em manter com outras formas de organização autônomas e com outras propostas políticas.

Ângela Castro Gomes considera que o sindicalismo corporativista foi posto em prática não no momento autoritário por excelência do Estado Novo, mas no período de transição, após 1942, quando a questão da mobilização de apoios sociais tornou-se uma necessidade inadiável ante a própria transformação do regime. Por esse motivo, o tratamento que os propagandistas do Estado Novo deram à temática do corporativismo nesse período foi cauteloso.

Não resta dúvida de que Vargas foi o primeiro governante brasileiro a conferir lugar de destaque aos trabalhadores na política nacional. No entanto, as preocupações mais importantes do regime nessa área eram a busca de produtividade e a promoção da ordem, precavendo-se contra a luta de classes aberta (como as greves ou qualquer outro tipo de manifestação de resistência dos trabalhadores). Embora o governo tenha introduzido modificações importantes no que se referia ao papel do trabalhador, não tentou mobilizar os operários como força política a exemplo do que fez Perón na Argentina. Em vez de avivar para capitalizar os descontentamentos dos trabalhadores, os representantes do novo poder canalizaram os recursos da propaganda na colaboração entre as classes. Na prática, exercia-se a repressão aos "anticolaboradores".

Na Argentina foi impossível criar o mito da conciliação de classes. A radicalização das posições políticas, fruto de um conflito social latente, impediu que Perón conseguisse o apoio significativo de setores dominantes, como ocorreu na política estadonovista. Tal realidade explica por que a ênfase na colaboração das classes foi mais forte na propaganda varguista do que na peronista.

Finalmente, cabe mencionar um outro fator que também ajuda a explicar por que o peronismo conseguiu um apoio mais significativo dos trabalhadores do que o varguismo da primeira fase. Como já foi mostrado anteriormente, a conjuntura econômica argentina permitiu que Perón atendesse às reivindicações das classes trabalhadoras, que conseguiram efetiva melhoria nas condições de vida. No Brasil, a situação era bem diferente.

José Rogério da Silva (1992) demonstra que a carestia de vida foi constante e progressiva ao longo do Estado Novo. O aumento de preços atingiu patamares muito altos a partir de 1940, ano de fixação do salário mínimo. A situação tornou-se drástica em 1941, provocando inúmeras reclamações de trabalhadores contra a alta de preços e os baixos salários.

A intervenção do Estado na tentativa de controlar os preços resultou num emaranhado de processos, comissões, tabelamentos, portarias, decretos-lei. Mas os resultados foram nulos e o problema agravou-se com a entrada do Brasil na guerra.

Na primeira reunião da comissão criada para estudar as causas do encarecimento de vida, em 1941, um dos conselheiros chegou à conclusão de que a legislação trabalhista era a responsável e propôs seu abrandamento (ibidem, p.141).

Os salários cresceram lentamente na maior parte das indústrias, ao passo que o custo de vida mais que triplicou entre 1935 e 1945. Em conseqüência disso, as rendas reais caíram e a maioria das famílias operárias viu-se obrigada a restringir a alimentação, como mostram as cartas transcritas no trabalho de José Rogério da Silva.

Essa realidade é confirmada num artigo publicado por Joel Wolfe (1994). Referindo-se a uma pesquisa sobre 117 famílias operárias paulistanas, elaborada pelo governo municipal em 1939, mostra que 87 delas não tinham possibilidades de pagar suas despesas mensais. Mesmo o estabelecimento do salário mínimo não aliviou a situação.

As condições eram tão difíceis, segundo o autor, que a maioria dos membros da Federação das Indústrias do Estado de São Paulo (Fiesp) acreditava que seus operários necessitavam ganhar mais. A Fiesp chegou a fazer uma campanha sugerindo cautela na construção de casas e restaurantes luxuosos a fim de evitar a ira dos inquietos desempregados (Wolfe, 1994, p.42-3).

Comparado ao peronismo, pode-se dizer que o varguismo do Estado Novo não chegou a formar um movimento social de envergadura no Brasil. Esse regime, na verdade, não tinha necessidade premente do apoio popular já que negociava com vários grupos da sociedade e contava com o suporte de setores das Forças Armadas que asseguraram a vitória do golpe de 1937. Perón, ao contrário, depois do 17 de outubro de 1945, despontou como o candidato natural das classes trabalhadoras e dos setores médios de baixa renda. Venceu as eleições de 1946 e 1951 com o voto popular. Nessas circunstâncias, o peronismo, que necessitava do apoio das massas para sua manutenção no poder, acabou transformando a classe trabalhadora numa força política de tal porte que conseguiu sobreviver até os dias de hoje. Isso não impediu que o controle social realizado pelo regime peronista tenha acontecido de forma muito eficaz. O autoritarismo foi a tônica da política de propaganda que representou uma das alavancas da política de massas voltada para a conquista dos "corações e mentes". Não é nesse ponto que o peronismo se diferencia significativamente do varguismo, mas no fato de que a experiência argentina resultou num movimento social forte e de longa duração, o que não ocorreu no Brasil na mesma proporção. A política brasileira, tradicionalmente caracterizada pela reduzida participação das classes populares, não se modificou no Estado Novo como na Argentina peronista. As novas formas de controle social, que impediam a representação por meio do voto, foram justificadas pela propaganda com uma política de conciliação que se dizia adequada à índole pacífica do povo brasileiro. A política trabalhista do Estado Novo não resultou num movimento social comparável ao que foi produzido pela política justicialista peronista. No entanto, as reformas do Estado, juntamente com suas representações de imagens positivas sobre a nova política divulgadas pela propaganda estadonovista, deixaram marcas que, observadas atentamente, podem nos esclarecer o papel central que ainda desempenham no que se pode identificar como uma cultura política brasileira, como sugere Ângela Castro Gomes no seu estudo sobre os conceitos e as práticas políticas do período. O avanço da democracia, desde então, contou com os obstáculos criados pelas novas formas de controle social impostas nesse período. O mesmo se pode dizer em relação à Argentina, onde a cultura política oriunda do peronismo também se caracteriza pelo autoritarismo.

6
EDUCAÇÃO E IDENTIDADE NACIONAL COLETIVA

No terreno das representações do poder, a propaganda política desencadeia uma luta de forças simbólicas que implica aceitação ou rejeição dos princípios inculcados. A imposição de novas formas de identidade constitui um dos elementos-chave na construção dos imaginários políticos.

O varguismo e o peronismo transformaram os imaginários coletivos numa força reguladora da vida coletiva e peça importante no exercício do poder. Os imaginários sociais, como mostra Bronislaw Baczko (1984), organizam e controlam o tempo coletivo, interferem na produção da memória e nas visões de futuro. Por meio deles, uma coletividade designa sua identidade elaborando uma representação de si própria; a representação totalizante da sociedade indica uma ordem por meio da qual cada elemento tem seu lugar, sua identidade e sua razão de ser.

Neste capítulo pretendo mostrar como as propagandas políticas varguista e peronista operaram no sentido de incutir na sociedade uma nova forma de identidade: a identidade nacional coletiva.

Além do uso dos meios de comunicação e da produção cultural com sentido educativo, a educação em si mesma era vista como um veículo privilegiado no que se refere à introdução de novos valores e modelagem das condutas. Estando os meios de comunicação, os veículos de expressão cultural e as instituições educacionais sob controle, os regimes varguista e peronista valeram-se desses instrumentos para transformar a identidade nacional de caráter individualista em identidade nacional coletiva, considerada elemento constitutivo primordial da política de massas introduzida no período.

Tanto no Brasil como na Argentina, a década de 1920 foi agitada por conflitos sociais e políticos que provocaram acalorado debate sobre a pertinência dos regimes liberais nesses países. Os problemas sociais vivenciados em maior grau na sociedade argentina, mas também expressos na sociedade brasileira, estimularam propostas de novo direcionamento político. No debate de idéias, surgiu, com mais ênfase, o tema da construção de uma nova identidade, contraposta à perspectiva individualista e pluralista que caracteriza as formulações liberais.

O pensamento antiliberal e antidemocrático, de diferentes matizes, revelava extrema preocupação com a problemática das massas. Enquanto ideólogos nacionalistas radicais continuavam manifestando desprezo e horror às massas primitivas e irracionais, na trilha das teses de Gustavo Le Bon, Sighelli etc., em outros setores, a preocupação se voltou para o controle das massas por meio de um líder forte e carismático; essa solução era indicada para evitar revoluções populares.

Diante das pressões para o alargamento da esfera pública, a questão da integração política das massas e do reforço do controle sobre elas preocupou fortemente as elites brasileira e argentina. A questão social passou a representar o grande fantasma a ser exorcizado. Nesse terreno, germinaram as idéias nacionalistas vindas da Europa e reinterpretadas nos dois países latino-americanos. A proposta de uma nova identidade – coletiva – emergiu das idéias de grupos nacionalistas.

Na Argentina, o nacionalismo católico restaurador (integrista) teve grande penetração na sociedade. Já no Brasil, onde predominavam as preocupações com a questão étnico-racial, o pensamento nacionalista se identificou mais com as teorias sociológicas organicistas; elas formularam as teses racistas perfeitamente adequadas à sociedade de passado escravocrata (Beired, 1996).

Os debates sobre as questões étnicas não chegaram a ganhar consistência teórica entre os intelectuais, construtores da nacionalidade argentina. Eles formularam um projeto liberal no século XIX, que propôs a dicotomia civilização *x* barbárie; o projeto expressava o desejo de identificação dos argentinos com os europeus e os norte-americanos e recusava o passado hispânico/indígena. O pensamento positivista dessa época incorporou as teses racistas, mas elas não chegaram a estimular uma reflexão mais aprofundada sobre o problema racial. No que se refere às massas, os ideólogos construtores da nacionalidade identificaram-na com a *barbárie* (referiam-se às "massas atrasadas" que seguiam caudilhos como Rosas, Facundo Quiroga, Lopes e outros). Esse século assistiu à emergência da questão das massas que, segundo Leonardo Senkman, transformou-se em problemática central na Argentina (Senkman, 1993-4, p.101-20).[1]

---

1 Rosas, representante do Partido Federalista, permaneceu à frente da política argentina entre 1835 e 1852, assumindo poderes ditatoriais. Contra os federalistas, lutaram os membros do Partido Unitário que conquistaram o poder com a queda do caudilho Rosas. Um grupo de intelectuais ligados a esse partido, atuando no exílio, elaborou o projeto de construção da *civilização* pela eliminação da *barbárie*. O caudilhismo, expressão da *barbárie*, era visto como fruto do passado colonial ibérico responsabilizado pelo atraso em que se encontrava a Argentina em relação aos centros de civilização (Estados Unidos, França, Inglaterra). O triunfo sobre os federalistas foi interpretado pelos "intelectuais ilustrados" como a vitória da *civilização*. A partir da segunda metade do século XIX, começou a ser posta em prática a política que visava apagar o passado ibérico e construir a nação em novos moldes: a América "bárbara", dos índios selvagens com os quais os espanhóis (raça latina, considerada inferior à anglo-saxã) cometeram o pecado de misturar-se, fora vencida. A tarefa do futuro consistia em apagar esses traços do passado e seguir o modelo dos norte-americanos, que tiveram a sabedoria de não aceitar a raça inferior (índio) nem como serva, nem como sócia; construir a *civilização* implicava, dentre outras tarefas, apagar da memória as origens da conquista e da colonização hispânicas. Domingo Faustino Sarmiento, autor de *Civilización y barbarie: Vida de Juan Facundo Quiroga* (1845), expressou essa tese que produziu o lema "civilizar e povoar", ou seja, branquear a sociedade através da imigração e civilizá-la através da educação.

A política de imigração iniciada na segunda metade do século XIX trouxe profundas transformações na sociedade argentina. Para uns a visão do *progresso/civilização* era muito positiva; para outros, negativa porque a mudança pusera em risco as tradições e os costumes, ameaçados pela presença estrangeira que desorganizara e enfraquecera a "identidade nacional". Foi nesse contexto que os negativistas saíram em busca das origens da nacionalidade.

A recuperação do passado original teve início no começo do século XX, quando alguns autores de origem interiorana, como Manuel Gálvez (considerado um dos construtores do "primeiro nacionalismo" na Argentina), procuraram resgatar os valores do homem do interior. Nas suas obras, a oposição campo/interior *x* urbano/cidade é nítida. Em *El diario de Gabriel Quiroga* (1910) e *El mal metafísico* (1916), o autor expressou sua posição nacionalista contrária ao projeto do período anterior que empreendera a organização do Estado Nacional por meio da imitação de modelos externos, negando, com isso, as origens da nacionalidade. Considerando que o "espírito nacional" se extinguira em decorrência do cosmopolitismo e do predomínio do litoral, buscou a salvação da nacionalidade no localismo provincial, repositário das tradições e local de resistência ao estrangeiro responsável pela desnacionalização da Argentina (Quijada, 1985, p.28-9).

Buenos Aires, nessa época, passava por transformações muito significativas. O afluxo maciço de imigrantes aí concentrados não só duplicou a população urbana como modificou o perfil da cidade. A Argentina se encontrava no auge de sua expansão econômica e Buenos Aires, florescente, despontava como a capital cosmopolita da América Latina.

A presença ostensiva do estrangeiro inquietava os escritores interioranos que, na juventude, sofreram o impacto da mudança para a cidade grande; a "mezcla de razas" os perturbava. Ao reportar-se à província em busca de algo perdido para sempre nas cidades do litoral, Gálvez reabilitou a realidade depreciada pela geração anterior que proclamara a luta da *civilização* (sociedade urbana) contra a *barbárie* (campo-interior). O lema "governar é povoar" conduziu à política de imigração. A geração nacionalista, à qual pertencia Gálvez, orientou-se por um lema novo, "governar é argentinizar". A busca de identidade nacional se inicia com a afirmação do interior "espiritualista e purificante" diante do "cosmopolitismo materialista" de Buenos Aires. A reivindicação de uma origem enraizada na Mãe-Pátria – Espanha atuou como ferramenta unificadora da "mezcla" provocada pela imigração estrangeira, fazendo que "*Yo y el otro*" se convertesse em "*nosotros*". Para os nacionalistas, a presença maciça dos imigrantes e a conseqüente formação de um "crisol de razas" teriam provocado uma crise de identidade nacional; para superá-la, empenharam-se na luta em prol da "renacionalização" do país.

Na década de 1920, outras questões foram colocadas para a sociedade argentina. A Primeira Guerra causou efeitos negativos na economia; a inflação e a diminuição de empregos provocaram distúrbios sociais. As greves multiplicaram-se e o movimento em prol da "Reforma Universitária" alastrou-se por todo o país, assumindo conotação social importante. A "Semana Trágica" de 1919 traumatizou a sociedade pelo número de mortos e pela violência da repressão. Além dos conflitos internos, as notícias sobre a Revolução Mexicana e a Revolução Russa fizeram emergir a figura "perigosa das massas" no imaginário social: os partidários da esquerda empolgaram-se com o espetáculo das massas; os da direita amedrontaram-se terrivelmente.

Nessa mesma época, no Brasil, o tema das massas veio à tona: as atividades crescentes do movimento operário, que chegou a desencadear greves gerais de dimensões significativas, acrescidas das revoluções tenentistas, deixavam em evidência os conflitos sociais. Mas a preocupação primordial dos pensadores e políticos brasileiros continuava sendo a questão racial. Ela se colocara no centro das análises sobre a sociedade brasileira desde o século XIX. De Silvio Romero a Nina Rodrigues chegando a Oliveira Vianna e Gilberto Freyre, as teses raciais eram expostas não apenas nos escritos dos intelectuais, mas também na literatura, na imprensa e nos discursos políticos, permeando o imaginário social.

A lembrança marcante da escravidão e a forte presença dos negros na sociedade, a miscigenação entre brancos, negros e índios, desde os primórdios da colonização, explicam o interesse pelo tema.

A sociologia positivista-evolucionista-orgânica servia de base para as explicações e justificativas para a marginalização dos negros no mercado de trabalho e a valorização dos imigrantes brancos.

Com a abolição da escravatura, colocou-se para a sociedade brasileira o problema da integração dos negros no mundo dos homens livres. O negro, recém-liberto, não era considerado qualificado para se colocar no mercado de trabalho, definido por relações contratuais. O imigrante branco europeu foi chamado a ocupar esse lugar. A questão racial mesclava-se com as questões de natureza social e econômica (Capelato, 1989).

Enquanto na Argentina os imigrantes foram vistos como responsáveis pela perturbação da identidade nacional, no Brasil eles foram valorizados pela contribuição ao branqueamento da sociedade. O problema racial servia de justificativa para o "atraso" do país; tal preocupação não estava presente nos debates sobre a identidade argentina já que o país se projetara, nos anos 20, como nação equiparada às mais desenvolvidas: graças à prosperidade econômica, o país conseguira solucionar os problemas de analfabetismo, apresentando nível cultural elevado no período. O Brasil, país de passado escravista, dimensões territoriais muito extensas e alto índice populacional, tinha dificuldades para solucionar os problemas educacionais, sobretudo nas regiões mais distantes e carentes de recursos e entre a massa de ex-escravos. O analfabetismo era um problema relacionado ao atraso, mas a justificativa para ele se concentrava na inferioridade racial do negro, responsabilizado também pela ausência de consciência nacional.

Os críticos do liberalismo no Brasil, desde o início da República, alegavam que o país, em virtude de seu passado escravista e da presença de uma raça inferior na sociedade, não comportava instituições desse tipo. Questionando a imitação de instituições estrangeiras, insistiam na separação, considerada negativa, entre o *país real e o país legal*. A superação do atraso exigia mudanças institucionais, ou seja, a presença de um governo forte, autoritário, capaz de integrar o trabalhador nacional na sociedade, solucionar o problema das raças e organizar as massas inorgânicas, formando, por intermédio da educação e da disciplinarização do trabalho, a consciência nacional.

Esse era o *leitmotiv* dos nacionalistas brasileiros que, a partir dos anos 20, empenharam-se na luta para salvação do país do atraso, da desordem e da corrupção, males provocados, segundo eles, pela experiência republicana.

No período que antecede o advento do varguismo e do peronismo, observa-se, nas duas sociedades, uma intensificação das preocupações com a identidade nacional, mas a discussão apresenta aspectos distintos, tendo em vista a diferença dos problemas enfrentados. No Brasil, a ênfase era posta na integração nacional, por considerar-se que a nação não se completara, havendo, pois, necessidade de integração racial e reforço da unidade territorial, moral, cultural e política. Na Argentina, insistia-se no reforço e no reequilíbrio da identidade nacional, conquistada outrora, mas abalada pela "mezcla de razas". Aqui, a nacionalidade não se completara; lá, caberia reconstruí-la.

O peronismo deu continuidade ao ideário nacionalista no que se refere à questão da identidade nacional. A origem da nacionalidade era localizada no interior, sendo o gaúcho o símbolo do ser nacional: produto de pai espanhol conquistador e mãe indígena submissa. Perón propôs-se a recuperar essa "força telúrica quebrada pela civilização". Nessa releitura do passado, necessária à construção da nova identidade, a recuperação da hispanidade foi muito significativa. A afinidade dos nacionalistas argentinos com a corrente de idéias protofascistas produzidas na Espanha da época explica a postura de enaltecimento da Mãe-Pátria; o peronismo continuou nessa linha, realizando intenso intercâmbio com a Espanha franquista.

O nacionalismo brasileiro, de caráter sociológico positivista, forneceu instrumental para explicar e apontar soluções para os problemas de natureza racial/étnica e de ordem material relacionada ao desenvolvimento econômico. Nos anos 30, as teses raciais foram associadas a um projeto de tentativa de recuperação do homem do campo, que se dirigia para a cidade em virtude do grande êxodo rural ocorrido no período. Já nos anos 20, com a diminuição do fluxo imigratório europeu, o trabalhador nacional, antes marginalizado e desqualificado como incapaz para se colocar no mercado de trabalho, passou a ser visto como substituto do imigrante. Deveria, no entanto, ser transformado em força produtiva de forma que contribuísse para o progresso. No discurso nacionalista, ele emerge na figura do caboclo, sertanejo, jeca-tatu, caiçara, caipira, variantes da imagem do elemento rural. Tal personagem, até então depreciado, passou a ser visto como cerne e vigor da raça. Noutra direção, idealizou-se o campo/natureza como lugar de "pureza e harmonia" em contraposição ao "inferno urbano". A idealização do campo aproxima o ideário brasileiro do argentino, mas o significado da imagem rural não é o mesmo nos dois países: na Argentina, o campo se opunha a Buenos Aires, lugar da grande presença de imigrantes e da realização do progresso; no Brasil, o campo se opunha ao litoral, visto como lugar da exploração capitalista estrangeira e seus aliados nacionais, as oligarquias agrárias, que, desde o início da colonização, exploraram as riquezas da terra brasileira, impedindo sua prosperidade. No litoral desenvolvera-se o materialismo corrupto, degenerador dos costumes e provocador das desordens, afirmavam os nacionalistas.

Durante o Estado Novo, o discurso propagandístico apontava o interior como depositário das energias da nacionalidade: a *Marcha para o Oeste,* de Cassiano Ricardo, indicava a necessidade de conquista de um espaço vazio, considerado vital para a integração econômica, política e cultural. Comparada, por vários autores do período, com a epopéia da "conquista do Oeste" nos Estados Unidos, a política de integração do interior foi entendida como a possibilidade não só de superação do atraso, mas de transformação do Brasil numa grande potência do continente. Esse sonho de hegemonia, acalentado no passado e recuperado fortemente nesse período, era justificado pelas dimensões territoriais do país que indicavam seu destino de grandeza. Afirmava-se que o povoamento, a colonização e a exploração do sertão constituiriam as bases do progresso e da grandeza futura. As imagens do *interior/sertão* constituíram um dos pilares da construção da nova identidade nacional coletiva.

A composição dessa identidade também exigiu uma releitura do passado: o bandeirante foi a grande figura recuperada como símbolo do nacional. *Marcha para o Oeste* representava a continuação da epopéia das bandeiras. A figura desbravadora do sertão e delineadora das fronteiras contrapunha-se à do explorador de riquezas do litoral, e o português era identificado como o primeiro estrangeiro a localizar-se no litoral com fins de exploração. Note-se que, diferentemente da Argentina, no Brasil de Vargas não houve valorização do lusitanismo na construção da nova identidade; ao contrário, nessa volta às origens, alguns autores recuperaram os aspectos negativos do colonizador português. As considerações de Avilmar Silva sobre o "novo Brasil", escritas em 1939, exemplificam essa postura em relação às nossas origens lusitanas:

> Porque, no princípio, era a metrópole lusitana, com a imposição crescente dos seus deveres sem direitos, na censura constante das realizações nacionalistas e no roubo da própria fortuna brasileira, que acendia ódios e despertava no povo o sentimento libertário que foi fértil na produção de heróis, cujos nomes ainda hoje são as nossas bandeiras sagradas na defesa do Brasil. (A. Silva, 1939, p.94-5)

Nesse contexto de preocupações com a formação da nova identidade política, a educação foi considerada como elemento prioritário para a introdução de valores criados para conformar a identidade nacional coletiva.

A educação em busca da unidade nacional no Estado Novo

Durante o Governo Provisório, Getúlio Vargas repetiu, inúmeras vezes, que o problema da educação do povo continuava a ser, ainda e sempre, o nosso magno problema. Considerava que

> o analfabetismo era estigma de ignorância, mas a simples aprendizagem do alfabeto não bastava para destruir a ignorância. A massa de analfabetos, peso morto para o progresso da Nação, constitui mácula que nos deve envergonhar. É preciso confessá-lo corajosamente, toda a vez

que se apresentar a ocasião. Cumpre fazê-lo aqui não para recriminar inutilmente, mas para nos convencermos de que o ensino é matéria de salvação pública. (15 nov. 1933)

Após a instauração do Estado Novo, o líder voltou a referir-se à importância da alfabetização não só na infância mas em todas as idades. "Com os instrumentos próprios de educação extra-escolar, hoje tão diferentes – cinema, teatro, desportos –, será possível levar a todas as populações do Brasil o culto da Pátria e das suas tradições gloriosas" (10 nov. 1938).

No livreto *O Brasil é bom,* o tema da educação aparece na lição n.9 que diz:

> O menino para ser um bom brasileiro deve também saber ler. Um homem sem instrução é um homem infeliz, porque não possui habilitação capaz para o exercício de muitas profissões vantajosas e sofre constantemente com a sua própria ignorância. Por isso o governo não quer que haja brasileiros que não saibam ler. Por que o governo não quer? Porque o governo é amigo dos brasileiros e não gosta da ignorância...

A composição dos livros didáticos passou a ser orientada pelos objetivos estabelecidos pelo novo regime em relação ao papel da educação. Luís Reznik analisa a presença dos elementos doutrinários expressos nos livros didáticos de segundo grau. Os manuais escolares, como afirma o autor, constituem elementos privilegiados para estabelecer conexões entre os programas e a sala de aula e, nesse sentido, entre Estado e sociedade, assim como entre professores e alunos. O sucesso editorial desses livros na década de 1930 não deixa dúvidas quanto à sua presença marcante no cotidiano escolar. O livro didático funcionava como um "professor coletivo" porque era uma obra constituída com base em variados componentes: a escola, a editora, o Estado, a política cultural, educacional e cívica, o discurso historiográfico, o professor e o aluno. A análise desse produto nas décadas de 1930-40 permitiu avaliar a "fórmula" contida nesse material escolar e o conteúdo da proposta pedagógica para a formação dos cidadãos, de suas "almas" (Reznik, 1992, p.151-2).

MULTIDÕES EM CENA 231

Figura 14 – Ilustração da cartilha do DIP (*Nosso Século*, n.24).

O autor restringe-se à análise do ensino de História do Brasil, mas este é, justamente, o ponto nevrálgico para percepção da orientação oficial e dos conteúdos ideológicos transmitidos aos jovens estudantes para formação da identidade nacional. O texto refere-se a uma campanha cívica e patriótica procurando envolver toda a população em diferentes tipos de atividades (desportivas, culturais, acadêmicas). No âmbito dessa campanha foram realizadas conferências que tinham como tema principal a "unidade nacional", e decorrente dela, as unidades política, geográfica, histórica, moral e social, étnica, cultural, econômica e financeira, jurídica, patriótica, americana (ibidem, p.33).

A ênfase na unidade nacional constituía elemento-chave na configuração da nova identidade nacional coletiva.

Na década de 1930 houve um debate entre os defensores de uma visão "universalista" do ensino de História, posta em prática a partir da introdução da "História da Civilização" na grade curricular. Contra a perspectiva universalista, manifestaram-se os defensores da "singularidade nacional", que também defendiam a idéia de que o porvir encontrava-se no passado e baseava-se na tradição.

O Instituto Histórico e Geográfico Brasileiro foi um expoente dessa reação, afirma Reznik (ibidem). Expediu oficialmente um documento dirigido a Gustavo Capanema, pedindo o restabelecimento da cadeira de História do Brasil. A defesa do ensino da História Pátria atrelava-se a uma concepção nacionalista que enfatizava a necessidade de formação da consciência nacional.

Os campos opostos expressavam-se pelos seguintes termos: civilização, progresso e futuro, representados nos estudos científicos *x* tradição, vocação, especificidade nacional e patriotismo, representados nos *estudos clássicos*. Foi vitoriosa esta última tendência, defensora da História do Brasil.

Em 1938, foi criada a Comissão Nacional do Livro Didático, que definia, entre muitas outras coisas, as causas que impediam a autorização do livro didático.

A comissão proibia o uso de livro que, de qualquer forma, atentasse contra a unidade, a independência e a honra nacional. Proibia-se o

MULTIDÕES EM CENA 233

livro didático que inspirasse o sentimento de superioridade ou inferioridade do homem de uma região do país com relação aos demais, que apresentasse emprego abusivo de termos ou expressões regionais, que despertasse ou alimentasse a oposição e a luta entre as classes sociais, que incitasse ódio contra as raças. Na construção de uma moral nacional associada a uma memória histórica, eram negados, enfaticamente, o regionalismo, o ateísmo, os conflitos sociais e outras idéias consideradas prejudiciais. As medidas pretendiam controlar não só o passado, indicando como ele deveria ser representado, mas também o futuro, ao proibir qualquer afirmação ou sugestão que induzisse ao pessimismo; ao contrário, era esperado que se estimulasse o otimismo nos dias vindouros (ibidem, p.169-70).

O eixo central do conteúdo dos livros de História do Brasil para o secundário era a "Unidade Nacional". A expectativa era de que, em torno desse tema, os textos pudessem contribuir para a construção da identidade nacional, base da nacionalidade ainda não configurada no país.

O ensino de História do Brasil tinha a função de criar nos adolescentes e jovens estudantes uma paixão e um saber, um sentimento e o conhecimento acerca das tradições do país. Ao recuperar tradições nacionais, elevaria o sentimento dos indivíduos para uma percepção do todo nacional.

O ministro Gustavo Capanema atribuía ao ensino secundário a tarefa de dar à juventude o sentimento de pátria, a compreensão da pátria como um patrimônio telúrico, concreto, humano e espiritual, construído e transmitido pelos antepassados (ibidem, p.106).

A noção de pátria vinculava-se à de tradição e comunidade. Pátria e família também se identificavam na perspectiva maurrasiana que orientou os ideólogos católicos brasileiros. Para Charles Maurras, "a pátria é um ser da mesma natureza que nosso pai ou nossa mãe. A pátria é o que une por cima do que divide" (apud Reznik, 1992, p.107).

Essas duas citações mostram o caráter sentimental que se atribuía à pátria. O apelo ao sentimento visava despertar os valores de fraternidade e união, ajudando a construir a idéia de harmonia na comunidade, neutralizadora das divisões e dos conflitos.

Os patriotas deveriam se contrapor aos indiferentes e aos inimigos da pátria. Para isso precisavam conhecer sua história, identificando suas grandezas e virtudes, dentre outras, a vocação pacífica e hospitaleira do povo. Os que ignoravam os feitos heróicos da história brasileira não dispunham de instrumentos para forjar, internamente, um sentimento de amor e orgulho do Brasil; por isso eram presas fáceis das "doutrinas malsãs". Os patriotas eram considerados nacionalistas e idealistas e os antipatriotas, internacionalistas e materialistas (comunistas, nazistas) (ibidem, p.106-13).

O discurso estadonovista atribuía especial importância à questão nacional. O conceito de nação que prevaleceu no Estado Novo aproximava-se do modelo romântico com ênfase na idéia de comunidade.[2]

A questão nacional já estava posta para a intelectualidade brasileira desde a década de 1910 e se acentuou na Primeira Guerra que motivou a formação de Ligas Nacionalistas. A *Revista do Brasil*, criada em 1916, incorporou esse tema como problemática central de reflexão. As críticas às imitações estrangeiras, tão disseminadas nos anos 1930, já se expressavam nessa publicação:

> Vivemos desde que existimos como nação, quer no Império, quer na República, sob a tutela direta ou indireta, senão política ao menos moral, do estrangeiro. Pensamos pela cabeça do estrangeiro, comemos pela cozinha estrangeira e, para coroar essa obra de servilismo coletivo, calamos, em nossa pátria, muitas vezes dentro de nossos lares, a língua materna para falar a língua do estrangeiro! (apud Luca, 1996, p.26)

Tânia de Luca, ao estudar a *Revista do Brasil*, mostra que seus organizadores tinham como meta construir um núcleo de propaganda

---

2 Há múltiplas concepções de nação/nacionalidade. Reznik, referindo-se às diferenças entre os modelos revolucionário francês (que corresponde à noção de vontade geral expressa na forma de contrato) e o romântico (exaltado nas obras de Herder e Fichte, baseado num sentimento de pertencimento a um "povo", herança da raça, da língua, da história e fundamento de uma comunidade, não de uma sociedade). Essa concepção romântica do nacional, posteriormente, desdobrou-se num nacionalismo que deificou a comunidade (1992, p. 173-4).

nacionalista e apontavam como principal problema do país a ausência de uma "consciência nacional" capaz de transformá-lo num todo organicamente estruturado. O desconhecimento das coisas nacionais e o desapego às nossas tradições e à nossa história eram vistos como responsáveis pela aceitação e pela imitação subserviente de tudo o que viesse de fora. O grupo pretendia incutir no povo a consciência de seu próprio valor (ibidem, p.42).

A equipe editorial, manifestando desejo de fazer uma releitura do Brasil, concluiu que "ainda não éramos uma verdadeira nação". Diante disso, impôs, como tarefa urgente da nova publicação, descobrir por que parecia falhar a química capaz de garantir, sob o céu dos trópicos, "uma existência plena ao nacional" (ibidem, p.79).

Nessa mesma década abriu-se um debate apaixonado a propósito de nosso passado e de nossas tradições. Alceu Amoroso Lima levantou a questão: "Deve um povo em plena mocidade prezar suas tradições? Ou, pelo contrário, esquecer o passado para melhor encarar o futuro?" (apud Luca, 1996, p.87). No Estado Novo prevaleceu a primeira hipótese, que se afirmou com o auxílio dos intelectuais católicos.

O nacionalismo estadonovista enfatizava as características da comunidade brasileira forjadas num tempo de longa duração. A história subordinava-se à índole original do povo/nação e, nessa perspectiva, o passado estava contido no presente visto como desdobramento de uma vocação, sempre em voga, porque constitutiva do caráter nacional (Reznik, 1992, p.175).

A grande questão que ainda se colocava nesse período referia-se à idéia de nação incompleta. A completude da nação brasileira dependia de vários fatores: caldeamento étnico, integração territorial, centralização do poder político, reconhecimento da autoridade estatal em todos os cantos do país, comunhão cultural e religiosa do povo. Os intelectuais envolvidos com o novo regime propunham-se a "completar a nacionalidade" e "forjar a identidade nacional coletiva" (Beired, 1996, p.239).[3]

---

3   Os intelectuais do período anterior foram muito marcados pelas teorias deterministas, de cunho racial, climático ou cultural, que acabavam por reafirmar a

O estudo do passado voltado para o reconhecimento da tradição/vocação do Brasil levou alguns historiadores a identificar características básicas no povo brasileiro. Os três atributos – índole pacífica, anseio de unidade nacional e bravura do povo – expressavam a especificidade em relação a outras nações latino-americanas (Reznik, 1992, p.79-80).

Os atributos do ser brasileiro nem sempre foram indicados como características positivas. No período anterior a 1930, o brasileiro era geralmente definido como um indivíduo desprovido de orientação, firmeza, perseverança; seu espírito contemplativo, próprio da raça latina, impedia-o de realizar algo de prático. O ceticismo sonhador, sua indolência e exagerada sensibilidade representavam traços oriundos do sangue que nos legou o Mediterrâneo, agravados pelas mesclas sucessivas de raças imaginosas e sentimentais (cf. Alceu Amoroso Lima apud Luca, 1996, p.187). Nossa complacência atribuída à bondade de alma que tudo perdoa e desculpa não passaria de "relaxamento, insensibilidade, inércia e comodismo" (cf. Albino Camargo apud Luca, 1996, p. 188). Esse povo desprovido de estabilidade de sentimentos e opiniões, sem tenacidade, fugia das lutas longas e incertas, incapaz de esforços solidários, sobrando afetividade, sentimento e brandura (cf. Amadeu Amaral apud Luca, 1996, p.188).

Quando comparados aos norte-americanos, dizia-se que os brasileiros tinham timidez e pessimismo em excesso enquanto àqueles sobravam otimismo e espírito empreendedor.

A afirmação das correntes nacionalistas no período que antecede ao Estado Novo provocou mudanças de enfoque no caráter nacional. O questionamento da imitação norte-americana levou à exaltação

---

impermeabilidade de uma nação tropical e mestiça à civilização. Essas idéias, que se caracterizavam pela negatividade e pelo pessimismo, foram se transformando na década de 1930, quando a miscigenação passou a ser vista, por outros parâmetros, como fator positivo. Os intelectuais do Estado Novo anteviam o futuro da nacionalidade com otimismo, no que se referia à solução da questão étnica.

dos traços da nacionalidade. A história produzida durante o Estado Novo atesta essa mudança.[4]

O liberalismo e as elites políticas do período anterior eram responsabilizados pela impossibilidade de produção de uma consciência nacional. Este era o ponto de partida da discussão que propunha enfrentar o passado para que ele deixasse de assombrar o "espírito nacional".[5] O regionalismo e a hegemonia paulista expressavam o obstáculo básico a ser superado.

A propaganda enaltecedora da centralização política foi a resposta às imagens regionalistas do tipo "São Paulo é a locomotiva que carrega 20 vagões vazios". Alegava-se que o processo centralizador marcara a evolução social do Brasil através do tempo: iniciado com Tomé de Souza, ganhara contornos contemporâneos com Getúlio Vargas. Dizia-se também que a vocação centralizadora fora desrespeitada em vários momentos em que ocorreram experiências fracassadas de descentralização como foi o caso do hiperfederalismo republicano.

A constituição de um Estado Nacional forte e centralizador era vista como condição preliminar para a criação da unidade nacional. A existência de um território e de um povo não bastava para a formação da nacionalidade, bloqueada pela ausência de governo. A construção da unidade nacional era tarefa do governo central e não de partidos, grupos ou facções que alimentavam conflitos regionais e individuais.

---

4   Ângela Castro Gomes, analisando o conteúdo da revista *Cultura Política*, procura mostrar "qual o lugar da história na construção do discurso estadonovista e qual é a história do Brasil que se está reescrevendo nesse momento". Da lista de 261 articulistas, a autora identifica 23 ligados ao campo da história, dentre eles Câmara Cascudo, Basílio de Magalhães, Hélio Viana, Gilberto Freyre, Nelson Werneck Sodré, Severino Sombra e Vicente Tapajós (Castro Gomes, 1996).
5   O termo "espírito nacional" utilizado pela escola histórica denominada "historicismo" remete a uma idéia de totalidade específica representada pelo povo, Estado ou Nação. Essa categoria indica a existência de um "sentido" na evolução do povo. Esse sentido não tem cunho fatalista. Refere-se ao fundamental de uma nacionalidade – ao que lhe é próprio e especial. Apresenta conotação positiva porque pressupõe aperfeiçoamento. O "espírito nacional" não é mero produto de constatação analítica, mas construção coletiva, identificada por intérpretes competentes e especializados (idem, p.161-2).

Segundo Leão Machado (1942), identificou-se a origem do problema na Constituição de 1891, uma ficção desligada da realidade, que regera as relações entre os brasileiros durante 41 anos. Elencando o conjunto de erros praticados pela política anterior, Machado enfatizava os regionalismos que impediam a harmonia nacional. Mas o Estado Novo eliminara esse problema queimando as bandeiras estaduais e proibindo os símbolos de regionalismo. A queima das bandeiras, realizada em 19 de novembro de 1937, foi um ato simbólico, certamente, mas de transcendental importância. Demonstrou objetivamente ao país que o Estado Novo é uno e indivisível, e que, de Norte a Sul ... só existe uma realidade – a realidade brasileira ... nunca definitivamente afirmada (ibidem, p.142-3).

O *Catecismo Cívico do Brasil Novo* abordou, criticamente, a questão do regionalismo no item "A Nacionalidade". Várias perguntas e respostas estavam relacionadas ao tema, como por exemplo:

Pergunta: Se os Estados têm autonomia para cuidar dos seus interesses regionais, não haverá risco de esses interesses virem a opor-se aos de outros Estados ou aos da Nação?

Resposta: Semelhante perigo ocorria, sem dúvida, no sistema federativo, tal qual existia na vigência das antigas Constituições. Mas, no regime atual, nada se deve temer a esse respeito. ...O Brasil tornou-se um grande mercado em que podem circular os produtos de todas as regiões do país com vantagens para os Estados e para a Nação.

Aos leitores mirins de O *Brasil é bom,* foi explicado que o Brasil era bom na sua organização atual. A anterior era ruim porque provocava desagregação. A lição 6 explicava as razões da mudança, começando por esclarecer uma dúvida que aparece na cabeça do menino: "O menino quer saber o que é desagregação. ... – Alguns Estados [inimigos da ordem e do Brasil] queriam a desagregação. Desagregação é o separatismo". Para exemplificar a questão, foi invocado o exemplo da família: "Um filho foge do seio da família, deixando os seus pais e irmãos chorando na sua ausência". Mas, a seguir, tranqüiliza-se o menino, afirmando que isso não seria possível em relação ao Brasil porque sendo o Brasil uma família unida, os outros Estados chamariam o filho rebelde e fugitivo de novo ao seu convívio. Ficaria, porém, uma página triste enodoando a nossa história. Hoje, só o Brasil é grande. Nenhum Estado disputa o predomínio. O Brasil é uma grande família feliz e ninguém quer abandonar a família quando há felicidade no lar.

Além da centralização política que resolvera o problema do regionalismo desagregador, o Estado Novo deveria cuidar da "unidade territorial". Tendo em vista a imensidão do território, a manutenção das fronteiras representava um constante desafio porque o Brasil era um dos maiores países do mundo, onde se falava uma só língua, apesar das diferenciações climatéricas e raciais. Os livros didáticos de História do Brasil chamavam insistentemente a atenção para a questão dos "tratados e limites" e para as "questões de fronteiras". Eles contavam a trajetória passada de uma expansão e de uma unificação.

No Estado Novo, a questão da expansão e da unidade territorial tinha um sentido diferente em relação ao passado. Como mostrou Alcir Lenharo, tratava-se de uma política de povoamento e colonização de terras distantes, no Oeste, sobretudo, para solucionar um problema de mão-de-obra relacionado à imigração e à nacionalização do trabalho. Desde o início do governo Vargas, a preocupação com o controle da imigração e a valorização do trabalhador nacional ganhou ênfase. A política de povoamento e colonização do interior tinha como meta a tentativa de fixar o homem no campo, melhorando suas condições de vida e, assim, atendendo às necessidades da produção agrícola. O Estado interferiu no sentido de corrigir o desequilíbrio entre o ruralismo e o urbanismo (Lenharo, 1986).[6]

O objetivo da concessão de terras nas fronteiras e da organização de colônias agrícolas em regiões como vale do Amazonas, do Tocan-

---

6 Em 1930 foi criado o Departamento Nacional de Povoamento visando encaminhar para o interior do país uma quantidade de trabalhadores que não tinham condições de sobreviver na cidade. Em 1931 foi decretada a lei dos dois terços que obrigava o emprego de trabalhadores nacionais nessa proporção. Na Constituição de 1934, instituiu-se um regime de cotas imigratórias que refletia uma orientação

tins, do Araguaia e sertão do Nordeste era o de fixar os lavradores. No período, já estavam sendo realizadas experiências na Colônia Agrícola de Goiás, no Alto Tocantins e um programa de ocupação do sertão de Pernambuco e Colônia Agrícola São Bento, na Baixada Fluminense (Castro Gomes, 1988, p.261-2).

O texto *Getúlio Vargas para crianças* mostrou a importância dessa questão, citando uma frase do presidente: "O verdadeiro sentido da brasilidade é a marcha para o Oeste!". Esclareceu, a seguir, que ele mesmo dera o exemplo ao povo brasileiro, realizando uma "Marcha para o Oeste". Viajando em avião até Goiânia e visitando os pontos mais pitorescos do *hiterland* goiano, Getúlio tomou contato com essa realidade e, a seguir, "pôde tomar providências adequadas para dar maior vida e maior atividade às regiões ocidentais do Brasil". Na página ao lado aparece Getúlio Vargas entre os índios, dando a mão a um deles, o que representava uma atitude de "cordialidade" e de contato direto do governante com o povo das regiões mais atrasadas.

Essa política de povoamento do interior explica também a ênfase na oposição litoral x interior nas mensagens de propaganda. Nesse contexto, o litoral representava o passado de exploração e de domínio estrangeiro que os nacionalistas criticavam. O colonizador português integrava essa imagem, por ter sido o primeiro a localizar-se no litoral e explorar as riquezas da terra. No interior estava a força da nacionalidade; o sertanejo de Euclides da Cunha era visto como o símbolo da raça e da nacionalidade. O interior era também representado como o lugar da pureza porque não fora contaminado pelos males da civilização moderna. Essa imagem contrastava com a vida urbana do litoral, onde predominava a mentalidade materialista e utilitarista.

---

de defesa dos interesses da nacionalidade. Na política da "Marcha para o Oeste", movimento de ocupação territorial estimulado pelo governo, ficava definido que os imigrantes deveriam ser um fator de ordem e progresso e que não interessava a fixação de estrangeiros nas cidades.

ARA CRIANÇAS 101

...viajando em avião até Goiânia e visitando os pontos mais pitorescos do "hinterland" goiano...

Figuras 15 – Páginas da cartilha *Getúlio Vargas para crianças* (p.100-1).

Figura 32 – Ilustração da cartilha *Getúlio Vargas para crianças* (p.89).

O discurso estadonovista incorporou teses variadas na explicação do atraso do homem brasileiro, mas acima de tudo procurou estabelecer projetos para melhoria do "ser brasileiro" localizado no interior.[7] O autor Basílio de Magalhães definia o "povo brasileiro" como o homem que está "fora" das cidades, de suas ruas. Explorava a dicotomia realidade moderna/perigosa/tumultuada x realidade tradicional/pureza/tranqüilidade. O sertanejo, homem do interior do país, distante das influências maculadoras das cidades, era a figura clássica "guardiã da nacionalidade". Ângela Castro Gomes comenta que ele figurava como uma espécie de substitutivo funcional do camponês europeu em nossa literatura de ensaios político-sociais e de romances históricos ou não. O praiano, que embora pudesse ser um tipo da cidade, não era representado como um tipo urbano. Ligado a certas atividades econômicas como a pesca, o pescador/jangadeiro/caiçara também era visto como "guardião da nacionalidade", memória ancestral de nossas tradições (Castro Gomes, 1996, p.167-8).

Os autores que enalteciam o Estado Novo chamavam a atenção para o problema do imigrante que, como já foi dito, passou a ser visto por outro prisma depois de 1930. Segundo Leão Machado, a imigra-

---

7 Essa dicotomia de imagens em torno do rural e do urbano já permeava a produção dos intelectuais brasileiros dos anos 1910-1920. Enquanto os modernistas exaltavam a grande metrópole representada por São Paulo, musa do grupo, outros autores, dentre eles Monteiro Lobato, continuavam insistindo nas benesses do mundo rural. Alguns autores elegeram o sertanejo, homem do interior do país, como guardião da nacionalidade. O sertanejo, na literatura brasileira, desempenhou o papel do camponês europeu, personagem de obras literárias de estilo romântico. É importante lembrar que o nazismo cultuou o campo e o camponês. Os pintores nazistas retrataram o campo alemão com imagens similares às do mundo medieval. A recuperação da tradição camponesa rural aparecia associada à "alma do povo alemão". O tema era tratado também na literatura e na música. A exaltação da terra, da vida campestre e dos trabalhadores rurais relacionava-se à glorificação da pureza dos costumes na aldeia, contraposta ao ódio pela industrialização e ao anticapitalismo, elementos do romantismo que foram incorporados ao imaginário nazista. Cf. Mosse (1966, 1975, 1980), Palmier (1978), Guyot & Restellini (1987) e Contier (1995).

ção fora feita sem nenhuma filtragem para defender os interesses da nacionalidade contra a entrada de elementos germinadores de idéias políticas, tantas vezes contrárias às nossas conveniências nacionais. O imigrante era bem recebido pela nossa velha fome de braços, bem instalado e não se pedia dele senão trabalho. Pouco importava que esse estrangeiro trouxesse para cá tendências desagregadoras ou dissolventes (Machado, 1942, p.54).

Na lição 11 de *O Brasil é bom* colocou-se a pergunta: "O imigrante é um mal?" A resposta dizia:

> Não, o imigrante que trabalha no campo, que exerce atividade agrícola, é um colaborador da riqueza nacional. O imigrante que ensina seu filho a falar a nossa língua e a ser um bom brasileiro merece o nosso respeito e a nossa estima. Só não merecem o nosso respeito e a nossa estima os que se convertem em elementos de perturbação da vida nacional, exercendo atividades políticas proibidas pela Constituição do Brasil. O Brasil é dos brasileiros. O Brasil recebe e acolhe os estrangeiros, mas não quer inimigos debaixo do seu teto. Brasileiros, tenhamos orgulho do Brasil! O Brasil é bom.

Para os nacionalistas, a unidade nacional dependia também da resolução do problema étnico. Neste aspecto é preciso salientar que houve mudança significativa no discurso sobre as raças na década de 1930. As teses baseadas nas ciências biológicas e na sociologia evolucionista orgânica que justificara o racismo e a necessidade de branqueamento na sociedade até o final dos anos 1920 foram sendo, paulatinamente, substituídas por outras perspectivas que acabaram por valorizar a miscigenação. A necessidade de aproveitamento do trabalhador nacional explica, em parte, essa mudança. Mas a justificativa dessa nova postura aparecia relacionada à preocupação com a unidade étnica do país, elemento importante na construção da consciência nacional. O negro, o índio e o mestiço, antes considerados excluídos da civilização (porque estavam à margem do mercado de trabalho) e responsabilizados pelo atraso do país, passaram a ser enaltecidos como elementos de progresso. Nessa mudança de enfoque o *outro* tornou-se *nós*, ou seja, parte integrante da comunidade nacional.

Alvimar Silva afirmava que o brasileiro ainda era um aglomerado de diversas raças, mas acreditava que se processava, em nosso território, uma elaboração étnica verdadeiramente fenomenal. Uma enorme massa de povo de origens diversas estava se amalgamando para, no futuro, formar a raça brasileira. O Brasil preparava-se, portanto, para uma harmonia racial homogênea e insubstituível. Comparando o Brasil com os Estados Unidos, criticou o simplismo da solução norte-americana que procurou libertar o país da raça vermelha e impedir o cruzamento com o negro. No Brasil, ocorrera o contrário, permitindo a formação de uma "formidável argamassa que se vai cimentando, aos poucos, com as preponderâncias raciais mais fortes". O autor advertia que, enquanto não se processasse essa uniformização étnica, haveria inquietação espiritual refletindo no econômico e no político. Mas acreditava que o golpe de novembro de 1937 viera definir um destino e outras possibilidades de existência: o novo regime seria capaz de "equilibrar os sentimentos, trazendo a harmonia necessária dos caracteres em formação e em transmutação" (A. Silva, 1939, p.7-12).

Os textos de natureza propagandística, quando abordavam a questão das raças ou etnias, acentuavam os perigos que os imigrantes estrangeiros representavam para o Brasil naquele momento.

A célebre frase de Oliveira Vianna em *Populações meridionais do Brasil* que diz: "O japonês é como o enxofre: insolúvel" era invocada para evocar a possibilidade de formação de quistos raciais. Eles representariam um perigo formidável para o Brasil se não tivesse surgido o Estado Novo para controlar essa ameaça, comentava Alvimar Silva (ibidem, p.38-9).

A questão da soberania nacional, da expansão territorial e política, do papel dos jesuítas na formação moral, as lutas dos nativos contra os exploradores estrangeiros, os heróis impessoais e pessoais, todos esses elementos constituíam ingredientes importantes na formação da identidade nacional e por isso ganhavam destaque nos livros de História do Brasil, nos quais a história nacional foi recontada e adaptada aos propósitos dos novos tempos.

No que se refere à reinterpretação da história cabe salientar que, para reafirmação do "caráter pacífico" do povo brasileiro, considerado traço importante do ser brasileiro, a interpretação dos acontecimentos contida nos livros didáticos da época procurava acentuar o gradualismo na resolução dos nossos problemas. A escravidão, por exemplo, fora abolida gradualmente. A comparação com o processo norte-americano era significativa: "Nos Estados Unidos, a emancipação dos escravos custou a terrível luta civil... [No Brasil] Feita sem derramamento de sangue, a abolição foi recebida com indescritível entusiasmo" (Joaquim Silva, apud Reznik, 1992, p.225). O Brasil dava exemplos de civilidade à grande potência americana, como mostra uma observação de Pedro Calmon:

> A sessão da aprovação final [da lei Rio Branco de 1871] converteu-se numa festa. Foi então que o Ministro dos EUA desceu ao recinto e, apanhando uma flor, dentre as inúmeras atiradas das galerias sobre o ministério, disse que ia mandá-la para seu país, a fim de que vissem que aqui se faziam com rosas o que lá se fizera com rios de sangue... (apud Reznik, 1992, p.225-6)

Em 1942, a entrada do Brasil na guerra acabou por mostrar que a história do povo brasileiro era a "história de um povo pacífico que sempre soube lutar". A revista *Cultura Política* passou a destacar a "cultura militar" como traço da nossa "cultura política". O povo brasileiro era, por "índole", pacífico e disposto à absorção dos conflitos, além de plástico e flexível em sua dinâmica de caldeamento físico e cultural, mas era um povo que sabia lutar. A história do Brasil aí construída, por meio de inúmeros artigos, destacava também a idéia de que a história do povo brasileiro possuía um conteúdo "democrático profundo e natural", radicado na dinâmica da mestiçagem, presente no país desde o período colonial. As "idéias democráticas" no Brasil estavam fora dos marcos artificiais do liberalismo, como o Estado Novo ajudava a revelar (Castro Gomes, 1996, p.200-1).

Todos esses elementos aqui apontados aparecem relacionados à formação da identidade nacional coletiva. A transformação da organização política que permitiria a completude da unidade nacional e a formação da consciência coletiva era também representada por imagens de natureza orgânica: a sociedade enferma, por um ato terapêutico, recobrara a saúde. O golpe de 1937 impedira a desintegração do organismo social ao introduzir uma forma de Estado capaz de unir a sociedade, dando forma à nacionalidade considerada até então incompleta. Nas lições de *O Brasil é bom* as imagens do organismo enfermo ganhavam destaque. A lição 5 afirma: "o Brasil estava doente. O Brasil estava ameaçado de desagregação". A doença era o federalismo que possibilitava o conflito entre os estados. A centralização produzida pelo Estado Novo fizera que o Brasil se tornasse bom. Mas esta não era a única causa da doença do Brasil. A lição 29 referia-se ao Brasil de *antes*:

> O Brasil estava doente. O Brasil estava cansado. O Brasil estava enjoado da vida que levava. ...O Brasil queria paz e só lhe proporcionavam intranquilidade e confusão. Era preciso romper com esse passado cheio de erros ...Agora o Brasil convalesce. E sob o novo regime se afirmará, breve, como uma nação forte e próspera, rica e feliz, para orgulho e glória de todos os brasileiros.

A última lição, a de nº 30, ao estabelecer a comparação entre o *antes* e o *depois*, sintetiza os elementos-chave da propaganda em prol do novo regime, considerado capaz de concretizar a unidade e a identidade nacional brasileira:

> Criado o novo regime, adequado às suas necessidades, revelou-se, com ele, o Chefe de que necessitava o Brasil, o guia de que carecia a nacionalidade. Esse Chefe ...promove a felicidade dos brasileiros e teve a coragem de romper com os erros do passado, para reformar o sistema de governo do país num ato de alta significação, prestigiado pelas forças armadas, fortalecido pela opinião pública, dando orientação nova à vida brasileira. Brasileiros! Eis aí o regime que convém ao Brasil e o Chefe que convém ao regime: o Estado Novo e Getúlio Vargas. O regime forte e o Chefe enérgico e sereno, o regime correspondendo aos reclamos da consciência nacional e o Chefe correspondendo ao espírito e às necessidades do regime.

Educação e identidade nacional na Argentina peronista

> Nossa política social tende, antes de mais nada, a transformar a concepção materialista da vida numa exaltação dos valores espirituais. Por isso aspiramos a elevar a cultura oficial. O Estado argentino não deve poupar esforços nem sacrifícios de nenhuma espécie para estender a todos os âmbitos da Nação o ensino adequado para elevar a cultura dos habitantes. (Discursos de Perón, 1947)

A fala de Perón indica a estreita relação entre cultura e educação/ ensino. O líder considerava a cultura como determinante da felicidade de um povo; além de preparação moral e arma de combate na luta cotidiana, era também um instrumento indispensável para que a vida política se desenvolvesse com tolerância, honestidade e compreensão (ibidem, 15 dez. 1947). Nessa perspectiva, entendia que educar era mais importante do que instruir, porque educar significava formar a alma e a inteligência (ibidem, 20 dez. 1943).

A educação argentina deveria estar baseada nos princípios da doutrina justicialista: justiça, espírito social, altruísmo, verdade, bem comum, consciência nacional baseada nas tradições, conhecimento do país, afirmação do conceito de pátria e de soberania, economia distributiva, capital humanizado, cuidado com a saúde, educação sanitária e física, estímulo à educação moral, científica, artística, prática e vocacional de acordo com a aptidão dos educandos e necessidades regionais (ibidem, 1º maio 1949).

A escola deveria ter as seguintes metas: entronizar Deus nas consciências exaltando o espiritual sobre o material; suprimir a luta de classes para alcançar uma só classe de argentinos, "os bem-educados"; educação integral da alma e do corpo; unir em um só desejo, em uma só vontade, todos os argentinos. A formação da identidade nacional coletiva dependia de uma educação unificadora das consciências.

Além da modelação do caráter baseada nesses valores, o ensino deveria cuidar da capacitação técnica incentivando o impulso criador, pois cada argentino deveria se sentir honrado de ser indispensável ao futuro da pátria. O líder esperava que a educação/ensino propiciasse a cada cidadão a possibilidade de ser dono de um pedaço de solo para fecundá-lo com seu esforço e de um pedaço de céu no qual pudesse depositar suas ânsias de aperfeiçoamento moral. A difusão da doutrina da independência econômica e política asseguraria a paz nacional e internacional pelo reinado da justiça (ibidem).

No que se referia à inteligência e ao espírito, o objetivo do ensino não deveria ser o de formar gênios, porque esses nascem, não são feitos. No entanto, formar grandes homens era possível e deveria ser o objetivo dos que se encarregam da grandiosa tarefa de instruir e educar os cidadãos da República (ibidem, 29 mar. 1949).

O ensino argentino, segundo Perón, deveria se pautar por uma orientação menos enciclopédica e mais argentina, garantindo o aprendizado técnico indispensável ao progresso material (ibidem, 15 dez. 1947).

Os docentes deveriam ter boas condições de trabalho porque deles dependiam a formação e a modelagem dos "homens de amanhã"; não seria, portanto, justo que vivessem num estado de sacrifício. "Não se pode exigir que o ensino seja um sacerdócio" (ibidem, 14 jul. 1947).

À universidade, cabia a função de preparar homens capazes de resolver os problemas argentinos; mais do que formar homens enciclopedistas, a expectativa era de que ela ensinasse coisas úteis (ibidem, 30 maio 1947).

Partindo do princípio de que não se pode igualar os homens porque Deus os fez diferentes, dotados de capacidades desiguais, cabia, no entanto, ao Estado proporcionar a todos, pobres e ricos, a possibilidade de se aperfeiçoar e de alcançar a posição que merecessem.

Os autores que analisaram o tema da educação no peronismo demonstram que o sistema educacional ampliou-se de forma significativa nesse período. A luta contra o analfabetismo também teve resultados positivos. As publicações peronistas alardeavam as conquistas nesse campo.

Para os objetivos desta investigação importa averiguar de que forma a educação e os mecanismos de ensino foram concebidos e utilizados como instrumentos de propaganda política do regime.

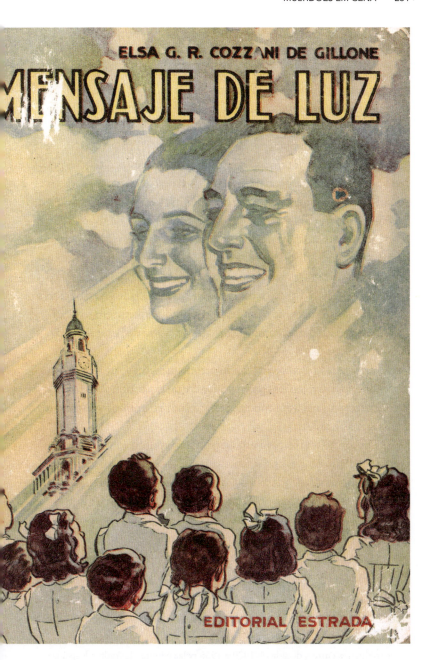

Figuras 17 e 18 – Capa e quartacapa do livro *Mensaje de luz. Texto de lectura para tercer grado*.

A educação peronista, segundo Mariano Plotkin (1994), teve início quando Oscar Ivanissevich assumiu, em 1948, a Secretaria da Educação (transformada depois em ministério). O secretário fez a primeira reforma oficial peronista. Os esforços para associar a imagem do regime e sua doutrina à imagem e à doutrina da religião católica foram de tal ordem que em vez de "catolicizar" o peronismo, "peronizou-se" o catolicismo, afirma o autor.

Concordo com Plotkin quando afirma que, durante o governo peronista, o sistema educacional oficial transformou-se, progressivamente, numa engrenagem da poderosa máquina de propaganda. As escolas converteram-se em centros de doutrinação da juventude, tendência que se tornou mais marcante no ministério de Armando Méndez de San Martin. Por volta de 1950 o regime peronista assumiu uma postura de autoglorificação que requeria o monopólio do espaço simbólico social. No discurso oficial, a idéia de lealdade à nação foi se transformando em lealdade ao Estado e gradualmente em lealdade ao peronismo e a Perón como encarnação da idéia de Estado-Nação (Plotkin, 1994, p.101-63).

A aliança da Igreja com o Estado peronista manteve-se até 1950; a partir de então as relações começaram a entrar em conflito e a disputa pelo espaço simbólico culminou em 1955 com a eliminação do ensino religioso nas escolas.

Os livros de textos para escola primária, publicados de acordo com a regulamentação aprovada em 1951, mostram bem como era feita a transmissão de idéias e valores.[8] Por essa regulamentação, o verdadeiro sentido da nacionalidade era essencialmente aquele que se ajustara à orientação fixada a partir do Estado na "Nova Argentina" de Perón. O ministério lançou uma campanha de doutrinação dos professores e, em 1952, ordenou a utilização da autobiografia de Eva Perón *La razón de mi vida* como texto de leitura obrigatória.

---

8   Mariano Plotkin apresenta, em anexo, uma lista de 35 títulos de textos editados e reeditados entre a década de 1920 e 1955 pelas editoras Estrada e Kapelusz (p.204-5).

Alberto Ciria (1983, p.218-9), ao chamar a atenção para a importância dos textos escolares, comenta a existência de certas constantes na apresentação e nos tipos de mensagens destinadas aos alunos da escola primária: o paralelo entre o peronismo e personagens ou episódios da história pátria e a enumeração das conquistas do peronismo no poder em todos os terrenos da realidade.

No Brasil, o regime estadonovista utilizou como material privilegiado para a formação da identidade nacional coletiva os manuais escolares do ensino secundário: as mensagens doutrinárias eram dirigidas aos jovens adolescentes. Na Argentina, essa formação tinha início mais cedo; os livros de leitura da escola primária eram destinados à formação das crianças, os peronistas mirins.

As mensagens propagandísticas divulgadas por meio de material escolar, obras literárias, periódicos etc. demonstravam forte empenho na formação da identidade nacional coletiva com base nos valores da doutrina peronista.

Num discurso pronunciado por ocasião do "Dia da Pátria", Perón afirmou:

> "A riqueza espiritual que, com a cruz e a espada, a Espanha nos legou" deveria ser recuperada, e propôs que se despertasse a vacilante fé dos tíbios e adormecidos povos que ainda acreditam mais nas taumaturgias do ouro do que nos valores que encerram o espírito e a vontade de trabalhar e enobrecer-se e tenha ainda forças suficientes para chegar ao coração de Castilha e dizer com sotaque "criollo" e com "fé cristã": Espanha, Mãe Nossa, Filha eterna da imortal Roma, herdeira dileta de Atenas a graciosa e Esparta a forte, somos teus filhos... Como bem nascidos, filhos saídos de teu seio, te veneramos, te recordamos e vives em nós! Precisamente porque somos filhos teus, sabemos que nós somos nós! Por isso, sobre o muito que nos legaste, temos posto nossa vontade de seguir acima até escalar novos cumes e conquistar novos lauréis que se somem aos eternos que soubemos conquistar. Por isso abrimos de novo nossas velhas arcas que guardam o resto de nossa cultura que espalhastes pelo mundo à sombra de bandeiras flamulantes defendidas por espadas invencíveis. Passaram os séculos de esquecimento e as horas de ingratidão. Nós, os argentinos, teus filhos prediletos, lavramos no

frontispício de nossas universidades a legenda de filial gratidão e de sabor familiar que diz: "o sol não se porá jamais em nossa cultura hispânica". (Perón, 1973, p.290-1)

Esse discurso de Perón refere-se ao projeto de construção da nacionalidade argentina formulado pelos intelectuais e políticos da "geração de 1837" que se opôs ao caudilhismo, venceu Rosas e consolidou o Estado Nacional com base nos pressupostos políticos do liberalismo.

O nacionalista Manuel Gálvez, preocupado com a descaracterização da Argentina provocada pela imigração maciça e pelas influências forâneas na cultura e na economia, clamou contra os desequilíbrios entre o interior e o litoral. Propôs um olhar para o interior em busca de valores morais e espirituais, esquecidos pelo progresso vertiginoso e pelo afã de riquezas. O peronismo retomou essas teses, mas fez delas uma releitura adaptada à conjuntura do momento e a seu projeto político.

Desqualificando os modelos pré-fabricados, oriundos do pensamento e da experiência estrangeira, a doutrina peronista apresentava-se como um esquema de interpretação surgido de "nós mesmos", partindo das condições da "nossa realidade". Elaborou um plano de educação das consciências e dos sentimentos fundamentado nos valores da pátria que coincidiam com o sentido histórico do povo. O estudo do folclore, do vernáculo, da poesia popular, das expressões filosóficas e artísticas do passado configuraria uma autêntica consciência nacional. Para firmá-la, o peronismo recuperou o mito do gaúcho que, em síntese, significava a "redescoberta, com paixão, da argentinidade, da própria terra, da raiz do povo".

Perón confirmou seu compromisso com as origens autênticas da argentinidade num discurso pronunciado na Academia Argentina de Letras "En el día de la Raza". Iniciou sua fala com uma profissão de fé no "triunfo do espírito que foi capaz de dar vida cristã e sabor de eternidade ao Novo Mundo". Comentou, a seguir, o caos em que se debatia a humanidade (Segunda Guerra), propondo, diante de tal situação, a redescoberta da América "levantando o véu que, na Argentina, encobrira a tradição hispânica". Reverenciou a "mãe Espanha" e pediu a união dos demais povos que descendiam desse "nobre tronco". Referindo-se, mais especificamente, à raça, esclareceu: "Para nós, a raça não é um conceito biológico mas espiritual... Nos remete à nossa origem e ao nosso destino – é nosso selo pessoal. Para nós, os latinos, a raça é um estilo de vida... Nossa homenagem à mãe Espanha constitui também uma adesão à cultura ocidental". A Espanha, lembrou Perón, deu ao Ocidente a mais valiosa das contribuições: "o descobrimento e a colonização do Novo Mundo". Sua obra civilizadora, cheia de heroísmo e sacrifício, teve a missão de "atrair os povos das Índias e convertê-los ao serviço de Deus" (Perón, 1982, p.6-27).

Essa imagem positiva da conquista e da colonização completa-se com a acusação aos detratores dessa memória que produziram a "Legenda Negra para fomentar entre nós uma inferioridade espiritual propícia a seus fins imperialistas" (ibidem).

O discurso do líder prossegue lembrando que a "Espanha, novo Prometeu, ficou acorrentada durante séculos à roca da história". Sua libertação ocorria, naquele momento, pela exaltação de seus feitos gloriosos no passado e pela preservação das formas típicas da cultura de origem. Para finalizar, afirmou ter traçado um plano de ação que tendia, antes de mais nada, "a mudar a concepção materialista da vida por uma exaltação dos valores espirituais que nos vêm da tradição hispânica" (ibidem).

Perón, como os nacionalistas das décadas anteriores, condenou a "nordomania" produzida pela obra de Sarmiento (que propôs a dicotomia civilização x barbárie, sugerindo a imitação dos Estados Unidos) e revalorizou a hispanidade.[9]

---

9 O uruguaio José Enrique Rodó, em 1900, publicou a obra *Ariel*, de grande repercussão na América Latina. Contrapondo-se às teses de que o caminho da civilização deveria ser feito com base na imitação dos Estados Unidos, o autor contestou a "nordomania", ou seja, a valorização do "irmão do norte", de origem anglo-saxã, e procurou reabilitar a latinidade hispânica. A obra contém um simbolismo inspirado na peça de Shakespeare A *tempestade*: Ariel representa a latinidade, essa parte do espírito nobre e elevado que se contrapõe a Calibã (Estados Unidos), expressão do materialismo grosseiro, espírito prático, egoísta e utilitário, sem tradições nem concepção de porvir. O autor reabilita a Mãe-Pátria – Espanha –, o que permite voltar às origens ibéricas com respeito e orgulho.

O autor peronista Pedro Geltman (1973) interpretou o projeto peronista que germinou baseado nas origens da nacionalidade. Segundo o autor, o peronismo encontrou sua expressão no homem desprezado, o homem do interior, que a classe culta chamava de "cabecita negra"; chegando a Buenos Aires trazido pelo novo impulso de industrialização que provocou necessidade de mão-de-obra, ele foi desprezado culturalmente até encontrar um caudilho e um chefe por quem se sentiu compreendido.

O homem-símbolo das origens era definido como a síntese do espanhol e do indígena: filho de mãe indígena submissa e de pai espanhol, conservou as características do conquistador espanhol, aventureiro e explorador, ávido de novas experiências, ambicioso e sonhador, misto de Sancho Pança e Quixote, resistente à organização e à técnica e com uma noção de liberdade distinta da do europeu. Sua força telúrica fora quebrada pela civilização; com os refinamentos da cultura produziu-se a perda da riqueza natural e espontânea.

Esses dois tipos humanos ou dois ideais que se produziram no início da nacionalidade lutaram durante toda a história argentina e o último enfrentamento se dava entre peronistas e antiperonistas. O primeiro ideal que olhava para a Europa já então envelhecida era próprio dos antiperonistas; os peronistas abraçaram o segundo ideal, expressão das origens ligadas ao homem do interior, que, naquele momento, encontrava condições de se desenvolver (Geltman, 1973, p.117-22).

No que se refere ao imigrante estrangeiro que o "primeiro nacionalismo" responsabilizou pela desorganização da identidade nacional, o peronismo teve uma atitude bem distinta: não havia, nas mensagens propagandistas, ataques aos imigrantes; ao contrário, sua contribuição foi valorizada e seus costumes/trabalho representavam contribuição importante para o país. As referências à integração do estrangeiro que "anda pelas ruas de nossa cidade" e a afirmação de que "Buenos Aires é sua" demonstram que o portenho, nessa época, já era considerado como integrante da nacionalidade argentina, sendo igual aos demais: "Veja-se como um portenho tem os mesmos modismos de linguagem, interessa-se por idênticos problemas e se emociona diante dos acontecimentos próprios da pátria que tornou sua.

Em outra parte do mundo seria muito difícil que houvesse sucedido isso. Somente é possível na Argentina" (Videla, 1953, p.201-3).

Além dessa diferença de concepção sobre o estrangeiro entre os nacionalistas do início do século e os peronistas, outras representações atestam mudança. Os escritores nacionalistas que anteviram no "crisol de razas" uma ameaça para a nacionalidade refugiaram-se no campo como imagem simbólica das origens da nacionalidade e guardiães dos valores tradicionais.

No peronismo, o campo também foi exaltado como a expressão do "bom e do belo", porém, não mais representado como símbolo da pureza original. A beleza pura do campo/natureza de nada valia sem sua transformação pelo trabalho produtor de riqueza individual e social.

A lição sobre "A oração da tarde no campo" revela essa mescla de representações:

> O sol poente ilumina a terra... Uma paz infinita parece descer sobre os campos! Quanta quietude! Quanta beleza! Um casal de lavradores, concluída sua tarefa diária, prepara-se para regressar. Ao longe, difusa e fina, a torre da igreja da aldeia aspira a unir-se com Deus... Logo se ouvem os sinos do templo chamando à oração. O camponês tira o chapéu e inclina a cabeça; sua esposa dobra os joelhos, em reverência. Rezam a Deus: pela graça de um novo dia, pelo dom precioso da saúde, por seus filhos, pelo pão de cada dia, pelos homens bons, pelas almas que viveram prodigalizando "dons", pela prosperidade do país, pela estabilidade do Governo Justicialista. Lentamente regressam ao lar onde os esperam os filhos. O dia de trabalho terminou. (Gillone, 1954, p.71-7)

O peronismo apresentava a imagem do campo como lugar de produção, trabalho, prosperidade, desenvolvimento econômico promovido pelo Estado. Distanciou-se dos nacionalistas também no que se refere à imagem de Buenos Aires. Em lugar do ataque ao cosmopolitismo desagregador da nacionalidade, exaltou a cidade/ capital pelo seu progresso:

> As grandiosas obras realizadas a converteram em uma das primeiras cidades portuárias do mundo. A cidade foi crescendo a passos de

gigante, aumentando seu poderio industrial e comercial, espalhando sua cultura por todos os âmbitos para converter-se no que é hoje A GRANDE CAPITAL DO SUL. A primeira da América Latina, por sua população, riqueza, progresso idílico, cultura e civilização. (Videla, 1953, p.37-40)

A valorização de Buenos Aires como símbolo do progresso material, uma das metas do peronismo, explica por que Perón recusou-se a identificar-se com Rosas. Apesar da insistência de seus correligionários nacionalistas radicais,[10] o líder preferiu reverenciar Domingo Faustino Sarmiento, um dos promotores da modernização econômica do país no final do século XIX. No panteão dos heróis proclamados pelo peronismo aparece Sarmiento, o autor do projeto de "civilização contra a barbárie". O peronismo incorporou vários elementos da ideologia nacionalista mas não opôs o campo à cidade, nem a "tradição" à "civilização". Produziu uma síntese dessas duas idéias/imagens, fazendo com que, ao invés de se excluírem, os pares das antinomias se integrassem.

Os grupos nacionalistas antiimperialistas, da direita ou da esquerda, recuperaram a Espanha como representação positiva das origens. Mas as opiniões se dividiam a propósito de qual das duas Espanhas constituía símbolo da nacionalidade. A guerra civil entre franquistas e republicanos cindira a "Mãe-Pátria"; os nacionalistas de direita reverenciavam o lado franquista e os de esquerda, o lado republicano. O peronismo não se definiu claramente, mas a análise das mensagens políticas permite concluir que Perón estava do lado do franquismo. Não é por acaso que, depois de sua queda em 1955, buscou asilo na Espanha de Franco.

---

10 Na década de 1930, consolidou-se, na Argentina, por iniciativa de grupos nacionalistas, um movimento intelectual de revisionismo histórico. Nesse momento a figura de Rosas foi recuperada como representação da nacionalidade. A propósito do tema, consultar Quatrotti-Woisson (1992). A autora analisa a posição do peronismo diante do revisionismo histórico e mostra que, apesar das pressões dos historiadores revisionistas para que Perón se identificasse com a figura de Rosas, isso não ocorreu.

Quanto ao imperialismo, o movimento peronista alterou o esquema de crítica em relação ao domínio externo; enquanto os nacionalistas da década de 1930 cerraram fogo contra a Grã-Bretanha, o peronismo, que foi alvo da hostilidade dos Estados Unidos, elegeu esse país como inimigo prioritário. Na verdade, tratava-se de um adversário político, pois, no campo econômico, adotou-se uma outra tática: a dependência econômica era apontada como um dos principais males do país, mas os responsáveis por ela eram os "grandes monopólios internacionais que se enriqueciam ilimitadamente levando para si a riqueza em prejuízo do trabalhador e da Nação".

Marcando o contraste entre o *antes* e o *depois*, o discurso peronista, ao mesmo tempo, acusava os exploradores e enaltecia as ações do governo na defesa das riquezas nacionais, com dizeres deste tipo: *antes,* "existia um único comprador internacional a preços que não tinham concorrência"; *depois,* "1946. O IAPI (Estado) defende o produtor e o país com a conquista de novos mercados" *(La Argentina Peronista,* Publicación Especial Comemorativa, p.61).

Além do culto aos heróis, a comemoração das datas cívicas constituía elemento importante na configuração da identidade nacional coletiva. A releitura do passado fez que alguns acontecimentos fossem enaltecidos em detrimento de outros. Os mecanismos de propaganda encarregaram-se de trazer à lembrança os feitos considerados mais significativos em relação à nacionalidade argentina, que eram narrados da seguinte forma:

1806-7: Buenos Aires, capital do Vice-Reinado do Rio da Prata, rechaça a primeira e a segunda invasões inglesas
25/5/1810: elege-se o primeiro governo pátrio
9/7/1810: declara-se a Independência no Congresso de Tucumãn
1826: Bernardino Rivadávia é eleito primeiro presidente da República Argentina
1853: sanciona-se a Constituição Nacional na cidade de Santa Fé
1912: foi posta em vigência a primeira lei eleitoral de voto secreto e obrigatório [para os homens]
26/2/1944: depois de uma época de revoluções civis e militares, ao renunciar o presidente Ramírez e ocupar a magistratura da Nação o general

E.J. Farrell, passou a exercer a Vice-Presidência da Nação o coronel Perón, que desempenhou, ao mesmo tempo, a Secretaria do Trabalho e Previsão, iniciando, desde ali, as primeiras conquistas para o bem-estar dos trabalhadores

9/7/1945: as forças oligárquicas opositoras fizeram uma contra-revolução. Obrigaram Perón a se demitir e o prenderam. Mas não passaram oito dias – caracterizados por uma desorientação geral – sem que o povo de Buenos Aires e seus subúrbios saíssem à rua. Foi o 17 de outubro, "data que contém a consagração definitiva por parte do povo de uma ordem de idéias chamadas a transformar a estrutura social, econômica e política da Nação".

17/10/1945: Nesse dia, consagrado daí em diante como o Dia da Lealdade Popular, a massa trabalhadora voltou, íntegra, delirante de entusiasmo, à Praça de Maio reclamando a presença do coronel Perón e aclamando-o com a visão profética de que ele seria seu condutor, como já o havia demonstrado desde o pronunciamento militar de 4 de junho de 1943. Assim, na mesma Praça Maior, o povo, o que de melhor temos, abre um novo capítulo da história da pátria, em que irá inscrevendo sua própria obra nacional. (Videla, 1953, p.187)

Com a vitória do peronismo, a "Praça de Maio" converteu-se no centro simbólico do movimento, garantindo a idéia de continuidade histórica da pátria: "No dia 17 de outubro de 1945, o povo argentino voltou à Praça de Maio e, como em 1810, manifestou sua decisão soberana". Em 1810 exigira sua independência da metrópole; em 1945, a independência com relação a outros domínios estrangeiros, argumentavam os peronistas.

Perón identificava-se com San Martin. Os dois libertadores encontram-se, através do culto da história, na Praça de Maio, para comemorar a pátria argentina consagrada através da realização de uma "comunidade socialmente justa, economicamente livre e politicamente soberana". Esses três elementos completavam-se com a conquista da harmonia na sociedade, fazendo que a pátria se igualasse a uma família (Ciria, 1983, p.273, 318).

Como foi dito no início, a identidade nacional constrói-se com base em elementos referentes à releitura do passado e à recuperação das origens, definição dos heróis e datas cívicas, identificação dos aliados e dos inimigos, significado atribuído à nação/pátria, configuração de novos valores à nacionalidade. As referências mencionadas como elementos constitutivos da formação da identidade nacional coletiva deixaram marcas no imaginário coletivo, sobretudo graças ao teor emocional conferido na divulgação das mensagens. A construção da nova identidade vem acompanhada, como veremos a seguir, de ênfase no aspecto sentimental.

# 7
IDENTIDADE NACIONAL E PRODUÇÃO DE SENTIMENTOS

A política de massas produz a busca de uma identidade nacional coletiva que, por sua vez, gera uma nova forma de sensibilidade política. No Brasil e na Argentina dos anos 20-30, as correntes nacionalistas anunciavam o confronto entre o "eu individual" e o "eu coletivo". Com a introdução da política de massas, a propaganda política proclamou, nos dois países, a vitória do *nós* sobre o *eu*. Procurando atingir a vida cotidiana em todos os níveis (no lar, no trabalho, no lazer), as mensagens, com forte carga emotiva, buscavam introduzir nas consciências valores coletivos.

O varguismo e o peronismo surgiram em momentos de crise nas respectivas sociedades; o contexto de insegurança e instabilidade explica a aceleração dos sentimentos e sua transformação em paixão. O apelo a valores comuns e, por meio deles, a emergência simbólica de um *nós*, proclamação agressiva de uma identidade a se afirmar e legitimar, implicavam um trabalho complexo de construção da identidade e identificação do *outro*. Esse processo levou ao extremo as emoções (Ansart, 1983).

A batalha de símbolos, que tem um significado político muito importante, expressa bem as mudanças de sentimentos. No varguismo, mas especialmente no peronismo, essas transformações foram muito significativas.

No Brasil, a mudança de regime ocorrida por um golpe, sem participação popular, fez que as modificações fossem percebidas e sentidas de maneira mais lenta. Como disse o ministro Alexandre Marcondes Filho: "Por não ter sido conquistada ao longo de uma epopéia de lutas, e sim outorgada pela sabedoria do Estado, a legislação trabalhista exigia divulgação e esclarecimentos" (Castro Gomes, 1988, p.229-30).

Antes de 1930, a paixão chegou a ser apontada como um traço da psicologia do brasileiro, traço negativo, a ser superado: "Somos uma nação posta em música por um Debussy neurastênico: sobressaltos melódicos inconseqüentes sobre uma floresta soturna de sons agitados. De nossa psicologia só nos é dado conhecer as paixões, as tendências ficam cada vez mais ocultas" (*Revista do Brasil*, 1916, apud Luca, 1996, p.188).

A necessidade de controle das paixões justificou o advento do Estado Novo.

Na publicação *Estado Novo. Catecismo cívico do Brasil*, a explicação para o golpe foi produzida nos seguintes termos:

> Horrorizado pela demagogia crescente do Poder Legislativo e verificando os maus rumos da campanha de sucessão presidencial, em 1937, no dia 10 de novembro, Getúlio Vargas outorgou ao povo brasileiro uma nova Constituição, criando, nesse dia predestinado, o Estado Novo. O Brasil ingressava numa nova fase, perfeitamente adequada aos interesses nacionais. ...O Estado Novo nasceu com o prestígio das forças de terra e mar e logo a opinião pública ratificou por completo o gesto de Getúlio Vargas. No próprio 10 de novembro o povo ouviu a palavra do Presidente através do microfone e, de norte a sul, todo o Brasil não teve senão uma exclamação de júbilo e de regozijo. (p.83-6)

Esse texto explicativo do advento do Estado Novo vinha acompanhado de ilustrações que mostram, numa página, em primeiro plano, a figura do general Eurico Gaspar Dutra, ministro da Guerra, e, no plano de fundo, tanques de guerra. Em outra página aparece Vargas sorridente entre um grupo de homens, também sorrindo. A legenda explica que "em viagens pelo interior do Brasil, o Presidente pôde avaliar o contentamento com que o novo regime do Governo havia sido recebido em toda terra brasileira".

Nas obras referentes a Getúlio Vargas ou ao Estado Novo, a ênfase na afetividade era discreta e raramente se empregava o termo *paixão* nas mensagens de propaganda do novo regime: quando aparece, tem sentido pejorativo. Leão Machado, ao descrever a situação do país às vésperas do golpe, afirmou:

caminhava pelo país a mentira organizada, disseminavam-se largamente os fermentos da malquerença, de prevenção, de ódio mesmo, criando aquele característico ambiente de *paixões em ebulição*, que determina as grandes convulsões sociais, as guerras, todas as calamidades que o homem pode desencadear nas coletividades por sua própria iniciativa. E de um ambiente de *paixões* e de *paixões envenenadas*, somente hão de sair as coisas piores que existem. ...O país estava profundamente agitado, dividido e cheio de *paixões*. (Machado, 1942, p.125-7 e 131, grifos meus)

O autor referia-se ao perigo de uma guerra civil que foi evitada graças ao golpe. Nesse caso, a referência às paixões justifica a necessidade de uma intervenção política pela força.

A associação "paixão e guerra" já fora estabelecida anteriormente pelo autor, relacionada ao movimento de 1932: "A elevadíssima temperatura *das paixões* obnubilou os espíritos e poucos foram os que conseguiram enxergar claramente a fundura do despenhadeiro para onde São Paulo resvalava..." (ibidem, p.85). O movimento armado de oposição à política varguista era desqualificado como oriundo de sentimentos/emoções. A racionalidade, implicitamente, situa-se do lado do poder que controlou as paixões paulistas. Cabe lembrar que no imaginário coletivo paixão se associa a loucura, e razão, a sensatez, a equilíbrio emocional. O poder usa a razão para controlar a paixão das massas.

O termo *amor*, sentimento equilibrado, era empregado em oposição a *paixão* e aparecia, com freqüência, nas mensagens de propaganda e nas obras laudatórias do regime e de seu chefe. Referindo-se a Getúlio Vargas, Alvimar Silva (1939) afirmou: "O seu *amor* à Pátria é alguma coisa da crença que alumia e não da *paixão* que cega" (p.55, grifos meus). Nesse texto, o amor aparece associado a luz, e a paixão, a trevas. Mais à frente, o autor comemora o sucesso do golpe de 1937, demonstrando alívio:

> Todas as tragédias passaram. Os ventos maus que tornam ríspidos os mares serenos, que derrubam árvores das estradas, já passaram. E passaram de vez as nuvens negras, que ameaçavam trovoadas e tempestades bravias. O céu é azul. O sol, risonho e claro, batiza de luz a imensidão infinita da Pátria sempre amada. A paz e a calma imperam porque a época é propícia.

E, com a frase de Ronald de Carvalho, concluiu: "Chegamos, afinal, ao nosso momento! E vamos vivê-lo. Vivê-lo com amor e intensidade pelo bem do Brasil e do seu povo que é o nosso próprio bem" (ibidem, p.97).

A contenção das paixões políticas passava pela contenção do discurso. Segundo Pierre Ansart (1983, p.79), o controle sobre as palavras constitui uma forma de poder e um de seus instrumentos.

No livro *Getúlio Vargas para crianças,* explicou-se para elas que o presidente reconstruía o Brasil "com serenidade, calma, patriotismo e constância".

As mensagens estadonovistas davam enorme destaque à "generosidade" do chefe da Nação. Tanto os livros para crianças como os textos destinados aos adultos enfatizavam esse traço de personalidade do líder. O "pai dos pobres" generosamente atendia às reivindicações dos necessitados e os protegia. Luiz Vieira (1951, p.64) afirmava que, na ajuda aos pobres, Getúlio Vargas seguia as lições do Nazareno: "Dai aos pobres, perdoai aos vossos inimigos, que o vosso coração se eleva a Deus... Quem melhor que nós sabe que Getúlio Vargas prega e pratica esse mandamento do meigo Jesus!". A generosidade, base da ideologia da outorga, era acentuada como um sentimento humano e cristão próprio do caráter do presidente.

Como esclarece Pierre Ansart (1983, p.78), cada sistema político comporta um sistema passional específico. Na política de massas, a "generosidade" em relação aos dominados é uma norma absoluta; ela se opõe a uma ideologia aristocrática para a qual uma atitude dessa natureza é interpretada como um sinal de evidente fraqueza. No Estado Novo, incentivou-se o sentimento de agregação e pertencimento a uma terra grandiosa e farta, o que deveria produzir orgulho nos seus filhos. O sentimento de identidade também se reforçava pela associação do Brasil (Estado, Pátria, Nação) com a família. A força afetiva dessas imagens associadas fica evidente na lição 3, do livro *O Brasil é bom:*

> Se todos os brasileiros são irmãos, o Brasil é uma grande família. Realmente, é uma grande família feliz. Uma família é feliz quando há paz no lar. Quando os seus membros não brigam. Quando não reina a discórdia... O chefe do governo é o chefe do Estado, isto é, o chefe da grande família nacional. O chefe da grande família feliz. ...Getúlio Vargas é um homem que sorri. Sorri porque tem confiança no Brasil. Todos os brasileiros devem ter confiança no Brasil. Getúlio Vargas é o chefe nacional pela vontade do povo brasileiro.

Amor, paz, felicidade, generosidade, concórdia e alegria compõem a estrutura afetiva que se organiza em torno do todo harmônico representado no texto. O Estado Novo estimulou sentimentos dessa natureza na busca de conformação da identidade nacional coletiva.

No peronismo, os sentimentos produzidos em torno desse tipo de identidade foram muito mais intensos e exaltados. Eles perceberam seu movimento como uma "revolução nacional" e os antiperonistas acreditaram ver nas manifestações peronistas uma "segunda queda da Bastilha". A inexistência de luta armada não impediu que as mudanças fossem indicadas e sentidas como revolucionárias porque alteraram, de forma muito significativa, não só o estilo da política, mas também o cotidiano da população. O sentimento de mudança foi mais forte na Argentina porque as medidas redistributivistas deram aos assalariados a impressão de serem os novos privilegiados. O que se ilustra bem pela frase de Eva Perón: "Durante um século os privilegiados foram os que exploraram a classe trabalhadora. A justiça exige agora que durante um século os privilegiados sejam os trabalhadores" (Quattrocchi-Woisson, 1992, p.252).

A introdução do direito trabalhista no Brasil, embora não tenha sido acompanhada de significativa melhoria das condições de vida, também alterou as sensibilidades: as classes populares pela primeira vez sentiam-se presentes na cena da história.

Mas a forma de implementação da política de massas no varguismo e no peronismo explica por que o termômetro político argentino acusava temperatura mais elevada do que o brasileiro à época do Estado Novo.

A mobilização popular do 17 de outubro de 1945 permitiu que o acontecimento fosse explorado por meio de imagens carregadas de emotividade. Na construção da memória peronista o acontecimento foi marcado pela "presença de uma multidão que, num entusiasmo delirante, lotou a Praça de Maio, exigindo a libertação do Coronel". Na memória dos adversários, essa gente "pouco recomendável" foi vista como reencarnação da "montonera", as massas de gaúchos que seguiam os caudilhos nas guerras civis do século XIX. A velha disputa reaparece. Os atores mudam, os nomes também, mas dicotomias persistem e a luta que se desencadeia no campo simbólico define a nova nacionalidade, sempre construída com base em oposições. A nação argentina, nesse momento, como antes, "é resultado de uma subtração: a Argentina somos nós!... e não vós!", afirma Diana Quattrocchi-Woisson (ibidem, p.252-3).

A consolidação do peronismo como força política cindiu a sociedade argentina ao meio, produzindo sentimentos conflitantes. A polarização entre peronistas e antiperonistas começou na campanha eleitoral que deu início à batalha de símbolos: a União Democrática tinha por divisa "Pela liberdade e contra o nazismo" e a multidão cantava a *Marseillaise,* agitava bandeiras argentinas e faixas com retratos de Sarmiento, Mitre e de Roque Sáenz Peña (ex-presidente, autor da lei de sufrágio universal). De repente, um grave incidente ocorreu: disparo de tiros e quatro mortos (um do Partido Socialista, um do Partido Comunista e dois membros do Partido Radical).

Diz-se que os provocadores gritavam "Viva Rosas! Viva Perón!" e "Morte aos judeus!".

A participação na campanha do ex-embaixador dos Estados Unidos em Buenos Aires (na ocasião, secretário de departamento do Estado), Spruille Braden, fez os ânimos se exaltarem ainda mais: Braden comunicou aos embaixadores sul-americanos em Washington a existência de um relatório de 86 páginas chamado "Livro Azul" contendo documentos que demonstravam a cumplicidade do governo militar argentino, e em particular de Perón, com o "Terceiro Reich". O conteúdo do livro tornou-se público por meio da imprensa argentina. Perón aproveitou a ingerência norte-americana para apelar, com toda ênfase, à "solidariedade nacional". O antiimperialismo encontrou aí uma ocasião magnífica para se manifestar. Perón, no discurso de encerramento de sua campanha eleitoral, concluiu com uma fórmula proposta à escolha do povo: "Braden ou Perón". O desafio fez sucesso: a União Democrática passou a ser identificada com o imperialismo, na figura de Braden, e o "Livro Azul" passou a ser chamado de "Livro Branco e Azul", as cores da bandeira argentina, símbolo da nação agredida que precisava de defesa.

A União Democrática (composta pelos partidos: Radical, Socialista, Comunista, Democrata Progressista e Conservador, com apoio da União Industrial e da Sociedade Rural) apelou para a luta contra o "nazi-peronismo", por meio do voto em prol da liberdade e da democracia contra Perón, representante da ditadura, comparado a Hitler e Rosas. A candidatura de Perón era sustentada por um conjunto heterogêneo de forças que lutavam contra "os inimigos da nacionalidade".

O presidente eleito interpretou sua vitória como sinal de recuperação das qualidades nacionais perdidas, mas profundamente enraizadas na personalidade do país. No discurso da vitória, afirmou:

> Nós retornamos ao que é nosso, à essência íntima da nossa alma que foi desfigurada à força de se querer dotá-la de uma "personalidade distinguida" ... à força de assimilar culturas estrangeiras, nossa alma perdeu suas características próprias... E com a nossa alma reencontra-

da, retornaram as manifestações ingênuas e espontâneas das multidões; dessas massas que, nas horas sombrias da pátria, tiveram uma visão clara do futuro e a intuição do caminho que as levaria à realização de seus destinos. (Perón, 1946, apud Quattrocchi-Woisson, 1992, p.255-6)

A nacionalidade e a reformulação da identidade nacional tornaram-se, desde então, prioridade: viver a Argentina sentir-se argentino, produzir e consumir coisas argentinas, tudo isso se tornou moda. Recusando o modelo cosmopolita que gozava de grande prestígio, a reformulação propunha a busca da marca de "origem" trazida pelas massas. A presença delas na cena política era apresentada como uma garantia da "argentinidade autêntica". A nova identidade nacional coletiva tinha o caráter das multidões: ela era tumultuada e se distanciava fortemente do passado recente, dos homens políticos tradicionais e solenes, dos jornais clássicos e de seu estilo intelectual, rígido e formal. Essa nova argentinidade era insolente, emotiva e primária, na visão dos adversários.

Um deputado oposicionista usou a expressão "aluvião zoológico" ao se referir às massas peronistas. Sua presença na esfera pública aterrorizava a "boa sociedade" e suas boas maneiras (idem).

Do lado peronista estimulava-se o amor à pátria, identificada, em termos simbólicos, com a família. A relação pátria e família foi reforçada em muitas mensagens, como a que diz:

> Quem não ama profundamente sua mãe não poderá sentir afeto em relação à mãe comum: a Pátria. Quem não honra seu pai não saberá honrar aos próceres que forjaram a Nação. Quem não ajuda generosamente a seus irmãos e parentes não pode socorrer a seus compatriotas. A família é como uma semente que germina, enraíza fortemente, tornando-se tronco e galhos frondosos, floresce e se prodigaliza em copioso e saboroso fruto. Amemos e respeitemos a esta sementinha, a família, na qual se origina a Nação. Quem ama a sua família a torna forte e respeitável. Da união de famílias fortes e respeitáveis nasce a nação grande, poderosa e digna. (Gillone, 1954, p.23)

Como no caso do Brasil, a imagem da família se associa à Nação/Estado/Pátria. A identidade nacional coletiva estrutura-se em torno desse eixo de união e de harmonia. Mas enquanto no Estado Novo brasileiro o todo harmônico era visto como produto da "generosa criação do Chefe de Estado – Getúlio Vargas", na Argentina Manuel Gálvez procurou mostrar, no livro *El uno y la multitud*, que a identidade nacional no peronismo se forjou em meio a um "turbilhão de paixões".

> Começou o ano de 1945, um dos mais transcendentais e agitados de nossa história. Anos de ódios, que vinham se acumulando desde o início da Segunda Guerra Mundial e cuja iminente ferocidade havia se anunciado no transcurso do 44. Ano trágico, de permanente violência, ainda que não de sangue, mas parecendo ressuscitar velhos e ardentes rancores entre federalistas e unitários. Ano de muitas calúnias, de perpétua angústia e inquietude, de ameaças, de divisões nas famílias, de iradas palavras entre os amigos íntimos de ontem. Ano de inferno, de vida impossível, desagradável, histérica, raivosa...
> Gervasio Claraval, do austero observatório de sua neutralidade, buscada e trabalhada, via a gigantesca luta de homens e paixões, de interesses, de esperanças, de corações vingativos, de almas enlouquecidas pelo ódio... (Gálvez, 1955, p.181)

O texto retrata os conflitos de identidade produzidos na sociedade argentina a partir do 17 de outubro de 1945. O personagem Claraval, uma espécie de alter ego do autor, expressa suas próprias angústias em face das transformações que ocorreram na sociedade argentina a partir do advento do movimento peronista. Gálvez era engajado no movimento nacionalista católico de extrema direita e aderiu ao peronismo por se identificar com sua política de justiça social.

A história se inicia no período que antecede o golpe de 1943 e se encerra em 1945, logo após a vitória do movimento de 17 de outubro. O autor retrata bem as inquietações da época e a questão-chave que orienta o enredo é o conflito que se desenrola entre o "eu individual" e o "eu coletivo". O conflito que atormenta Claraval diz respeito à sua formação liberal, que privilegia o individualismo, e à sua participação como espectador atento do movimento de massas que deu origem ao peronismo. Suas dúvidas giram em torno da relação indivíduo/multidão: o personagem vive intensamente a angústia da divisão entre o ser uno e o ser coletivo. Sua formação o impelia ao recolhimento no eu individual, mas a vida na cidade grande não o permitia, sobretudo naquele momento, ignorar a presença da multidão. Sente diante dela temor e fascínio; às vezes chega a desejar "submergir nas ondas humanas". No dia 17 de outubro, o conflito atinge seu ápice.

O relato desse episódio é perpassado pela descrição de fortes emoções que acompanham a decisão do personagem. A descrição do movimento de 17 de outubro permite refletir sobre as temporalidades particulares da História. As precipitações dos acontecimentos (dias, horas) que ocorreram num período de mudança de identidade aceleraram o processo. A narrativa de Gálvez expressa muito bem esse momento como característico de uma temporalidade particular.

"Nesse dia surgiu algo muito grande", diz o narrador. "Amado por uns e odiado por outros", mas indiscutivelmente muito grande, princípio de uma revolução social: o verdadeiro levante das massas.

Claraval confessa seu medo à mulher; explica que as revoluções sociais são perigosas e evoca o exemplo das revoluções russa e mexicana. Teme que na Argentina também seja sangrenta. Mas seus temores não se concretizam, comenta o narrador, que enfatiza o caráter pacífico do movimento em prol de Perón. Pelo rádio o personagem inteirou-se do "despertar das massas" e, nesse instante, a atração pelo espetáculo sobrepujou o medo que determinava seu recolhimento no espaço privado do lar. Sai às ruas e penetra no movimento de massas (Gálvez, 1955, p.250-3).

Essa decisão simboliza a vitória do coletivo sobre o individual, o que implica a formação de uma identidade nacional em outras bases. A narrativa revela de que maneira um dia especial pode alterar, acelerando, os sentimentos. Essas alterações imprimem um ritmo particular ao processo de mudança histórica (Ansart, 1983).

A descrição dessa experiência permite apontar uma diferença significativa em relação à gestação de novas sensibilidades políticas no Estado Novo e no peronismo. A formação de uma nova estrutura afetiva no regime brasileiro ocorreu como *affair* do Estado que, por seus mecanismos de propaganda, procurou controlar a manifestação de emoções, impedindo a expressão de sentimentos contrários ao poder. Na Argentina, o movimento peronista formou-se de maneira espontânea e os sentimentos, nesse período inicial, afloram sem controle. Uma vez no poder, a atuação do peronismo aproximou-se da experiência brasileira no que se refere ao direcionamento das emoções por meio de aparelhos do Estado. Mas o fato de ser apoiado por um movimento de massas continuou imprimindo particularidade ao caso argentino: embora a estrutura afetiva fosse da mesma natureza no que se refere ao controle político, na Argentina houve uma inflação de mensagens emocionais e a produção de sentimentos foi muito mais intensa do que no Brasil do Estado Novo.

Na imprensa (jornais e revistas) argentina abundam os vocábulos que exprimem sentimentos. A diferenciação do *antes* e do *depois* caracteriza grande parte das mensagens. O artigo "Pedagogía de la alegría", relacionado à "nova Argentina", exemplifica a emotividade presente até nos relatos de eventos comuns, como uma festa de encerramento do ano letivo numa modesta escola de um bairro distante. O evento deu ensejo a que o articulista comparasse a "escola racionalista" de antes, baseada na "pedagogia do tédio e da tristeza", com a "escola peronista", baseada na "pedagogia da alegria". A essa oposição, seguem-se outras referências antitéticas correspondentes ao *antes* e ao *depois:* pessimismo *x* otimismo, razão *x* sentimento, privado *x* público, tristeza *x* alegria, inércia *x* trabalho *(Argentina,* ano II, n.12, 1950, p.1).

Por toda parte, a propaganda peronista inculcava otimismo e crença no porvir.

Retomando a comparação do varguismo e do peronismo no que se refere à produção de imagens, constata-se que, também nesse campo, a experiência peronista foi muito mais intensa e significativa. O material propagandístico na Argentina dessa época é mais numeroso e diversificado que no Brasil: a quantidade maior de jornais, revistas, textos literários, cartazes, folhetos, panfletos, álbuns comemorativos, veiculados expressamente com fins propagandistas, atesta essa diferença.

O álbum comemorativo do movimento peronista, intitulado *La nación argentina. Publicación especial comemorativa,* publicado em

1950, contendo 805 páginas, expressa bem a profusão de imagens produzidas nesse regime. Composto de desenhos, mapas, dados estatísticos, cifras, entremeados de símbolos do peronismo, palavras de ordem, frases do líder e textos, o álbum constitui uma amostra significativa da propaganda. Em muitas páginas decantam-se a felicidade e a alegria advindas das transformações realizadas com o máximo esforço pelo chefe e a colaboração de um povo "agigantado por uma grande esperança". A plenitude de um povo feliz se devia a "concórdia, justiça, trabalho e prosperidade" promovidos pelo novo governo.

As representações contidas no álbum, por um lado, insistiam nos feitos de Perón e na gratidão popular pelos benefícios conseguidos, e, por outro lado, incentivavam o ódio aos adversários.

A diferença em relação às formas de expressão dos sentimentos também se revela nas imagens produzidas para comemorar as realizações dos regimes. Enquanto no Brasil eram comemoradas, sobretudo, as realizações materiais ligadas geralmente ao desenvolvimento econômico, na Argentina a ênfase recaía nas realizações sociais, como já foi dito anteriormente.

A idealização de álbuns comemorativos retrata bem as características específicas das propagandas varguista e peronista.

No Estado Novo fora programada a feitura de um álbum semelhante ao que foi produzido posteriormente na Argentina. Ele deveria ter sido publicado em 1940, para comemorar o décimo aniversário do governo Vargas, mas a obra não se completou. Como a publicação argentina, o livro comemorativo do varguismo foi projetado para documentar as realizações governamentais, sempre levando em conta a comparação entre a situação atual e a anterior. Na obra argentina, há constantes referências ao *ayer, hoy y mañana*; na brasileira pretendia-se contrastar as realizações do projeto nacionalista de 1930 com a situação de desunião e desordem provocada pelo modelo liberal da Primeira República.

Aline Lopes de Lacerda teve acesso ao *layout* da obra e analisou alguns aspectos importantes do que seu organizador, o ministro Gustavo Capanema, denominou *A obra getuliana*. As imagens solicitadas para a composição do livro deveriam representar o progresso das diferentes regiões. "Poderia ser fotografado tudo, menos a miséria", comentou o fotógrafo Hees, que participou do projeto. O material foi organizado por temas. O que se referia à produção deveria contar com a maior quantidade de imagens (122 fotos); nelas, a industrialização apareceria relacionada à idéia de progresso, constituindo o fio condutor de outros temas do livro como "trabalho", "Exército", "comunicações". A maquinária seria figura-chave nas referências à produção urbana e rural. Em várias fotos produzidas com essa finalidade, o elemento humano está presente, mas de forma muito nuançada, às vezes como parte de uma engrenagem. Mesmo no tema "trabalho", em que o elo da leitura da mensagem é a figura do trabalhador, o operário divide, igualmente, o espaço com as máquinas e ferramentas (Lopes de Lacerda, 1994). A ênfase recai na construção de obras materiais, contrastando com o álbum argentino, no qual as figuras humanas são amplamente retratadas e associadas à política de "justiça social".

No álbum argentino (e em muitos outros instrumentos de propaganda), a preocupação em salientar as realizações relativas ao progresso econômico também é significativa, mas as imagens sobre as ações do governo no campo social são predominantes: política trabalhista, legislação social com obras de cunho assistencial, muitas delas realizadas por iniciativa da primeira-dama. O regime criou a Fundação Eva Perón com essa finalidade, e a propaganda dava enorme destaque às atividades dessa instituição.

A comparação das imagens é reveladora de duas posturas distintas. O Estado Novo, dando continuidade a uma preocupação que surgiu na década de 1920, de procurar conhecer o Brasil para identificar seus problemas, realizou esforços no sentido de mapear o país, retratá-lo, documentá-lo, fotografá-lo. Essa perspectiva "realista", ou seja, de busca de conhecimento do "Brasil real" para contrapô-lo ao "Brasil ideal", "inventado" e "imitado" pelas elites anteriores, explica a predominância das fotos em relação a outro tipo de imagem. As atividades do novo governo eram, então, documentadas, mapeadas, fotografadas e transformadas em material de propaganda para dar conhecimento ao povo da operosidade do

Estado em relação ao progresso material, meta primeira da política estadonovista.

A política peronista que produziu uma propaganda mais voltada para a representação humana divulgou mensagens carregadas de sentido metafórico e alegórico para enaltecer os valores da doutrina justicialista (ver ilustração na p.165).

Os objetivos e prioridades distintos explicam essa diferença de representação no varguismo e no peronismo, ou seja, a moderação de sentimentos no Brasil e sua exaltação na Argentina. As particularidades são perceptíveis, inclusive, na caracterização da figura do chefe da nação.

Vargas, embora se apresentasse nas fotografias sempre sorrindo (por isso recebeu o epíteto de "Presidente sorriso"), era descrito, por seus biógrafos, como uma personalidade que se destacava por autoridade, austeridade, moderação, equilíbrio, bom senso; esses traços não se coadunam com a exaltação de sentimentos. Já na Argentina, Eva e Perón eram constantemente homenageados como produtores da alegria e da felicidade do povo.

Leopoldo Perez, referindo-se à popularidade do presidente Vargas, enfatizou sua discrição, sua calma e sua energia:

> O povo ama nele a sua simplicidade, sua habilidade e sua coragem... Nos momentos mais graves, o povo aguarda serenamente a solução que ele dita... Getúlio Vargas chegou a encarnar para o povo brasileiro o mito do bom senso... Una-se a isso, a sua capacidade para reconciliar-se, para desarmar o adversário, para conseguir a colaboração. É uma obra de prestidigitação explicável pela tolerância do brasileiro e pela simpatia que inspiram todos os atos desse revolucionário sem violência. Sabe somar e parece que não leva à contabilidade os agravos. Estendeu sobre o país uma grande calma propícia ao trabalho. (Perez, 1944, p.187-8)

O golpe de 1937, a Constituição outorgada e todas as demais mudanças produzidas pelo alto, sem participação popular, estariam, segundo as considerações do autor, adequadas ao "caráter" do povo brasileiro. As imagens tipificadoras desse caráter (tolerância, serenidade, conciliação, pacifismo) ajudaram a construir os mitos da política brasileira como o das "revoluções sem sangue"; no contexto do Estado Novo eles foram reproduzidos para justificar o poder oriundo de um golpe.

As formulações de natureza romântica, de um sentimento feminino, passivo, que caracterizaria a sociedade brasileira, constituem parte integrante da história política brasileira num período de longa duração; tais imagens são rearticuladas sempre que a conjuntura política delas necessita para legitimar medidas autoritárias, impostas de cima, como no caso específico do Estado Novo. Seu encadeamento tem um sentido político preciso: sugere a "predicação da passividade do povo". A base popular é vista como objeto sem autonomia, sendo sua existência política doada pelo Estado. A sociedade brasileira é marcada por representações de passividade, receptividade, o que faz supor a concórdia preestabelecida do povo em face das transformações promovidas pela simbiose do Estado e das elites intelectuais e políticas (Romano, 1979, p.135).

Representações desse tipo se prestaram à legitimação do novo poder que se propôs a incorporar as massas consideradas "inorgânicas" e, portanto, incapazes de participar da política; elas eram controladas pelos aparelhos do Estado, entre eles o da propaganda que induzia à moderação de sentimentos e ao controle das paixões.

Segundo o ministro Marcondes Filho, Vargas, "o estadista providencial", penetrara na alma brasileira com a "mansidão de um luar e depois clareou como a madrugada, até que se fez dia claro e sereno... Integrou-se na confiança do país pela serena e corajosa perseverança com que entendeu, atravessou e venceu os acontecimentos..." (Marcondes Filho, 1941, p.26).

Avilmar Silva considerou que, depois do golpe, o povo pôde manifestar sua satisfação:

acordam-se os primeiros entusiasmos sadios do povo brasileiro... A atitude popular, por toda parte, é a mesma: a do desejo satisfeito. Podem essas massas ser ignorantes, analfabetas, mas têm o instinto personalíssimo, o conhecimento certo de que algo grande se passa no Brasil... As almas se desoprimiram e os corações estão leves e sensíveis. Não há aquela carranca de aborrecimentos e angústias... O regime é autoritário, mas não é escravocrata. A liberdade espiritual ganhou muito mais. (A. Silva, 1939, p.94)

No Estado Novo brasileiro, o povo que "dormia eternamente em berço esplêndido", como canta o hino nacional, despertou, lentamente, e foi convidado a manifestar sua alegria, sua satisfação e seu entusiasmo, com a moderação que a situação comportava. A política de exclusão das massas e de impedimento de participação, que tipifica a história republicana, ganhou legitimidade institucional no Estado Novo. Segundo Avilmar Silva (ibidem), a contrapartida à perda da liberdade civil foi o ganho da liberdade espiritual. Esta permitia amar, com devoção, o líder/chefe e a nação brasileira que ele representava.

A menor carga de emotividade expressa na propaganda estadonovista, em comparação com a peronista, pode ser explicada também pela impossibilidade de participação política durante o Estado Novo. No peronismo, as paixões eram estimuladas porque as mensagens se dirigiam às massas populares que apoiavam o regime. Perón tornou-se líder político por meio das massas e delas dependeu, durante todo o seu governo, para fazer frente às oposições e manter-se no poder.

A mobilização política contida nos limites de um Estado autoritário que caracterizou o Estado Novo e a mobilização controlada das massas pela liderança peronista constituem, a meu ver, a diferença mais significativa entre essas duas experiências de política de massas. As particularidades na produção de imagens e de sentimentos traduzem essa diferença. Ela se expressa, também, na construção da imagem da relação líder/massas.

Líder e massas no imaginário varguista e no peronista

O papel do líder e sua relação com as massas constituem uma das características mais marcantes na política de massas. As mensagens propagandísticas indicavam que a tarefa do chefe era proteger as massas, cabendo a elas venerá-lo e apoiá-lo.

Elias Canetti (1995) desvenda os múltiplos papéis e significados da relação líder/massa. Retomando as análises de Gustave Le Bom, mas com pressupostos bem distintos, mostra como as massas reagem à pregação doutrinária e analisa, em situações diversas, o ato de mandar e obedecer; reflete sobre os múltiplos significados da ordem e sobre o medo que ela provoca em quem a envia e a reação dos que a recebem. Como sua preocupação com essa temática surgiu da observação do fenômeno da adesão das massas populares ao nazismo, seus ensaios ajudam a compreender melhor a adesão das massas ao varguismo e ao peronismo.

Inúmeros textos de diferentes tipos foram escritos para enaltecer as figuras de Vargas e de Perón. Neles, a imagem do chefe era delineada com base em atributos altamente positivos que o transformavam num ser especial, predestinado para a missão redentora que o seu tempo lhe reservara. A inspiração nazista é evidente na construção das imagens que apresentam o chefe numa posição de destaque (no centro ou no alto, em tamanho grande, contrastando com a representação da massa, situada num plano inferior em relação ao chefe e em dimensão reduzida). Canetti discorre sobre "as posições do homem e do poder que contém", mostrando como o estar em pé causa impressão de energia, de estar em movimento. Alguém postado sozinho, diante de muitos ou cercado por eles, parecerá particularmente alto (Canetti, 1995, p.388). Estar em pé e no alto em relação ao povo sugere superioridade e poder.

O líder, condutor das massas, tem de se destacar pelo carisma e pelo dom da oratória. É nessa perspectiva que Richard Sennett (1988) o identifica com o ator. O ator político expressa sentimentos e provoca emoções. Referindo-se a Lamartine, já mencionado em capítulo anterior, o autor relaciona o poeta romântico que se dirigia aos trabalhadores franceses conseguindo torná-los passivos, como os líderes políticos contemporâneos que procuram se mostrar reais expressando seus sentimentos mais banais e se deixando ver na sua intimidade. Richard Nixon é o exemplo. Segundo Sennett, o que fez do escândalo de Watergate algo tão interessante não foi o fato de o presidente ter mentido em público, mas o fato de que cada uma das mentiras sobre

Figura 19 – Dia do Trabalho, Rio de Janeiro, 1942 (*Nosso Século,* n.23, capa).

MULTIDÕES EM CENA 281

Figura 20 – Ilustração do livro *Justicialismo* (p.185).

os fatos estava rodeada de afirmações vigorosas sobre seu senso de honra e suas boas intenções. Elas eram ditas em tom emocional. O autor comenta o exemplo de Perón quando relata à platéia de Buenos Aires que havia sido acusado de ter enviado US$ 5 milhões para fora da Argentina. Imediatamente começou a falar sobre seu grande amor pelos trabalhadores da cidade, sua alegria de ir de tempos em tempos aos Pampas, sua ligação com a "idéia de Argentina", e começou a chorar. Não era necessário trazer à baila a questão menor dos US$ 5 milhões, mas, por outro lado, essas lágrimas eram genuínas. Esses casos são representativos do imaginário do poder que é utilizado para disfarçar os fatos do poder pessoal (Sennett, 1988, p.343-4).

O ator político deve se apresentar em cena demonstrando possuir requisitos excepcionais. São necessários à caracterização dos "legítimos condutores do povo" e dos "autênticos chefes" os seguintes traços: força, coragem, magnanimidade, bondade, generosidade, perseverança, retidão de caráter, energia, clarividência, vontade, sabedoria, autoridade.

A ação desse homem excepcional é decisiva para "empolgar e conduzir os acontecimentos", dizia Leopoldo Pérez (1944), ao salientar as "virtudes que provocam a transmutação do homem em chefe, a ele atribuindo grandes feitos como o de garantir a integridade, segurança, unidade do país e defesa de seu patrimônio". Na visão do autor, Vargas operara o milagre de imprimir à nação "o sentido transcendente da sua força, da sua unidade e do seu destino... foi o domador do caos revolucionário, a encarnação suprema da ordem em meio à efervescência criadora da revolução". Essa individualidade que transcende a medida comum representava um divisor de tempos: existia um Brasil anterior e um Brasil posterior ao advento de Getúlio Vargas. No tempo de Vargas deu-se a consolidação da unidade material e espiritual e ele era apontado como o produtor dessa unidade.

A concretização da união e da ordem aparecia nos discursos propagandistas do Estado Novo como tarefa sobrenatural.

Só os homens semideuses, que nasceram para empreender obras espantosas e, não raro, mudar o curso da história, conseguiriam realizar tarefas sobrenaturais. Os grandes chefes possuem o dom maravilhoso de previsão magnética dos fatos que hão de vir, o que lhes permite, paradoxalmente, recordar o futuro como se fosse passado, e, pois, forjar os acontecimentos ao sabor de suas próprias volições. (Perez, 1944, p.15,18, 38-9)

Citando André Maurois, quando assegura que o grande homem conhece sua força e pode inventar o futuro, identificou Getúlio Vargas como um desses homens predestinados, que trouxeram do berço o signo permanente do triunfo (ibidem). Luiz Vieira (1951, p.48) empenhou-se em fazer um

estudo comparativo do grande engenho do Divino Mestre... com o humano engenho de Getúlio Vargas, o homem e o estadista do nosso tempo, predestinado por Deus para, na terra de Santa Cruz, prosseguir nos mesmos cometimentos do divino Rabi.

O poder místico e a identificação com o divino atrelavam o destino do homem-deus ao da pátria. Sua imagem mesclava-se à da pátria una e imortal; o destino desse homem era o destino mesmo do Brasil. A divinização do chefe insere-se no movimento de sacralização da política que caracteriza esses regimes, reforçando o exercício da dominação. Atribui-se ao chefe um poder de controle do tempo coletivo, de modificação do passado, transformação do presente e produção do futuro.

A imagem divinizada do líder era ainda mais forte na Argentina. Seu poder aí se reforça com a presença da figura feminina; o poder feminino associado à natureza purificadora e redentora da sociedade, tão bem representado pela primeira-dama Eva Perón, complementa o poder masculino, político, de salvador da pátria, encarnado no chefe do Estado, Juan Domingo Perón.

Perón também era identificado com Jesus e, seguindo seu exemplo, buscou seus amigos entre os pobres: os descamisados. Mais do que as palavras, a imagem que, a meu ver, bem descreve a representação do líder no imaginário peronista é a que ilustra a capa de um texto de leitura para terceiro grau intitulado *Mensaje de luz:* a representação do chefe aí aparece ao lado da esposa Eva, com quem compartilha o poder divino de emanação da luz. Essas figuras iluminam, do alto, o povo/criança. Seu poder ultrapassa o da Igreja, figurada num plano abaixo: o facho de luz que deles emana irradia-se até o interior de um lar, evocando harmonia, proteção, bem-estar. A representação coaduna-se, perfeitamente, com a idéia da sociedade una e harmônica tão disseminada no período (ver ilustrações nas p.90-1).

A exaltação do chefe nesse tipo de política tem um significado especial: ele se apresenta como defensor dos valores supremos, instrumento onisciente de sua realização, encarnação dos ideais nacionais e, por tudo isso, designado como objeto supremo do amor político. Ele acumula as duas características que Freud apontou na identificação do chefe: é, ao mesmo tempo, o ideal proposto a todos como substituto possível do Eu-ideal de cada um e, no plano sagrado, o ideal proposto à identificação afetiva. Como pólo de identificação e concentrador emocional, o chefe é, ao mesmo tempo, o senhor e o pólo central do amor coletivo (Ansart, 1983).

Além disso, a personalização do poder tem uma eficácia emocional e uma capacidade mobilizadora que explicam a importância atribuída ao líder na relação com as massas.

Os biógrafos de Vargas traçaram seu perfil psicológico insistindo na sua capacidade de entendimento e controle das massas. Entre os que se lançaram ao desafio de "devassar a alma do presidente", destaca-se Gastão Pereira da Silva, que escreveu *Getúlio Vargas e a psicanálise das multidões*. Reinterpretando a teoria psicanalítica de Freud de uma maneira muito particular, referia-se à alma da nação como ampliação da alma do indivíduo dessa nação. Insistiu na importância do laço afetivo na relação líder/massa e no domínio do chefe sobre a multidão, a exemplo do domínio do chefe da família sobre os demais membros.

O Brasil antes de Vargas, segundo o autor, era

> como uma família cujo chefe houvesse se ausentado durante largo tempo... voltando encontrou a família desorientada, filhos crescidos e indisciplinados, a força da coesão deixou de existir... Getúlio chegou e encontrou o inconsciente coletivo repleto de complexos. Primeiro, estudou esses

complexos da alma coletiva para, em seguida, agir no sentido de dissolvê-los. ...Entre 1930 e 1937 preparou um plano terapêutico de ação que se realizou a 10 de novembro de 1937. (Pereira da Silva, s.d., p.20-5)

Getúlio Vargas, o terapeuta do povo brasileiro, encontrara no inconsciente coletivo idéias heterogêneas, fruto da perversão política que causara discórdia no meio social. Tratou das doenças do organismo brasileiro: infiltração comunista (1935) e agressão integralista (1938). A questão social representava o outro complexo que o terapeuta teve de curar. Mussolini, Hitler, Salazar são indicados como exemplos de outros chefes terapeutas, grandes conhecedores da alma de seu povo.

A definição de Vargas como terapeuta do povo brasileiro remete-nos à imagem, muito disseminada no país, do povo enfermo (enfermo porque descendente de raças inferiores e também decorrência do descaso com a saúde por parte das autoridades do regime deposto). Essa imagem corresponde a outra, insistentemente repetida, desde o início do século: "o Brasil é um grande hospital"; elas poderiam ser completadas, nos anos 1930, a partir da referência a Vargas como terapeuta, da seguinte forma: "o Brasil é um grande hospital psiquiátrico", o que altera consideravelmente o significado da representação. No primeiro caso, as preocupações voltavam-se para as condições gerais de saúde e higiene, chamando a atenção para a necessidade de uma política de saneamento para extirpar as doenças endêmicas e evitar as epidemias. O significado político dessa proposta aparece no seu relacionamento com a questão social. Já a imagem do povo enfermo da alma enfatiza a incapacidade política de se auto-representar: o doente mental é um alienado, sem autonomia, não goza da maturidade que confere a posse dos direitos políticos. Legitima-se, dessa forma, o golpe de 1937: o povo brasileiro precisaria ser antes terapeutizado pelo líder para, no futuro, de posse de sua sanidade mental, adquirir o direito de participação política.

Vargas também foi definido como sociólogo por Luiz Vieira, autor do livro *Getúlio Vargas. Estadista e sociólogo*. Referindo-se aos inimigos do estadista que o chamavam de "ditador", esclareceu que o título significava "ditador do coração de milhões de brasileiros sensatos". Mas o autor preferia tratá-lo apenas como um "grande sociólogo que no Brasil surgiu para a felicidade do povo". Era um grande sociólogo porque "teve a noção exata da sua época, conheceu a fundo a complicada engrenagem política que fazia mover a roda social em que se encontrava". Comparando-o aos "eméritos sociólogos", julgou-o melhor do que Augusto Comte, porque suas verdades eram mais humanas (Vieira, 1951, p.54).

Essas imagens do chefe como "psicólogo das multidões", "sociólogo" sugerem um certo distanciamento dele em relação às massas. A tradição cientificista de análise da sociedade brasileira aqui se amplia com a presença da psicanálise que, aliada à sociologia, reforça a idéia de uma visão objetiva dos problemas do Brasil. O líder sociólogo/terapeuta relaciona-se com a massa como objeto. Nesse aspecto, também, o varguismo diferencia-se do peronismo, no qual a propaganda estimula a relação de Perón e Eva com a massa pelo lado afetivo, emocional.

A representação das massas conduzidas pelo líder

A literatura sobre o populismo insiste no fato de que o varguismo e o peronismo configuraram regimes que se caracterizaram pela presença das massas na política. Esse é um traço comum às experiências brasileira (1937-1945) e argentina (1946-1955). Mas o sentido da participação popular expresso nos discursos de propaganda atesta o desafio dos governantes nesse terreno. Para melhor entender essa problemática, cabe explorar algumas das imagens sobre as massas veiculadas pelo varguismo e pelo peronismo.

É importante frisar, inicialmente, a mudança de concepção sobre as massas ocorrida com o advento do peronismo.

Na construção da identidade nacional formulada pelo peronismo, as massas aparecem como *aliadas,* invertendo a posição de *inimigas* que ocuparam no ideário dos nacionalistas restauradores. Cabe verificar como se deu essa inversão.

Nos anos 30, os nacionalistas, na sua maioria de tendência católica, responsabilizavam o liberalismo como produtor desse monstro: as massas. Influenciados pelas idéias da direita nacionalista francesa, consideradas por Zeev Sternhell (1978) como precursoras do nazifascismo, preocupavam-se com o perigo das massas, invocando a presença de um líder forte para guiá-las no sentido da ordem, impedindo as ameaças de revolução.

O movimento da Reforma Universitária de 1918 foi interpretado como reprodução da Revolução Russa. A figura oculta dos *soviets* rondava entre os rebeldes, afirmavam os direitistas. O arcebispo de Córdoba interpretou o episódio como um dos aspectos da Revolução Mundial e conclamou os fiéis a orar para que a tormenta encarnada por "massas ressentidas, sem freios e por mendigos mal-agradecidos a seus benfeitores fosse contida" (Buckrucker, 1987, p.57).

O escritor Leopoldo Lugones propôs, na década de 20, que o perigo das massas fosse evitado com a intervenção do Exército, única salvação contra as revoltas do *"populacho"*. Era preciso "limpar o país" dos elementos perniciosos; a resolução da questão social passava pela expulsão dos agitadores estrangeiros que haviam penetrado na Argentina por meio das ondas imigratórias. Segundo o autor, chegara a *"hora da espada"*; a salvação nacional dependia dos militares que se caracterizavam pela vida disciplinada, pelo espírito hierárquico e pela capacidade de mando (ibidem, p.58-9).

Os nacionalistas restauradores admiravam as obras de Manuel Galvez; o escritor católico juntara-se a eles na década de 1930, momento em que o anticomunismo se impôs como questão importante na sociedade argentina.

Galvez tinha simpatia por Primo de Rivera, Mussolini e era adepto do franquismo contra os republicanos que *"incendiaram igrejas e templos na Espanha"*. Essas posições o identificavam com os nacionalistas restauradores, mas, no que se referia ao papel das massas, tinha uma posição particular. O autor recusava os movimentos de massa como os das revoluções mexicana e russa, mas, diferentemente de seus companheiros, não temia as massas e considerava seu papel relevante. Concordava que elas eram perigosas agindo espontâneamente, mas, orientadas por um guia que promovesse a justiça social, poderiam desempenhar uma função positiva na sociedade.

Seu livro *El uno y la multitud*, já mencionado, ilustra bem a transformação na concepção de massa dos nacionalistas para os peronistas.

O personagem Claraval, ao deparar com o movimento de massas do 17 de outubro, observou:

> Em meio a essa luta vi o avanço das grandes massas proletárias, da entrada em ação de um homem novo, que não era o homem da simples multidão, de milhares de homens agregados uns aos outros, mas do homem que se sente formando parte da massa, que se move por um tremendo impulso para adiante, que tem a consciência de seu poder, de sua justiça, de seus direitos contra o privilégio. Não era o velho povo dos políticos liberais, mas a moderna massa revolucionária.

Comenta também que a multidão não se comportara como besta-fera como chegara a temer: "Eram revolucionários alegres que cumpriam sua obra rindo e cantando" (Galvez, 1955, p.255-6).

Aqui, as imagens das massas "bestas-feras", expressas no discurso dos nacionalistas que revelavam temor-pânico diante desse "monstro ameaçador da revolução", cedem lugar à imagem da massa peronista, "ordeira e pacífica". A presença do líder conferia segurança e legitimidade à "revolução social" de Perón.

No Estado Novo, a representação das massas ganha outro significado. A revolução brasileira era vista por Leão Machado como obra "sobre-humana" ou "milagre de um super-homem". O autor argumentava que o

> povo geralmente não percebe a aproximação das revoluções. Somente os condutores iluminados logram enxergar e compreender a realidade dos fatos sociais, encaminhando, então, a solução dos problemas no sentido da modificação que estiver se operando. (Machado, 1942, p.204)

Getúlio Vargas era considerado um "gênio político" e como tal dera novo rumo à história do Brasil: "Em apenas dez anos, uma revolução profundíssima, a maior e mais radical que já se completou". Em sendo gênio, não pode ser compreendido pelos contemporâneos, pois o "gênio vive antecipadamente as idades do futuro" (ibidem, p.204). Na Argentina, o papel do condutor também foi salientado. O periódico *Notícias Gráficas*, em 3 de junho de 1952, comentou que "a obra prodigiosa realizada por Perón em seis anos se resumia na criação de um país novo: "Argentina livre, justa, soberana....Todos os setores da sociedade foram transformados pelas virtudes de um gênio criativo".

O mérito das transformações produzidas nos dois países era imputado ao líder, gênio, condutor das massas. Os textos apologéticos afirmavam que o condutor buscava a unidade das massas por ele organizadas, eliminando as divisões. O povo, esclarecia Perón,

> vale pelos dirigentes que tem à sua frente, porque a ação não é impulsionada jamais nem pela massa nem pelo povo, mas pelos dirigentes que são os que conduzem. A massa vai para onde indicam seus dirigentes e senão se desborda e Deus me livre! (apud Ciria, 1983, p.76-7)

No que se refere ao papel do líder "condutor iluminado", havia identidade de concepção entre os varguistas e os peronistas. Mas o papel e o lugar das massas diferenciam a relação líder/massas no Brasil e na Argentina.

No Brasil, não se enfatizavam as características positivas das massas. Assinalavam-se, apenas, as possibilidades de um bom ou mau comportamento das multidões:

> elas podem ser ferozes, indiferentes, exaltadas, absurdas, capazes de cometer crimes, mas também podem ter gestos elevados e heróicos quando movidas por um ideal. Tudo depende de quem as conduz. (Pereira da Silva, s.d., p.67)

Novamente se afirma, aqui, a incapacidade de autonomia das massas; elas não têm vida própria, só existem por meio do líder, e sua participação/representação é, assim, anulada. Mas Vargas as ama e as compreende como um pai a seus filhos crianças – a imagem romântica do povo criança perpassa a concepção sobre as massas no varguismo.

Os biógrafos de Vargas insistiam na sua qualidade de líder iluminado:

> Apaixonado pelo problema da multidão, ou seja, das classes trabalhadoras menos afortunadas, o líder brasileiro teve o senso luminosamente humano da legislação social que outorgou aos trabalhadores brasileiros. (Perez, 1944, p.192)

A referência à outorga reforça a imagem de justiça e generosidade do "patrono" e "guieiro" do Brasil. Além de apagar da memória coletiva as tradições de luta da classe trabalhadora e suas reivindicações de legislação social, esse tipo de propaganda visava legitimar a conduta do poder nesse terreno.

O governo peronista também estimulava tais sentimentos nas massas, mas o caráter participativo diferencia as duas realidades. No Brasil, onde a Constituição cerceava todas as liberdades políticas, Getúlio Vargas não precisava do apoio popular senão para legitimar o novo regime. Perón, ao contrário, dependia desse apoio no processo eleitoral.

A ausência de participação política do povo brasileiro foi justificada por Leão Machado. Mencionando o golpe de 1937, o autor referiu-se à atitude de um povo alheio e contemplativo, acrescentando:

> o Golpe de 10 de Novembro de 1937, que dissolveu o Poder Legislativo, inaugurando uma nova ordem política no Brasil, foi bem recebido pelo povo, na verdade, então e sempre, quase indiferente às lutas político-partidárias. (Machado, 1942, p.139)

O autor, no mesmo texto, indaga se a ausência de participação é um mal e responde:

> O povo, desde que tenha paz e tranqüilidade e posse de seus direitos ... vive contente com qualquer regime político. Mesmo porque ao homem comum que trabalha para o seu próprio sustento é indiferente completamente, do ponto de vista prático, que o poder esteja nas mãos de A ou de B. (ibidem, p.139 e 144)

Enquanto a propaganda peronista destacava a importância da presença das massas no processo de eleição do líder e a participação popular nas questões de interesse nacional, a propaganda varguista justificava a indiferença popular invocando a tradicional passividade do povo brasileiro. Do "povo bestializado" da Proclamação da República ao "povo contemplativo" do Estado Novo, a mesma justificativa para a exclusão política se repete: o caráter do povo brasileiro é a explicação determinante desse processo.

No que se refere ao papel atribuído às massas no varguismo e no peronismo pode-se concluir que enquanto o Estado Novo caracterizou-se pelo impedimento da representação política, o governo peronista contou com a participação popular para sua chegada ao poder. No entanto, o sucesso da política de Perón está relacionado à capacidade de controle dessa mobilização social pela liderança peronista, que, em última instância, significou um freio à possibilidade de formação de movimentos populares autônomos.

O controle do movimento social argentino explica-se, como vimos antes, pelos resultados positivos da política social posta em prática por Perón desde 1943. Mas esse controle se consolidou, em grande parte, pela construção de um imaginário que se fortaleceu com a sólida montagem do mito do casal líder Perón e Eva. A figura mítica de Vargas teve, e ainda tem, grande presença no imaginário político brasileiro. No entanto, quando analisados de forma comparativa, observa-se que a importância política do mito Eva/Perón sobrepuja amplamente o mito Vargas.

O mito da salvação e da redenção no varguismo e no peronismo

A Argentina teve o privilégio de ter Perón e Eva Perón na qualidade de "pais da pátria". O livro de leitura escolar para terceiro grau exaltava essa paternidade:

> Pátria minha! Alegra-te! O sonho de teus pais, a ambição mais nobre de suas almas se cumpriu. Um Condutor e uma nova Heroína, Juan Perón e Eva Perón, com vontade, energia e abnegação incomparáveis,

Figura 21 – Ilustrações do livro *Privilegiados* (p.21).

semearam as sementes maravilhosas da justiça, da honra e da liberdade que hoje germinam e frutificam no coração de todos os seus filhos. Por isso se vê, por todos os rincões do território, a legião argentina que trabalha com capacidade, amor e sincera devoção para consolidar a 'Grande Argentina' prometida por Perón. (Gillone, 1954, p.1)

Eliseo Verón e Silvia Sigal (1986) mostram que, no início da construção da figura do líder (1943-1946), o militarismo era um traço marcante no discurso de Perón. Alguns fragmentos da fala do líder nessa época demonstram a presença de metáforas militares: "Sou um austero soldado que não tem ambições nem nunca terá" (15 out. 1944). "Sou um humilde soldado que cumpre com um dever imposto pela honra; e podem estar seguros que o melhor que pode existir em mim é a boa vontade" (12 ago. 1944). Nesses textos, esclarecem os autores, Perón apresenta-se como alguém que "chega de fora", de um exterior abstrato, extrapolítico: o quartel. O coronel observava de fora o que ocorria no país, até o momento em que se deu a passagem do quartel para o poder, marcando sua entrada na política. Os autores comentam que o papel político de Perón nunca foi explicitado porque, no discurso peronista, a política era vista como o lugar do conflito e o líder se apresentava como a possibilidade de "unificação harmoniosa do povo e da Pátria".

O "soldado" deixou o quartel e chegou ao Estado porque escutou o "clamor da sociedade". Diante da situação desoladora, afirma Perón:

> Enfrentamos o problema com decisão e com energia de soldados ... entendo que a organização interna do exército está concebida com um autêntico sentido orgânico-social e é uma cátedra exemplar de disciplina, de camaradagem, de patriotismo, de hierarquia e de respeito. (1º maio, 1944)

A outra sociedade, que funcionava para além dos muros do quartel, representava a contra-imagem exata da sociedade ideal: fragmentada pelos políticos, nela reinavam a desintegração, a injustiça, os privilégios imerecidos, as prebendas. O soldado, chegando do quartel, iniciou a obra de reorganização da sociedade desordenada. Em suma, chegar significava ocupar o lugar da "coisa pública" que se degradou pela ação dos políticos (Sigal e Verón, 1986).

Assim chegou na sociedade argentina o "salvador da pátria" que propôs a "redenção" do povo argentino: "Chego até vós para dizer que não estais sós em vossos desejos de redenção social" (12 fev. 1946).

A relação estabelecida pelo líder com as massas introduziu uma nova política, não exatamente nos termos esperados pelos nacionalistas restauradores que queriam a imposição de um programa baseado na autoridade, na hierarquia e na ordem. O peronismo pautou-se por esses princípios, mas, em vez de anular qualquer possibilidade de participação das massas, transformou-as em "parceiras" de sua política.

Perón constituiu um movimento em que o líder e as massas compunham o *nós* da identidade nacional coletiva. Sigal e Verón (idem) chamam a atenção para o lugar do *outro* no discurso peronista. Ao longo do processo de afirmação do movimento, o peronismo passou a ser identificado com a pátria e o antiperonista a representar a antipátria.

As representações dos aliados e dos inimigos eram feitas por antinomias com sentido moral; os inimigos são definidos pela maldade, pelo engano, pela traição, pelo erro, pela mentira; os aliados são bons, verdadeiros, leais. Nesse campo do imaginário o bem luta contra o mal, que compõe uma "ordem das sombras": o inimigo é oculto, infiltra-se, opera na penumbra (Freitas Dutra, 1997).

Perón referiu-se à oposição como "as forças ocultas da má política, que indubitavelmente não podem ver com bons olhos que outros realizem com sinceridade e com lealdade o que os maus sentimentos não lhes permitiram realizar". Por outro lado, o *slogan* "para um peronista não há nada melhor que outro peronista" colocava-os do lado do bem.

O discurso peronista deixava implícito que, com o desenvolvimento e o triunfo final do movimento, esses seres "residuais", antiperonistas, identificados como "não-argentinos" e "antipátrias", estariam tendencialmente condenados à extinção. Quando os peronistas e os argentinos coincidissem completamente não haveria mais divisão na sociedade. Essa reivindicação do coletivo mais amplo, peronistas = argentinos, mostra que o alvo da propaganda consistia na configuração de uma totalidade peronista, o que não ocorreu na sociedade argentina, em que a oposição marcou presença muito mais significativa do que no Brasil. Apesar da tentativa de eliminação do *outro* pela perseguição e pela repressão intensas contra os inimigos, os antiperonistas sobreviveram e combateram o regime até a derrocada final em 1955. A partir desse momento, a luta pela destruição do peronismo e de sua memória prosseguiu.

A oposição, no entanto, não impediu que o mito do "salvador" marcasse sua presença no imaginário político argentino. Esse mito só foi sobrepujado por um outro mais forte, o mito de Eva Perón, "redentora da Argentina".

Por um lado, o mito Eva complementou o do salvador; por outro, o sobrepujou. No resultado final, o somatório dos dois reforçou o imaginário peronista. A existência do casal Juan Domingo Perón e Eva Perón permitiu que a propaganda política construísse a representação masculina e feminina do poder.[1]

O apelo ao salvador, que tinha a tarefa de livrar a sociedade das forças perniciosas, está presente nas duas situações, mas se diferencia não apenas pelas condições históricas, mas também pelas possibilidades oferecidas no presente. O peronismo beneficiou-se de uma circunstância favorável, ou seja, Eva Perón, *the right woman in the right place*.

Sua experiência como atriz a qualificava para representar muito bem o papel de "ator político" descrito por Sennett (1988). Além do poder da oratória ela tinha capacidade inigualável para provocar

---

1 Raoul Girardet (1987) comenta que os mitos políticos de nossas sociedades contemporâneas não se diferenciam muito dos grandes mitos sagrados das sociedades tradicionais. O autor identifica em sua obra quatro constelações mitológicas identificáveis no imaginário político contemporâneo: a Conspiração, o Salvador, a Idade de Ouro e a Unidade. Como a fluidez e a imprecisão de contornos caracterizam a construção mitológica, há um imbricamento e uma interpenetração entre eles; por vezes perdem-se um no outro. É o que se nota nos mitos criados pelas propagandas varguista e peronista.

emoção na platéia. Representou muito bem o papel de mártir e redentora da Argentina.

A redenção pelo poder feminino

As imagens idealizadas do feminino produzidas pelas representações masculinizantes da cultura ocidental prestam-se até hoje para justificar situações de exclusão e controle da mulher. No entanto, a representação feminina também pode assumir uma conotação política que implica relações de poder e formas de controle da sociedade. A construção do mito Eva Perón encerra um significado político nesse sentido.

As imagens contraditórias produzidas em torno da figura de Eva têm como núcleo comum a feminilidade ideal. O mito da "Redenção pelo Eterno Feminino", identificado por H. R. Jauss na obra de Goethe, constitui o ponto de partida para a tentativa de compreensão do ideal feminino expresso no mito peronista.

Tomando como modelo a *Santa Ágata*, de Rafael, a *Ifigênia*, de Goethe, representa uma natureza mais alta, redentora, capaz de fazer triunfar os direitos inatos da natureza feminina contra a realidade histórica dominada pela violência e pelas artimanhas masculinas. Nessa luta, a pureza feminina vence, pacificando a natureza.

No processo de tentativa de emancipação dos mitos, a *Ifigênia* de Goethe transformou-se num novo mito – o da feminilidade redentora e pura. Tornando-se deusa, santa, liberou-se de sua feminilidade obscura e inferior, transformando-se em sacerdotiza do "Eterno Feminino", representativa da alta política da humanidade diante de todas as máculas de um mundo entregue à astúcia e à força dos homens.

A redenção da humanidade pelo "Eterno Feminino" expressa a fé de Goethe no poder libertador de uma moral constrangedora que conduz à verdade. Mas, segundo Jauss, o poeta acabou provocando a inversão das Luzes em mitologia. Ao retrabalhar essa figura feminina, Goethe caminhou do destino mítico à viagem utópica rumo a uma sociedade ideal. Compartilhando do sonho romântico de unicidade e harmonia do todo e incorporando a idéia normativa da natureza como modelo da existência humana, distanciou-se da proposta iluminista de libertação do mito.

Na Argentina, a proposta de revolução redentora anunciada no golpe de 1943 apresenta como ideal a construção da sociedade unida e harmônica, organizada a partir do líder Perón. A ele cabia a missão salvacionista.

O mito Eva é forjado no centro dessa política. A presença da figura feminina encarna, nesse quadro, o papel da redentora. O projeto peronista de construção da sociedade ideal beneficiou-se dessa circunstância favorável que permitiu a integração do "salvador" com a "redentora".[2]

Eva Perón configurou-se como personagem adequada para representar a encarnação viva do mito feminino da redenção. Sua capacidade de liderança era inquestionável; a profissão de artista explica sua desenvoltura diante das massas, seu grande público. Além disso, seus dotes físicos tornavam-na especialmente dotada para a representação da feminilidade ideal, expressão do bem, do bom e do belo.

Não se tratava de uma figura qualquer, mas da primeira-dama que dividia com o presidente da República a liderança do poder. Nessa divisão, cada um desempenhava funções próprias. O presidente Perón, expressão do poder masculino, ativo, atuava na vida pública, exercendo atividades políticas bem definidas. Eva Perón, a mulher classicamente feminina, representava a intuição, o sentimento, a emoção.

Em sua autobiografia *La razón de mi vida*, Eva distingue sua atuação da de Perón: o líder atuava com inteligência e ela, com o coração. O casal completava-se no exercício do poder que se pretendia

---

2 Cabe lembrar que a idéia/imagem da sociedade unida e harmônica foi levada às últimas conseqüências no nazismo. Nesse ideário, a figura feminina é glorificada, não como mulher pertencente à sociedade ativa, mas como princípio feminino da pureza. Representando a natureza, ela é vestal, sacerdotiza do lar e guardiã das tradições. O mito Eva Perón foi construído, também, com base nesses elementos.

Figura 22– Capa do livro *A razão de minha vida*, s.d.

MULTIDÕES EM CENA 299

total. Ele comandava as massas e ela garantia o amor dos súditos e sua devoção ao líder.

Para se entender melhor o significado da representação feminina de Eva Perón é preciso acompanhar, mais detalhadamente, a elaboração do mito que ela própria ajudou a construir.

Há inúmeras análises sobre Eva Perón e sobre o mito construído em torno dela.[3] Julie M. Taylor (1981) identifica a constituição de mitos em torno de Eva Perón. Além do mito positivo, forjado pelo movimento peronista da época, refere-se ao "mito negro", construído pelos antiperonistas. A autora mostra que as imagens dicotômicas presentes nos dois mitos estão fundamentadas nos mesmos valores.

No mito negro, Eva aparece como antítese da feminilidade ideal – é egoísta, infiel, mundana, impura. Já o mito positivo constrói sua imagem de pureza a partir do nascimento: nascida inocente e pobre nos Pampas, foi para Buenos Aires, na adolescência, para se dedicar à carreira de atriz. Esse percurso do interior rural para a cidade era o caminho sonhado por muitos argentinos numa época de forte movimento migratório. A migração do interior para a capital era idealizada como possibilidade de êxito, portanto, o caminho de Eva era exemplar. Em Buenos Aires, enamorou-se de Perón e por ele renunciou à sua carreira de atriz, passando a dedicar-se à família e à pátria.

Intuitivamente guiada pelo marido/líder, encontrou nele sua identidade e sua razão de ser. No livro autobiográfico *La razón de mi vida*, afirmou:

> Tudo o que sou, tudo o que tenho, tudo o que sinto é de Perón... deixei de existir em mim mesma; é ele quem vive na minha alma, é dono de todas as minhas palavras e de meus sentimentos – senhor absoluto do meu coração e da minha vida. Como mulher pertenço a ele comple-

---

3 Entre outras, cabe destacar as obras de Marysa Navarro, *Evita*, 1981; Libertad Demitrópulos, *Eva Perón*, 1984; Nicholas Fraser/Marysa Navarro, *Eva Perón*. *La verdad de un mito*, 1982; Julie M. Taylor, *Evita Perón. Los mitos de una mujer*, 1981.

tamente, sou de certo modo sua escrava, mas nunca deixei de me sentir, como agora, mais livre.

A idéia de submissão, renúncia e sacrifício prolifera nos discursos de Eva. Sem filhos, dedicou-se inteiramente aos humildes. Tornou-se modelo de mãe ideal: sacrificou-se pelos filhos da pátria até o martírio final. A morte prematura sacralizou o mito Eva e conduziu-o à santidade. Na fase terminal de sua doença, recebeu o título, dado pelo Congresso, de "Chefe espiritual da Nação". Seu confessor, padre Hernam Benitez, em discurso público, proclamou-a mártir dos descamisados e exemplo de auto-sacrifício.

O episódio da morte de Eva representou um dos fenômenos de massa mais importantes da época contemporânea. Faleceu em 26 de julho de 1952, às 22h25. Desde então, os noticiários noturnos tinham início com a seguinte frase: "São 22h25, hora em que Eva entrou para a imortalidade".

Pedro Ara, famoso embalsamador espanhol, preparou o cadáver para a exposição pública que durou até meados de agosto. Com a procissão que acompanhou o corpo do Ministério do Trabalho, teve início a odisséia póstuma de Eva, que só terminou com a volta do cadáver à Argentina, nos anos 1970. Isabelita, a segunda mulher de Perón e presidente da Argentina após a morte do líder, providenciou o translado do corpo em 1968.

O grande funeral de 1952 deixou marcas profundas na memória argentina em virtude das pompas extremas do luto público imposto oficialmente e das manifestações espontâneas. Numerosa massa, em constante circulação, manteve vigília junto ao corpo de Eva. Fora do edifício, filas quilométricas formavam-se entre paredes de flores. O número de pessoas aumentava dia a dia, obrigando os serviços de Saúde Pública, a Fundação Eva Perón e o Exército a providenciar mantas, alimentos e serviços de higiene. Por toda a Argentina foram celebradas missas e realizadas cerimônias fúnebres.

Com o intuito de manter viva a lembrança da líder, o governo construiu caixas postais para que fossem depositadas cartas a Eva morta.

Figura 23 – Funeral de Evita (*Evita: imagens de uma paixão*, p.160; Archivo General de la Nación).

Figura 24 – Funeral de Evita (*Evita: imagens de uma paixão*, p.155; Colección M. Couayrahoureq).

Figura 25 – Ilustração do livro *Privilegiados*, p.67.

Logo após sua morte, um sindicato de trabalhadores enviou telegrama ao Papa pedindo sua beatificação. Meses depois, trabalhadores latino-americanos sindicalizados repetiram o pedido, sugerindo que Eva se tornasse a santa de todos os trabalhadores americanos.

Uma placa feita em sua memória desenhava um halo em torno de sua cabeça; nos livros escolares, os cabelos loiros apareciam rodeados de uma auréola. A impossibilidade de relações sexuais em virtude da doença (um câncer de útero) foi explorada para mostrar a figura feminina assexuada e salientar a idéia de sacrifício: Eva sacrificou sua vida sexual e sua própria vida pelo povo argentino, pela pátria (Fraser e Navarro, 1982).

O martírio iniciado com a doença e o pedido de santificação após a morte transformam Eva na reencarnação do mito da "Redenção pela pureza feminina". As imagens evocavam a mulher pura.

Essas imagens eram destruídas pelos antiperonistas que produziram o "mito negro" em torno da mesma figura e calcado nos mesmos valores com sinais invertidos.

Para reforçar a imagem da mulher má, os antiperonistas reinterpretaram a origem de Eva: nascida no prostíbulo da mãe, tornou-se adolescente agressiva e ambiciosa. Aos 15 anos, juntou-se ao grupo de um cantor de tango que a seduziu e a levou para Buenos Aires. Lá se estabeleceu como prostituta. A ambição desmedida e o talento sexual explicavam sua ascensão ao poder.

Por ressentimentos advindos de sua origem social, tornou-se rancorosa e cruel: torturava por prazer e até mandava castrar os líderes rebeldes. Além do caráter, sua aparência também era alvo de comentários desabonadores. Comentava-se que as "belas roupas não conseguiam ocultar sinais de sua origem vulgar: cadeiras largas e tornozelos grossos".

O "mito negro" retratava Eva como a mulher cujos instintos eram descontrolados; suas emoções explodiam com violência. O sexo a dominava e por meio dele dominava os outros. A mulher ativa, agressiva, movida por impulsos irracionais exercia poder sobre Perón e sobre as massas (Taylor, 1981).

A referência ao descontrole sugeria a idéia de um poder perigoso e de uma força maléfica atuando sobre a sociedade. A ênfase na promiscuidade tinha como alvo macular a imagem da pureza consagrada pelo mito peronista.

A presença da primeira-dama na vida pública era salientada no mito negativo para repudiar a representação da feminilidade ideal.

A atuação política de Eva foi recuperada pelo movimento de esquerda peronista dos anos 1960-1970 que construiu o mito da "Eva revolucionária" (Taylor, 1981). No primeiro mito peronista essa imagem fora ocultada pela própria Eva que definia o papel das mulheres nos seguintes termos: "mais do que ação política, as mulheres devem realizar ação social porque é algo que elas trazem no sangue" (Eva Perón, 1951). Essa recusa da atividade política, de natureza masculina, transparecia na campanha pelo sufrágio feminino. Criticando o movimento feminista internacional, Eva aconselhou as mulheres argentinas a dar as costas às experiências estrangeiras, inadequadas à realidade do país. O voto feminino não deveria distanciar as mulheres de sua função doméstica.

Na representação do papel de submissa, Eva Perón, encarnação da primeira Eva, afirmou: "O problema da mulher é sempre, em todas as partes, o problema do lar. É seu grande destino. A missão sagrada da mulher consiste não só em dar filhos à Pátria, mas também homens para a humanidade" (ibidem). Era estéril, mas se tornou a mãe de todos os argentinos.

Eva, a redentora, mostrava-se como modelo da feminilidade guardiã do lar e das tradições.

A evocação do temor da fragmentação e dos conflitos, aliada à imagem da sociedade unida e harmônica, alardeada pela propaganda peronista, explica a receptividade do poder salvador e redentor na sociedade da época. A atitude de renúncia em prol do povo conquistava adeptos para o regime; o martírio de Eva, explorado com a doença e a morte, reforçou o mito do casal/líder.

Com a queda de Perón, o cadáver foi seqüestrado e, depois de muitas peripécias, enviado para a Europa e sepultado, ocultamente, em Milão. A trajetória desse cadáver foi recentemente descrita por Tomás Eloy Martinez no livro *Santa Evita*, que alcançou grande sucesso no mercado editorial. O filme *Evita*, interpretado por Madonna, e o livro em questão fizeram revivescer o mito Eva no plano internacional, permanentemente vivo no imaginário argentino. A morte de Eva representada como martírio garantiu a sacralização do mito e, com isso, sua permanência.

A salvação pelo poder masculino

O mito Getúlio Vargas também se construiu com base na idéia de salvação e de sacrifício.

A imagem mais difundida pela propaganda estadonovista era a do presidente Vargas "salvador da pátria". No entanto, sua figura, quando comparada à do casal mítico Perón e Eva Perón, se enfraquece. O chefe do Estado Novo, representante solitário do poder, exercia a função imagética da representação masculina.

Seus apologetas procuraram apresentar o poder solitário como expressão de um poder forte. Luiz Vieira descreveu a solidão de Getúlio com esse sentido:

> Sente o Chefe do Governo que, para levar a cabo a sua ingente missão, carece de grande dose de senso e coragem, atributos que possui de sobejo. Anda de preferência sozinho, insulado nas suas profundas meditações que, na sua maioria, tendem a ações administrativas de caráter humano. (Vieira, 1951, p.64)

O autor pintou um retrato de Vargas à imagem do ideário cristão. A solidão de chefe brasileiro era equiparada à de Jesus:

> À luz da história, não conhecemos espírito mais claro e mais belo que o de Getúlio Vargas... Será adorado... durante séculos pelos seus grandes feitos em prol da humanidade sofredora... Sua lenda moverá lágrimas sem fim; os seus sofrimentos lastimarão os melhores corações... o nosso Legislador Político será o assombro de toda a humanidade culta,

de vez que os seus atos ultrapassam a fraca compreensão humana! Como todos os grandes espíritos, ama a simplicidade dos campos... O meigo Nazareno tinha a sua alma voltada à abstração...; sozinho no seio da natureza plácida e sem artifícios, poderia Getúlio Vargas encontrar horizonte suficientemente largo e ambiente apropriado ao campo das suas elevadas meditações. Até nisso vemos como Getúlio Vargas segue as pegadas do Grande Espírito... (ibidem, p.47-8)

O mito Vargas, apesar da ausência do feminino, foi bem construído; continha todos os ingredientes necessários para provocar emoção. Retratado ora como cientista (sociólogo, psicólogo) ora como ser divinizado, o líder solitário representou inúmeros papéis.

Getúlio Vargas inspirou uma produção muito vasta de textos de natureza biográfica. Os que foram publicados durante o Estado Novo, cerca de 30 títulos, tinham como objetivo enaltecer as qualidades do chefe. As imagens reproduzidas em fotos, sobretudo, apresentam Getúlio Vargas sozinho, entre políticos ou militares, ou em destaque, no meio do povo. Aparecia só também em desenhos, retratos pintados, esculturas (bustos ou corpo inteiro), efígies em moedas ou medalhões.

Os autores que se dedicaram à reflexão sobre o mito Vargas salientam que ele se configurou e ganhou força no episódio do suicídio. Segundo Elizabeth Cancelli (1994, p.101),

a magia em torno do ato de suicídio de Getúlio Vargas contribuiu para que a mítica construída do herói impedisse o vislumbramento do complexo projeto político e da violência por ele encetada.

Nessa perspectiva, a morte trágica de Vargas no segundo governo teria contribuído para apagar da memória nacional as lembranças da ditadura de 1937.

Há várias versões para o suicídio; uma delas salienta o amor do presidente pelo Brasil: ameaçado pelas "aves de rapina", num ato de coragem e heroísmo, morreu para libertar o Brasil do derramamento de sangue.

Na carta-testamento, a idéia de conspiração contra o povo brasileiro reaparece, mas com personagens diferentes: no lugar dos comunistas, sempre apontados como conspiradores, figuram os políticos e os capitalistas ligados ao capital estrangeiro, ambos inimigos da pátria. O documento permite fazer crer que Getúlio Vargas, o "salvador" do povo brasileiro, sacrificou-se pelo Brasil. O suicídio heróico assegurou a imortalidade do líder, como era seu desejo expresso na carta-testamento em que afirma "saio da vida para entrar na História". O conteúdo da carta recupera a liturgia católica, que se presta à sacralização da figura do líder:

> Nada mais posso dar a não ser o meu sangue. Se as aves de rapina querem o sangue de alguém, querem continuar sugando o povo brasileiro, eu ofereço em holocausto a minha vida.

Conclamando o povo à reação, completa:

> Meu sacrifício vos manterá unidos e meu nome será a vossa bandeira de luta... era escravo do povo e me liberto para a vida eterna... Vos dei a minha vida. Agora vos ofereço a minha morte. (apud Cancelli, op. cit., p.106)

A dramaticidade do ato e da carta-testamento permitiu reforçar os vínculos de Getúlio com as massas como nunca ocorrera antes. As manifestações espontâneas das massas, inexistentes entre 1937 e 1945, ocorreram nos dias 24 e 25 de agosto de 1954. A multidão saiu às ruas em várias capitais e cidades do país. O comércio, os bancos, as repartições públicas fecharam suas portas por luto ou por medo. Houve enfrentamento da população com a polícia e com o Exército (ibidem, p.106-7).

Jorge Ferreira (1997) descreveu, em detalhes, os motins urbanos de 24 de agosto. O autor refere-se ao "Carnaval da tristeza" no texto em que procura resgatar as manifestações de pesar e revolta da população diante da notícia trágica.

O significado simbólico da morte e das reações a esse ato deixou marcas mais fortes no imaginário político brasileiro do que as imagens e os símbolos produzidos intensamente pela propaganda do Estado Novo, inclusive a da figura do chefe/salvador (idem).

A morte trágica de Eva encontra correspondência, de menor porte, na morte trágica de Vargas. Nos dois casos, a tragédia constrói a idéia de sacrifício que, no sentido simbólico, traz purificação à sociedade.

René Girard (1972) mostra que o sacrifício nas sociedades religiosas tinha a função de apaziguar as violências intestinas e impedir a explosão de conflitos; o rito sacrificial desaparece, segundo o autor, nas sociedades modernas, substituído pelo sistema judiciário. Permanece, contudo, como representação, nos regimes políticos que colocam o poder pessoal acima das normas institucionais (Capelato, 1993; 1996e). Os regimes peronista e varguista, de maneiras distintas, exemplificam esse tipo de poder.

Na comparação entre as figuras míticas de Vargas e Eva Perón conclui-se que o mito Vargas, mesmo acrescido do componente de "sacrifício" propiciado pela morte trágica, não conseguiu igualar-se em importância e continuidade ao mito feminino argentino. A reatualização recente do mito Eva por meio da produção de filmes e livros mostra sua força de permanência na sociedade argentina. A reação contra a presença de Madonna no papel de Evita reforça a idéia aqui indicada de que Eva Perón representou o mito da redenção pelo poder feminino. Esse papel ligado à pureza não se coaduna, no imaginário argentino, com a figura mundana da atriz Madonna. O filme foi sentido como uma profanação à imagem da Santa Evita, a redentora.

O sucesso editorial, para além das fronteiras argentinas, do livro de Tomás Eloy Martínez sobre *Santa Evita* confirma a importância da representação de Eva Perón no cenário nacional e internacional. Na verdade, produziu-se em torno dela um movimento de massas dos mais expressivos nos tempos contemporâneos.

A geração dos anos 50 jamais poderia esquecer Evita, pois foi por intermédio dela que as crianças argentinas tomaram contato com as primeiras letras do alfabeto: o "Livro de Leitura Inicial" intitulado *Privilegiados* abre-se com um retrato emoldurado de Eva e as primeiras letras que o aluno aprendia a soletrar eram as de seu nome "Eva", "Vi a Eva". As páginas ilustradas com desenhos de Eva dirigindo-se às crianças ou emoldurada por um coração vermelho e as frases do tipo "Eva amó a mamá" e "Eva me amó" são inesquecíveis (Bueno, 1954) (ver ilustrações na p.314, neste livro).

As diferenças entre o varguismo e o peronismo explicitam-se também pelos resultados futuros no que se refere à continuidade dos movimentos e à persistência de elementos dos imaginários políticos formados naquela época. No Brasil de hoje, o varguismo é uma lembrança bem construída pela memória oficial, com o auxílio da máquina de propaganda dos partidos trabalhistas. Na Argentina, o peronismo de hoje é muito mais do que uma lembrança: é força política sustentada por imagens, símbolos e mitos ainda presentes no imaginário coletivo. Essa força política peronista aliada à permanência do imaginário explica, em grande parte, a eleição de Menem, candidato peronista.

Figura 26 – Ilustração do livro *Privilegiados* (p.2).

Figura 27 – Ilustração do livro *Privilegiados* (p.3).

Figura 27 – Ilustrações do livro *Privilegiados* (p.4).

Figura 28 – Ilustração do livro *Privilegiados* (p.5).

Figura 30 – Ilustrações do livro de primeira leitura *Privilegiados* (p.20).

Considerações finais

Para concluir, seria importante retomar as principais diferenças apontadas ao longo do trabalho entre as propagandas políticas varguista e peronista.

A propaganda estadonovista, construída com base em um Estado autoritário, tinha como meta desqualificar o passado liberal que instaurara a desordem sem conseguir vencer o atraso. Para legitimar o golpe de 1937 e a nova política de Estado, as mensagens mostravam que a representação político-partidária, além de uma farsa, não se adequava à realidade do país. A crítica à imitação das instituições estrangeiras, simbolizada pela oposição país legal x país real, tinha como contrapartida a valorização do nacional em seus vários níveis.

O antiliberalismo associado à valorização do nacional também marcou a propaganda peronista. Mas a experiência argentina caracterizou-se pela tensão entre uma política de natureza autoritária, posta em prática na vigência de um Estado liberal. As acomodações feitas para permitir a convivência de pressupostos políticos diversos imprimem particularidade ao caso argentino. Essa particularidade foi salientada na análise da propaganda política contraposta às práticas autoritárias que orientavam o funcionamento dos mecanismos de propaganda e da política social.

A investigação da propaganda política relacionada aos meios de comunicação e produção cultural permitiu mostrar que, mesmo nesse terreno em que a inspiração nazi-fascista foi mais forte, os resultados produzidos no varguismo e no peronismo foram específicos, havendo também entre eles diferenças significativas tanto no que se refere à forma de divulgação das mensagens quanto ao seu conteúdo.

A imagem da sociedade unida e harmônica, também de inspiração externa, foi amplamente propalada nos dois regimes. No entanto, foi possível mostrar que tanto o Estado Novo como o regime peronista foram palcos de interesses conflitantes. No embate das forças políticas, houve eliminação de projetos ou de parte deles e integração de propostas distintas que resultaram em algo diverso do que fora idealizado pelos artífices dessas políticas. Tal movimento complexo do social permite concluir que, sob a propaganda uniformizadora e apaziguadora, a história continuou fazendo seu trabalho. Também nesse aspecto há uma diferença importante entre as duas realidades comparadas: no Brasil, a política de consenso praticada pelo Estado Novo foi possível porque não se chocou com interesses de setores dominantes e também porque o Estado autoritário prescindia do apoio expressivo das massas, situação que diferenciou as experiências brasileira e argentina.

Na Argentina, a base popular do movimento peronista impôs limites à composição de Perón com outros setores sociais; a radicalização das posições políticas caracterizou a experiência: a luta social entre peronistas e antiperonistas foi muito forte.

Essa diferença se esclarece melhor quando se leva em conta a questão da participação popular numa perspectiva histórica. Enquanto na Argentina a participação fazia parte de sua tradição política, marcada por lutas desde os primórdios da nacionalidade, no Brasil a exclusão social e política constitui característica marcante de nosso passado. A participação política existente antes do Estado Novo resumia-se a um jogo de poder entre partidos e grupos socioeconômicos que reivindicavam privilégios ao Estado, e a maioria da população ficava excluída desse jogo de poder. O Estado autoritário impôs novas regras ao jogo político: as noções de democracia e de cidadania foram redimensionadas, restringindo ainda mais as possibilidades de participação política.[1] As atenções dos artífices da nova ordem voltaram-se para a reforma estatal com vistas à superação do atraso e à aceleração do progresso material. Uma das justificativas para o golpe era a necessidade de mudanças capazes de colocar o país num patamar de desenvolvimento que pudesse equipará-lo às nações mais desenvolvidas do mundo. A meta do progresso indicava a ordem como sua parceira: a racionalização do trabalho e o controle social constituíam parte essencial da política estadonovista.

Perón também tinha como meta o desenvolvimento acelerado da economia com base na industrialização. No entanto, o movimento surgido das bases populares impôs restrições a esse projeto; isso explica a grande ênfase posta na justiça social que, no caso brasileiro, se colocava em segundo plano e dependente da consolidação do progresso material.

Procurei mostrar que a conjuntura econômica favoreceu a política social do peronismo, ajudando a explicar o seu sucesso. No Brasil do Estado Novo, além de não ser prioridade do governo, ele enfrentou dificuldades para atender, de forma mais efetiva, às reivindicações das classes populares; cartas, telegramas, bilhetes dirigidos a Vargas demonstram descontentamento diante da carestia de vida e da falta de emprego.

A análise da propaganda política procurou apontar essas diferenças: enquanto a propaganda peronista empenhou-se em mostrar a "Nova Argentina" como uma sociedade mais justa e mais livre da dependência externa, a propaganda estadonovista explorou os aspectos positivos da construção de um Estado Novo mais organizado e eficaz na conquista do progresso, considerado base indispensável para a edificação de uma sociedade mais justa no futuro.

---

1   As resistências ao autoritarismo foram fortemente reprimidas e muitas vezes não deixavam registro porque até a memória dessas lutas de oposição foi controlada e, muitas vezes, destruída. O historiador que trabalha com esse período sempre fica devendo ao leitor a reconstituição da história do antiestadonovismo, até hoje pouco explorada pela dificuldade de localização de dados. Foi o que aconteceu nesta pesquisa.

Essas diferenças de objetivos e prioridades permitem esclarecer por que o peronismo se definiu como uma "revolução social" ao passo que o advento do Estado Novo era identificado como uma "revolução política", concentrada na reforma do Estado.

A reflexão sobre as políticas culturais do varguismo e do peronismo permitiu apontar outras particularidades. Ambas se caracterizaram pela interferência do Estado e pela ênfase numa cultura voltada para os interesses da nacionalidade. No entanto, a política do Estado Novo encontrou receptividade entre os produtores culturais, em grande parte porque atendeu às reivindicações de grupos que pediam a proteção estatal. A situação argentina nesse campo foi bem diversa: muitos intelectuais recusaram a política cultural peronista e, em vez de se integrarem no projeto de realização de uma cultura nacional voltada para o coletivo, lutaram por autonomia e liberdade de criação. A análise da produção cultural da época também é reveladora dos conflitos existentes na sociedade argentina.

O programa cultural brasileiro privilegiou as elites, atribuindo a elas a missão de construir ou completar a nacionalidade brasileira. Na Argentina, acreditava-se que a nacionalidade já se completara, mas fora alterada pela presença estrangeira. A reargentinização passava, contudo, pela atuação das classes populares para as quais se voltava a política cultural argentina.

No que se refere à temática da identidade nacional, foram indicados os componentes constitutivos dessa representação, explicitando as diferenças decorrentes da tradição histórica e da conjuntura do momento. Mas foi possível observar também que a proposta de transformação da identidade nacional individualista para identidade nacional coletiva se caracterizou, nos dois casos, por uma perspectiva autoritária. As propagandas políticas varguista e peronista batalharam pela afirmação do *nós* coletivo que implicava a negação do *outro*, visto como inimigo. Nesses termos se justificavam a exclusão, a perseguição e a repressão aos adversários dos regimes.

As propagandas políticas varguista e peronista construíram imaginários coletivos que persistem na atualidade; analisar esse imaginário significou uma tentativa de lançar um novo olhar sobre esses períodos já exaustivamente estudados. Ao longo da exposição procuramos esclarecer os limites da propaganda política. Ela é muito importante na conquista de apoio político, mas sua onipotência faz parte somente de um imaginário totalitário construído em torno dela. Os limites desse poder são definidos pelo movimento da História.

As imagens, os símbolos e os mitos que a propaganda produz atuam no sentido da mobilização social e se traduzem em práticas políticas, mas procuramos mostrar que a relação entre as representações e as práticas políticas é de natureza complexa e não-linear. Os resultados são, portanto, imprevisíveis, pois, como lembrou Perón, ele chegou ao poder contando com a oposição da maioria dos meios de comunicação e foi deposto quando detinha o controle de quase todos.

A escolha da abordagem das representações políticas foi feita com a intenção de recuperar aspectos políticos e culturais importantes para a compreensão de traços políticos constituídos com base na introdução da política de massas no Brasil e na Argentina e ainda visíveis na cultura política e no imaginário coletivo dos dois países.

As diferenças apontadas com relação ao varguismo e ao peronismo ganham maior importância quando se constata a continuidade dos movimentos e a persistência dos mitos. No Brasil de hoje, o varguismo é uma lembrança bem construída pela memória oficial, com o auxílio da máquina de propaganda, mas também recordada, com nostalgia, pelos trabalhadores que se sentiram dignificados ou beneficiados pela política do "pai dos pobres". No entanto, na atualidade constata-se que o espólio getulista foi fragmentado e liquidado pelos grupos políticos que dele quiseram se apoderar.

Na Argentina, o peronismo de hoje é muito mais do que uma lembrança: é força política sustentada pela permanência de mitos que ainda mobilizam a sociedade, quer no sentido da eleição de um presidente da República, quer no repúdio a Madonna, profanadora do mito Eva Perón, a "Santa Evita". A popularidade de Evita persiste e, em menor ou maior grau, Perón e Vargas também se mantêm como heróis no panteão da pátria argentina e da brasileira.

Ao recuperar esse momento histórico, pretendi propor ao leitor uma reflexão sobre as inúmeras formas de se criarem ilusões e esperanças vãs em sociedades carentes de justiça social e de respeito à liberdade. Numa sociedade midiática como a de hoje, imagens, símbolos, mitos e heróis povoam, de forma mais intensa e mais sofisticada, os imaginários políticos, deixando pouco espaço para a reflexão crítica indispensável ao exercício da cidadania.

FONTES

Fontes argentinas

Jornais e revistas antiperonistas

La Prensa, La Nación, La Razón, Crítica, El Mundo, Noticias Gráficas, Clarin, Democracia, La Hora, Laborismo, Cascabel (humor), *Verbun, Centro, Ciento y Uno, Contorno, Potoruzu* (humor), *Rico Tipo* (humor), *El Mundo Argentino, Caras y Caretas, La Vanguarda* (socialista), *Orientación* (comunista), *El Garrote* (clandestino), *Sur, L'Opinion, El Himno Nacional* (clandestino), *Libertad* (clandestino), *Resistencia* (clandestino), *La Voz de Mayo* (clandestino).

Jornais e revistas peronistas

La Época, Tribuna, Política, El Laborista, Prensa Laborista, Octubre, El Canillita, Revolución Justicialista, El Lider, La Lucha, Comentarios, Actitud, Descamisado (humor), *Mundo Peronista, Todo es Historia, El Hogar, Historia Popular, A.D.A., El Pueblo* (católico), *Criterio* (católico), *Argentina, Mundo Radical, Mundo Agrario, Mundo Deportivo, Mundo Infantil, P.B.T., Selecta, Mundo Atómico.*

Jornais e revistas que passaram para a órbita peronista

Democracia, Crítica, La Razón, Noticias Gráficas, El Mundo (Haynes), *Caras y Caretas, La Prensa* (cegetista).

Discursos, testemunhos, documentos, álbuns, folhetos

BERTOTTO, Jose G. *Pedagogía social del general Perón*. Buenos Aires: Hechos e Ideas, 1951.

DIARIO secreto de Perón. Anotado por Enrique Pavón Pereyra. Buenos Aires: Sudamericana/Planeta, 1985.

ESCRIBE Eva Perón (folheto), s.d.

GAMBINI, Hugo. *La primera presidencia de Perón*: testemonios y documentos. Buenos Aires: Ceal, 1985.

LA EDUCACIÓN justicialista a través del pensamiento de Perón (folheto), 1952.

LA NACIÓN Argentina. Publicación Especial Comemorativa, 1950.

MENSAJES del coronel J. D. Perón al pueblo trabajador. s.l.: Pequén Ediciones, 1984.

OTEGUI, Jose Maria. *El general Perón*: fundador de las escuelas fábrica y de aprendizaje, 1982.

PEÑA, Milciades. *El peronismo*: selección de documentos para la historia. Buenos Aires: El Lorraine, 1986.

PERÓN, Eva. *La razón de mi vida*. Peuser, 1951.

PERÓN, Juan D. *Doctrina peronista*. Buenos Aires: Macacha Guemes, 1973.

_____. *Orientación política*. Buenos Aires: Ediciones Argentinas, 1974.

_____. *La cultura nacional*. Sta. Fé: Fusion, 1982.

_____. *La hora de los pueblos*: conceptos políticos. Buenos Aires: Volver, 1984.

_____. *Cultura para el pueblo*. s.d.

POTASH, Rober A. *Perón y el G.O.U.*: los documentos de una logia secreta. Buenos Aires: Sudamericana, 1984.

Obra literária

GALVEZ, Manuel. *El uno y la multitud*. Buenos Aires: Alpe, 1955.

Livros didáticos

BUENO, Ángela G. *Privilegiados*. Libro de lectura inicial. Buenos Aires: Kapelusz, 1954.
GILLONE, Elsa. *Mensaje de luz*. Texto de lectura para tercer grado. Buenos Aires: Estrada, 1954.
PALACIO, Ángela. *La Argentina de Perón*. Libro de lectura para cuarto grado. Buenos Aires: Luis Lasserre, 1953.
VIDELA, Graciela A. *de. Justicialismo*. Texto de lectura para cuarto grado. Buenos Aires: Estrada, 1953.

Obras antiperonistas

CANTIFLAS, Argentino (Juan Pérez Hijo). *Radiografias de una dictadura*. Buenos Aires: s.n., 1946.
CODOVILLA, Victorio. *Batir al nazi-peronismo*. Para abrir una era de libertad y progreso. Buenos Aires: Anteo, 1946. (Informe do Partido Comunista).
DAMONTE TABORNA, Raul. *Ayer fué San Perón*. s.l.: Ediciones Guere, 1955.
La Vanguardia. Comisión de prensa del Partido Socialista. s.l.: s.n., 1948.
MARCILESE, Mario. *30 días en la U.E.S.* La Plata: s.n., 1957.
MARSAL S., Pablo. *Perón y la Iglesia*. Buenos Aires: Rex, 1955.
PASTOR, Reynaldo. *Frente al totalitarismo peronista*. Buenos Aires: Base Editorial, 1959.
REYS, Cipriano. *La farsa del peronismo*. Buenos Aires: Sudamericana/Planeta, 1987.
SANTANDER, Silvano. *Técnica de una traición*. Juan D. Perón y Eva Duarte: agentes del nazismo en la Argentina. Buenos Aires: Editorial Antygua, 1955.

TORRES, Juan. *Sonetos contra la tiranía*. Rosario: s.n., 1956.

Fascículos

Cuadernos de CRISIS: Eva Perón.
La Historia Popular/vida y milagros de nuestro pueblo (Col.).
Nuestro Siglo. Historia gráfica de la Argentina contemporánea, 1984.
Todo es Historia (Edición especial n.100).

Fontes brasileiras

Jornais e revistas

Cultura Política e Ciência Política (Publicações do DIP), *O Malho, O Cruzeiro, A Cigarra, Fon-Fon, Vamos Ler!, Eu Sei Tudo, Almanaque Bertrand, Cultura Política, Ciência Política, Estudos e Conferências, Brasil Novo, Diário Carioca, O Dia, A Noite, Diário de S. Paulo, O Estado de S. Paulo, Correio Paulistano, A Tribuna* (Santos).

Obras dos ideólogos

AMARAL, Azevedo. *O Estado autoritário e a realidade nacional.* Rio de Janeiro: José Olympio, 1938.
CAMPOS, Francisco. *O Estado nacional.* Rio de Janeiro: José Olympio, 1940.
VIANNA, Oliveira. *Instituições políticas brasileiras.* s.l.: s.n., 1949. 2v.

Obras de divulgação

ACHILLES, Paula. *O Brasil em marcha.* Rio de Janeiro: José Olympio, 1943.

BARATA, Júlio. *O espírito da nova Constituição*. Rio de Janeiro: DIP, 1938.
BARBOSA DE MORAIS, João. *Dramatização cívica*. s.n.
BITTENCOURT BERFORD, Álvaro. *O Estado nacional e a Constituição de novembro de 1937*. Para uso da juventude brasileira. s.l.: s.n., 1944. (Síntese)
CAMARGO, Joracy. *Getúlio Vargas e a inteligência nacional*. s.l.: s.n., 1940.
CARRAZZONI, André. *Getúlio Vargas*. Rio de Janeiro: José Olympio, 1939.
_____. *Perfil do estudante Getúlio Vargas*. 3.ed. Rio de Janeiro: A Noite, 1943.
DUARTE, Gil. *A paisagem legal do Estado Novo*. Rio de Janeiro: José Olympio, 1941.
FIGUEIRA DE ALMEIDA, Antônio. *A Constituição de dez de novembro explicada ao povo*. Rio de Janeiro: DIP, 1940.
FRISCHAUER, Paul. *Presidente Vargas*. 2.ed. São Paulo: Companhia Editora Nacional, 1944. Trad. Mário da Silva e Brutus Pedreira.
JOSEFSOHN, Leon. *Getúlio, este desconhecido*. Rio de Janeiro: s.n., 1957.
MACHADO, Leão. *Uma revolução em marcha*. Rio de Janeiro: DIP, 1942.
MARCONDES FILHO, Alexandre. *Vocações da unidade*. Rio de Janeiro: José Olympio, 1941. (Conferências e discursos).
_____. *Trabalhadores do Brasil!*. Revista dos Tribunais, Rio de Janeiro, 1943.
MATTOS IBIAPINA, J. de. *O Brasil de ontem e de hoje*. S.l.: s.n., 1942.
MELLO BARRETO, Filho. *Anchieta e Getúlio Vargas*. Rio de Janeiro: DIP, 1941.
PEREIRA DA SILVA, Castão. *Getúlio Vargas e a psicanálise das multidões*. Rio de Janeiro: Zélio Valverde, s.d.
PÉREZ, Leopoldo. *Getúlio Vargas. O homem e o chefe*. Rio de Janeiro: O Cruzeiro, 1944.

PINTO PEREIRA, M. F. *Nova fase do mundo e o Brasil da nova era.* São Paulo: Revista dos Tribunais, 1940. (Palestra).
PITOMBO, Ary. *Os sindicatos devem ser olhados como escola de união e disciplina.* 1943. (Palestra).
SILVA, Alvimar. *O novo Brasil.* Rio de Janeiro: s.n., 1939.
SOUZA, Leal de. *Getúlio Vargas.* s.l.: s.n., 1940.
SOUZA SOARES, José de. *O novo regime.* São Paulo: s.n., 1939.
VIEIRA, Luiz. *Getúlio Vargas*: estadista e sociólogo. Rio de Janeiro: DIP, 1951.

Discursos, catálogos, documentos

Acervo Vargas. Publicação do Museu da República, Rio de Janeiro.
Anuário da Imprensa Brasileira
Arquivo Gustavo Capanema:
Série – MES 1934-1945: Assuntos administrativos
Série – MES 1934-1945: Educação e cultura
Cine-Jornal Brasileiro, DIP, 1938-1946. (Fundação Cinemateca Brasileira/Imesp, 1982).
Dossiê Obra Getuliana, CPDOC/FGV.
O Novo Brasil 1930-1940. Catálogo da Exposição Nacional do Estado Novo.
Programa do encerramento. Exposição do Estado Novo (CPDOC/FGV).
Revista Brasil Novo, edição especial de janeiro de 1941.
VARGAS, Getúlio. *As diretrizes da nova política do Brasil.* s.n.t.
_____. *A nova política do Brasil.* Rio de Janeiro: José Olympio, s.d. 5v.

Fascículos

Nosso Século. Abril.

Obras de caráter didático

Catecismo cívico do Brasil Novo, s.d.
Getúlio Vargas para crianças, 1942.
Julho 10!, s.d. (peça teatral de M. Luiza Castelo Branco e Leda Maria de Albuquerque).
O Brasil é bom, DNP, 1938.
O Duque de Caxias, 1939 (diálogo radiofônico sobre a vida militar do patrono do Exército, de Joracy Camargo).
O Estado nacional e a Constituição de novembro de 1937 (para uso da juventude brasileira), 1944.
O grito do Ipiranga, 1938. (reconstituição teatral-radiofônica da Independência nacional, de Joracy Camargo)
Semana da Pátria, 1940.
Traçado simétrico da bandeira nacional, 1939.

Bibliografia

ADERALDO, Vanda Maria. *Educação e política no Estado Novo*. Rio de Janeiro: CPDOC/FGV, 1982.
ADORNO, Theodor W., HORKHEIMER, Max. *La dialectique de la raison*. Paris: Gallimard, 1974.
AGUIAR ALMEIDA, Claudio. *O cinema como "agitador de almas": Argila*, uma cena do Estado Novo. São Paulo, 1993. Dissertação (Mestrado) – Universidade de São Paulo (USP).
AGULHON, Maurice. *Marianne au combat*. Paris: Flammarion, 1979.
_____. *Marianne au pouvoir*. Paris: Flammarion, 1989.
_____. *1848. O aprendizado da República*. Rio de Janeiro: Paz e Terra, 1991.
ANDERSON, Benedict. *Nação e consciência nacional*. São Paulo: Ática, 1989.
ANSART, Pierre. *La gestion des passions politiques*. Lausanne: L'Âge d'Homme, 1983.
ARENDT, Hannah. *O sistema totalitário*. Lisboa: Dom Quixote, 1978.
_____. *Da revolução*. São Paulo: Ática, Brasília: UnB, 1988.
BACZKO, Bronislaw. *Les imaginaires sociaux*. Paris: Payot, 1984.
BALANDIER, George. *O poder em cena*. Brasília: UnB, 1980.
BEIRED, José Luis B. *Movimento operário argentino*: das origens ao peronismo (1890-1946). São Paulo: Brasiliense, 1984.
_____. *Autoritarismo e nacionalismo*: o campo intelectual da nova direita no Brasil e na Argentina (1914-1945). São Paulo, 1996. Tese (Doutorado) – Universidade de São Paulo (USP).

BENZAQUEN DE ARAÚJO, Ricardo. *Totalitarismo e revolução*: o integralismo de Plínio Salgado. Rio de Janeiro: Zahar, 1987.

BIRNBAUM, Pierre. Critique du totalitarisme. In: ORY, Pascale. *Nouvelle histoire des idées politiques*. Paris: Hachette, 1987.

BLOCH, Marc. Pour une histoire comparée des sociétés européennes. *Revue de Synthèse Historique*, dez. 1928.

BOBBIO, Norberto. La cultura e il fascismo. In: *Fascismo e società italiana*. Torino: Einaudi, 1973.

BOMENY, Helena Maria. *Nacionalização do ensino*: a gêneses da intolerância. Rio de Janeiro: CPDOC/FGV, 1982.

BORRONI, Otelo; VACCA, Roberto. *Eva Perón*. Buenos Aires: Ceal, 1971.

BRESCIANI, Maria Stella et al. (Org.). *Jogos da política*: imagens, representações e práticas. São Paulo: Anpuh, Marco Zero, Fapesp, s.d.

BUCHRUCKER, Cristián. *Nacionalismo y peronismo*: la Argentina en la crisis ideológica mundial (1927-1955). Buenos Aires: Sudamericana, 1987.

BURKE, Peter. *Escola dos Annales 1929-1989*. São Paulo: Editora da UNESP, 1991.

CABRAL, Sérgio. Getúlio Vargas e a música popular brasileira. *Ensaios de Opinião* (2-1), 1975.

CAMPO, Hugo del. *Sindicalismo y peronismo*. Buenos Aires: Clacso, 1983.

CANCELLI, Elizabeth. *O mundo da violência:* a política da era Vargas. Brasília: UnB, 1993.

_____. Vargas, a paixão de um suicídio: o irracional e a magia do ato. *Textos de História*, Brasília, UnB, v.2, n.4., 1994.

CANETTI, Elias. *A consciência das palavras*. São Paulo: Companhia das Letras, 1990.

_____. *Massa e poder*. São Paulo: Companhia das Letras, 1995.

CANNISTRARO, Phillip V. *La fabrica del consenso*. Roma: Laterza, 1975.

CAPELATO, Maria Helena. *Os intérpretes das luzes*: liberalismo e imprensa paulista 1920-1945. São Paulo, 1986. Tese (Doutorado) – Universidade de São Paulo (USP).

_____. *Os arautos do liberalismo*: imprensa paulista 1920-1945. São Paulo: Brasiliense, 1989.

_____. Fascismo: uma idéia que circulou pela América Latina. In: *História em Debate*. Rio de Janeiro: Anpuh, 1991.

_____. Populismo en América Latina: propaganda política y formas de manipulación de masas. In: *Historia política del siglo XX*. Quito: Ed. Nacional, 1992.

_____. A redescoberta da América: 1920-1940. In: *A conquista da América*. Campinas: Papirus, 1993. (Cadernos Cedes, 30).

_____. América Latina: integração e história comparada. In: *América Latina: cultura, Estado e sociedade. Novas Perspectivas.* Rio de Janeiro: Anphlac, 1994a.

_____. Mito da redenção pelo poder feminino na Argentina peronista. In: *Solar estudios latinoamericanos.* Santiago: Solar, 1994b.

_____. O nazismo e a produção da guerra. *Revista USP,* n.26, jun./jul./ago. 1995.

_____. El uno y la multitud: conflito de identidades num turbilhão de paixões. *Revista de História* (São Paulo), USP, n.134, 1996a.

_____. História política. In: Historiografia. *Estudos Históricos* (Rio de Janeiro), Fundação Getúlio Vargas, v. 9, n.17, 1996b.

_____. Linguagens totalitárias na América Latina: a presença do anti-semitismo no nacionalismo argentino. In: *América Latina contemporânea:* desafios e perspectivas. São Paulo: Edusp, Expressão e Cultura, 1996c.

_____. Mudanças históricas e revisões historiográficas. In: *Modernidade:* globalização e exclusão. São Paulo: Imaginário, 1996d.

_____. O mito da redenção pelo poder feminino na Argentina peronista. In: *Histórias & utopias.* São Paulo: Anpuh, 1996e.

_____. Propaganda política e construção da identidade nacional. In: Confrontos e perspectivas. *Revista Brasileira de História* (São Paulo), Contexto, Anpuh, v. 16, n. 31/32, 1996f.

_____. Estado Novo: novas histórias. In: FREITAS, Marcos Cezar de (Org.). *Historiografia brasileira em perspectiva.* São Paulo: Contexto, Universidade São Francisco, 1998.

_____. O personagem na história – Perón e Eva: produtos da sociedade argentina. In: *Jogos da política.* São Paulo: Anpuh, Marco Zero, Fapesp, s.d.

CARONE, Edgar. *O Estado Novo 1937-1945.* São Paulo: Difel, 1976.

CASTAGNINO, Raúl Héctor. *Literatura dramática argentina.* Buenos Aires: Pleamar, 1968.

CASTRO GOMES, Ângela. O redescobrimento do Brasil. In: *Estado Novo: ideologia e poder.* Rio de Janeiro: Zahar, 1982.

_____. *A invenção do trabalhismo.* Rio de Janeiro: Iuperj, Vértice, 1988.

_____. *História e historiadores:* a política cultural do Estado Novo. Rio de Janeiro: FGV, 1996.

CASTRONOVO, Valerio. *La stampa italiana dall'unità al fascismo.* Bari: Laterza, 1970.

CHARTIER, Roger. *História cultural entre práticas e representações.* Lisboa: Difel, 1986.

CHAUÍ, Marilena. Apontamentos para uma crítica da ação integralista brasileira. In: *Ideologia e mobilização popular.* Rio de Janeiro: Cedec, Paz e Terra, 1978.

CHAUL, Nasr F. *Caminhos de Goiás*. Goiânia: UFG, UCG, 1997.
CHÁVEZ, Fermín. *Perón y el justicialismo*. Buenos Aires: Ceal, 1984.
CHEVALIER, Jean, GHEERBRANT, Alain. *Dictionnaire des symboles*. Paris: Laffont, Jupiter, 1982.
CIRIA, Alberto. *Política y cultura popular: la Argentina peronista 1946-1955*. Buenos Aires: Ed. de la Flor, 1983.
COELHO PRADO, Maria Lígia. *O populismo na América Latina (Argentina e México)*. São Paulo: Brasiliense, 1981.
_____. *História comparativa*. São Paulo: USP, 1993 (mimeogr.).
CONSUELO, Jorge Miguel et al. *Historia del cine argentino*. Buenos Aires: Ceal, 1984.
CONTIER, Arnaldo D. *Brasil novo* – música, nação e modernidade: os anos 20 e 30. São Paulo, 1988. Tese (Livre-docência) – Universidade de São Paulo (USP).
_____. Tragédia, festa, guerra: os coreógrafos da modernidade conservadora. *Revista USP*, n. 26, jun./jul./ago. 1995.
CUNHA, Célio da. *Educação e autoritarismo no Estado Novo*. São Paulo: Cortez, Autores Associados, 1981.
DE CERTEAU, Michel. *L écriture de l'histoire*. Paris: Gallimard, 1975.
DE FELICE, Renzo. *Le fascisme*: un totalitarisme à l'italienne. Paris: PFNSP, 1988.
DE FELICE, Renzo, GOGLIA, Luigi. *Mussolini: il mito*. Roma: Laterza, 1983.
DEBERT, Guita Grin. *Ideologia e populismo*. São Paulo: T.A. Queiroz, 1979.
DEMITRÓPULOS, Libertad. *Eva Perón*. Buenos Aires: Ceal, 1984.
DOMENACH, Jean-Marie. *La propagande politique*. Paris: PUF, 1954.
DRIENCOURT, Jacques. *La propagande, nouvelle force politique*. Armand Collin, 1950.
DULLES, John W. F. *A Faculdade de Direito de São Paulo e a resistência anti-Vargas (1938-1945)*. São Paulo: Edusp, Rio de Janeiro: Nova Fronteira, 1984.
ELIADE, Mircea. *O mito do eterno retorno*. Lisboa: Edições 70, 1988.
_____. *O sagrado e o profano*. Lisboa: Livros do Brasil, s.d.
ENCICLOPÉDIA EINAUDI. Mythos/logos. Sagrado/profano. Rio de Janeiro: Imprensa Nacional, Casa da Moeda, 1987. v.12.
FALCON, Francisco C. Fascismo: autoritarismo e totalitarismo. In: *O feixe e o prisma*. Rio de Janeiro: Zahar, 1991. v.1.
FERREIRA, Jorge. *Trabalhadores do Brasil*: o imaginário popular 1930-45. Rio de Janeiro: FGV, 1997.

_____. O carnaval da tristeza: os motins urbanos de 24 de agosto. In: CASTRO GOMES, Ângela (Org.). *Vargas e a crise dos anos 50*. Rio de Janeiro: Relume-Dumará, 1994.

FORD, Aníbal, RIVIERA, Jorge, ROMANO, Eduardo. *Medios de comunicación y cultura popular*. Buenos Aires: Legasa, 1985.

FRANCO MOREIRA, Luiza. *Cassiano Ricardo's construction of Brazil:* modernist poetry as historical agent. Cornell University, Ph.D., 1992.

FRASER, Nicholas, NAVARRO, Marisa. *Eva Perón. La verdad de un mito*. Buenos Aires: Bruguera, 1982.

FREITAS DUTRA, Eliana. O fantasma do outro – espectros totalitários na cena política brasileira dos anos 30. *Política & Cultura. Revista Brasileira de História* (São Paulo), n.23/24, set. 91/ago. 92.

_____. *O ardil totalitário. Imaginário político no Brasil dos anos 30*. Rio de Janeiro: UFRJ, UFMG, 1997.

GAGGERO, Horacio, GARRO, Alicia. *Del trabajo a la casa:* la política de vivienda del gobierno peronista (1946-1955). Buenos Aires: Biblos, 1996.

GELTMAN, Pedro. Mitos, símbolos y héroes en el peronismo. In: *El peronismo*. 2.ed. Buenos Aires: Cepe, 1973.

GERMANI, Gino. *Política e massa*. Belo Horizonte: UFMG, s.d.(a).

_____. *Política e sociedade numa época de transição*. São Paulo: Mestre Jou, s.d.(b).

GERTZ, René E. Estado Novo: um inventário historiográfico. In: *O feixe e o prisma*. Rio de Janeiro: Zahar, 1991. v.1.

GILI, Jean A. *L'Italie de Mussolini et son cinéma*. Paris: Henri Veyrier, 1985.

GIRARD, René. *La violence et le sacré*. Paris: Pluriel, 1972.

GIRARDET, Raoul. *Mitos e mitologias políticas*. São Paulo: Companhia das Letras, 1987.

GOLDAR, Ernesto. *El peronismo en la literatura argentina*. Buenos Aires: Freeland, 1971.

_____. La literatura peronista. In: *El peronismo*. Buenos Aires: Cepe, 1973.

GONÇALVES, Maurício R. *O cinema hollywoodiano nos anos 30*: o American Way of Life e a sociedade brasileira. São Paulo, 1996. Dissertação (Mestrado) – Universidade de São Paulo (USP).

GOULART, Silvana. *Sob a verdade oficial*. CNPq, Marco Zero, 1990.

GURGUEIRA, Fernando. *A integração nacional pelas ondas*: o rádio no Estado Novo. São Paulo, 1995. Dissertação (Mestrado) – Universidade de São Paulo (USP).

GUYOT, Adelin, RESTELLINI, Patrick. *L'art nazi*. Bruxelas: Complexe, 1987.

HALPERIN DONGHI, Túlio. *La democracia de masas*. Buenos Aires: Paidós, 1983.

_____. *Argentina en el callejón*. Buenos Aires: Ariel, 1994.

HAUSSEN, Dóris Fagundes. *Rádio e política*: tempos de Vargas e Perón. São Paulo, 1992. Tese (Doutorado) – Universidade de São Paulo (USP).

HOBSBAWN, Eric. *Nações e nacionalismo desde 1780.* Rio de Janeiro: Paz e Terra, 1990.

IPOLA, Emilio de. *Investigaciones políticas*. Buenos Aires: Nueva Visión, s.d.

JAHAR GARCIA, Nelson. *Estado Novo*: ideologia e propaganda política. São Paulo: Loyola, 1982.

JAMES, Daniel. *Resistencia e integración*: el peronismo y la clase trabajadora argentina (1946-1976). Buenos Aires: Sudamericana, 1990.

JANOTTI, Maria de Lourdes, D'ALESSIO, Márcia M. A esfera do político na produção acadêmica dos programas de pós-graduação (1985-1994). In: Historiografia. *Estudos Históricos* (Rio de Janeiro) FGV, v. 9, n.17, 1996.

JAUSS, H. R. De l'Iphigénie de Racine à celle de Goethe. In: *Pour une esthétique de la recéption*. Paris: s.n., 1978.

JONES, Gareth Stedman. *Languages of class*: studies in English working class history. Cambridge: Cambridge University Press, 1984.

KELLER, Ariel. *Peronismo*: cultura y espetáculo argentino 1930-1960. Buenos Aires: Sur, 1961.

LACONE-LABARTHE, Philippe, NANCY, Jean-Luc. *Le mythe nazi*. Marselha: L'Aube, 1991.

LAMOUNIER, Bolivar. Formação de um pensamento autoritário na Primeira República: uma interpretação. In: *História geral da civilização brasileira*: o Brasil republicano. São Paulo: Difel, 1978. v.2, t.3.

LE GOFF, Jacques. *L'imaginaire médiéval*. Paris: Gallimard, 1985.

LEFORT, Claude. *A invenção democrática*: os limites do totalitarismo. São Paulo: Brasiliense, 1983.

LENHARO, Alcir. *Sacralização da política*. Campinas: Papirus, Unicamp, 1986.

LIPPI OLIVEIRA, Lúcia et al. *Estado Novo*: ideologia e poder. Rio de Janeiro: Zahar, 1982.

LOPES DE LACERDA, Aline. A "obra getuliana" ou como as imagens comemoram o regime. *Estudos Históricos* (Rio de Janeiro), FGV, v.7, n.14, 1994.

LUCA, Tânia Regina de. *A Revista do Brasil:* um diagnóstico para a (N)ação. São Paulo, 1996. Tese (Doutorado) – Universidade de São Paulo (USP).

LUNA, Félix. *El 45*: crónica de un año decisivo. Buenos Aires: Sudamericana, 1971.

_____. *Perón y su tiempo*. Buenos Aires: Sudamericana, 1985. 3v.

MACCIOCCHI, Maria-Antonietta. L'art, les intellectuels et le fascisme. In: *Éléments pour une analyse du fascisme*. Paris: Union Générale D'Éditions, 1976. v.2.

MACEYRA, Horacio. *La segunda presidencia de Perón*. Buenos Aires: Ceal, 1984.

MALVANO, Laura. *Fascismo e politica dall'immagine*. Torino: Ballati/Boringhieri, 1988.

MANGONE, Carlos, WARLEY JORGE, A. *Universidad y peronismo (1945-1955)*. Buenos Aires: Ceal, BPA, 1984.

MARANGHELLO, César. La pantalla y el Estado. In: *Historia del cine argentino*. Buenos Aires: Ceal, 1984.

MARCUSE, Herbert. *Ideologia da sociedade industrial*. Rio de Janeiro: Zahar Editores, 1967.

_____. *One dimensional man*. Londres: Abacus, 1974.

MARIN, Louis. *Le portrait du roi*. Paris: Minuit, 1981.

MARTÍNEZ, Tomás Eloy. *Santa Evita*. São Paulo: Companhia das Letras, 1996.

MASSES ET POLITIQUE. *Revue Hermes 2*. Paris: CNRS, 1988.

MATSUSHITA, Hiroshi. *Movimiento obrero argentino (1930-1945)*. Buenos Aires: Siglo Veinte, 1983.

MEDEIROS, Jarbas. *Ideologia autoritária no Brasil (1930-1945)*. Rio de Janeiro: FGV, 1978.

MELO SOUZA, José Inácio. *A ação e o imaginário de uma ditadura*: controle, coerção e propaganda política nos meios de comunicação durante o Estado Novo. São Paulo, 1990. Dissertação (Mestrado) – Universidade de São Paulo (USP). MICELI, Sérgio. *Intelectuais e classe dirigente no Brasil (1920-1945)*. São Paulo: Difel, 1979.

MILZA, Pierre. *Les fascismes*. Paris: Imprimerie Nationale, 1985.

MOSCOVICI, Serge. *L'age des foules*. Bruxelles: Complexe, 1981.

MOSSE, George L. *The crisis of german ideology*: intelectual origens of the Third Reich. London: Weidenfeld and Nicholson, 1966.

_____. *The nationalizacion of the masses*: political symbolism and man movements in Germany from the napoleonic wars through the Third Reich. New York: Howard Fertig, 1975.

_____. *Mass and man*: nationalism and facist perceptions of reality. New York: Fertig, 1980.

MOTA, Carlos Guilherme. *Ideologia da cultura brasileira (1933-1974)*. São Paulo: Ática, 1978.

NAVARRO, Marisa. *Los nacionalistas*. Buenos Aires: Jorge Alvarez, 1968.

NEIBURG, Federico. *Os intelectuais e a invenção do peronismo*. São Paulo: Edusp, 1997.

OLIVEN, Ruben Jorge. *Violência e cultura no Brasil.* São Paulo, 1983. Dissertação (Mestrado) – Universidade de São Paulo (USP).

ORY, Pascal (Org.). *Nouvelle histoire des idées politiques.* Paris: Hachette, 1987.

OSTENC, Michel. *L'éducation en Italie pendant le fascisme.* Paris: Public. de la Sorbonne, 1980.

PACHECO BORGES, Vavy. *Getúlio Vargas e a oligarquia paulista.* São Paulo: Brasiliense, 1979.

_____. História e política: laços permanentes. *Política & Cultura. Revista Brasileira de História,* São Paulo, Anpuh, Marco Zero, n.23/24, set. 91/ago. 92.

_____. História política: totalidade e imaginário. *Historiografia. Estudos Históricos,* Rio de Janeiro, FGV, 1996, v. 9, n.17.

PALMIER, Jean-Michel. *L'expressionnisme comme révolte.* Paris: Payot, 1978.

PÉCAUT, Daniel. *Os intelectuais e a política no Brasil:* entre o povo e a nação. São Paulo: Ática, 1990.

PÉLASSY, Dominique. *Le signe nazi.* Paris: Fayard, 1983.

PESCHANSKI, Denis et al. (Org.). *Histoire politique et sciences sociales.* Bruxelles: Complexe, 1991.

PIMENTA VELLOSO, Mônica. Cultura e poder político. In: *Estado Novo: ideologia e poder.* Rio de Janeiro: Zahar, 1982.

_____. *O mito da originalidade brasileira*: a trajetória intelectual de Cassiano Ricardo – dos anos 20 ao Estado Novo. Rio de Janeiro, 1983. Tese (Mestrado) – PUC.

_____. *Os intelectuais e a política cultural do Estado Novo.* Rio de Janeiro: CPDOC, FGV, 1987.

PINTO FILHO, Júlio Cesar. *Personagens em busca de um autor*: participação dos militares na política argentina (1930-1976). São Paulo, 1991. Tese (Mestrado) – Universidade de São Paulo (USP).

PIOZZI, Patrízia. *O ato livre.* São Paulo, 1983. Dissertação (Mestrado) – Universidade de São Paulo (USP).

PLOTKIN, Mariano. *Mañana es san Perón.* Buenos Aires: Ariel, História Argentina, 1994.

PORTANTIERO, Juan Carlos, MURMIS, Miguel. *Estudos sobre as origens do peronismo.* São Paulo: Brasiliense, 1978.

QUATTROCCHI-WOISSON, Diana. Les visages politiques du passé: histoire et ideologie. Du rosisme au peronisme. In: *Histoire politique et sciences sociales.* Bruxelas: Complexe, 1991.

_____. *Un nacionalisme de déracinés*: l'Argentine pays malade de sa mémoire. Paris: CNRS, 1992.

QUIJADA, Mônica. *Manuel Galvez:* 60 años de pensamiento nacionalista. Buenos Aires: Ceal, BPA, 1985.

REICH, Wilhelm. *Psicologia de massas do fascismo.* São Paulo: Martins Fontes, 1988.

REIS LONGHI, Carla. *Universidade e peronismo.* São Paulo, 1994. Dissertação (Mestrado) – Universidade de São Paulo (USP).

RÉMOND, René. *Être historien aujourd'hui.* Paris: Unesco, Eres, 1988.

REZNIK, Luis. *Tecendo o amanhã:* a história do Brasil no ensino secundário – programas e livros didáticos 1931 a 1945. Rio de Janeiro, 1992. Dissertação (Mestrado) – UFF.

RICHARD, Lionel. *Nazisme et litterature.* Paris: Maspero, 1971.

_____. *Le nazisme et la culture.* Bruxelas: Complexe, 1988.

ROMANO, Roberto. *Brasil:* Igreja contra Estado. São Paulo: Kairós, 1979.

_____. *Conservadorismo romântico:* origem do totalitarismo. São Paulo: Brasiliense, 1981.

_____. *O conceito de totalitarismo:* algumas considerações. São Paulo, Cong. América/92, USP, 1992. (mimeogr.)

_____. O conceito de totalitarismo na América Latina: algumas considerações. In: *América latina contemporânea:* desafios e perspectivas. São Paulo: Edusp, Expressão e Cultura, 1996.

ROMERO, José Luis. *Las ideas políticas en Argentina.* Buenos Aires: Fondo de Cultura Económica, 1975.

_____. *Las ideas en Argentina del siglo XX.* Buenos Aires: Nuevo Pais, 1987.

_____. *La experiencia argentina.* México, Buenos Aires: Fondo de Cultura, 1989.

ROMERO, Luis Alberto. *Breve historia contemporánea de Argentina.* Buenos Aires: Fondo de Cultura Económica, 1994.

ROSANVALLON, Pierre. Pour une histoire conceptuelle du politique. *Revue de Synthèse Historique,* n.1/2, jan./jun. 1986.

SANTOS, Estela dos. *Las mujeres peronistas.* Buenos Aires: Ceal, 1983.

SARLO, Beatriz. *Una modernidad periférica:* Buenos Aires 1920-1940. Buenos Aires: Nueva Visión, 1988.

SCHEMES, Cláudia. *As festas cívicas e esportivas no populismo:* um estudo comparado dos governos Vargas (1937-1945) e Perón (1946-1955). São Paulo, 1995. Dissertação (Mestrado) – Universidade de São Paulo (USP).

SCHWARTZMAN, Simon et al. *Tempos de Capanema.* São Paulo: Paz e Terra, Edusp, 1984.

SEBRELI, Juan José. *Los deseos imaginarios del peronismo.* Buenos Aires: Legasa, 1985.

SENKMAN, Leonardo. Las preocupaciones étnicas de las elites intelectuales argentinas, 1880-1940. *Revista de História*. (São Paulo), USP, Depto. de História, n.129-131, ago./dez. 1993/1994.

SENNETT, Richard. *O declínio do homem público*. São Paulo: Companhia das Letras, 1988.

SEVCENKO, Nicolau. *Orfeu extático na metrópole:* São Paulo – sociedade e cultura nos frementes anos 20. São Paulo: Companhia das Letras, 1992.

SIDICARO, Ricardo. *La política mirada desde arriba*: las ideas del diario *La Nación*, 1909-1989. Buenos Aires: Sudamericana, 1993.

SIGAL, Silvia, VERÓN, Eliseo. *Perón o muerte*: los fundamentos discursivos del fenómeno peronista. Buenos Aires: Legasa, 1986.

SILVA, José Rogério da. Condições de vida da classe trabalhadora na cidade de São Paulo durante o Estado Novo. São Paulo, 1992. Dissertação (Mestrado) – PUC.

SILVA, Umberto. *Arte e ideología del fascismo*. Valência: Fernando Torres, 1975.

SIRVÉN, Pablo. *Perón y los medios de comunicación (1943-1955)*. Buenos Aires: Ceal, 1984.

STAROBINSKI, Jean. *1789*: Os emblemas da razão. São Paulo: Companhia das Letras, 1988.

STERN. J. P. *Hitler*: le Führer et le peuble. Paris: Flammarion, 1985.

STERN COHEN, Ilka. *Para onde vamos?* Alternativas políticas no Brasil (1930-1937). São Paulo, 1997. Tese (Doutorado) – Universidade de São Paulo (USP).

STERNHELL, Zeev. *La droite révolutionnaire*: les origines françaises du fascisme. 1885-1914. Paris: Éditions du Seuil, 1978.

_____. *Ni droite, ni gauche*: l'ideologie fasciste en France. Bruxelles: Complexe, 1987.

STERNHELL, Zeev et al. *Naissance de l'idéologie fasciste*. Paris: Fayard, 1989.

TAYLOR, Julie M. *Evita Perón:* los mitos de una mujer. Buenos Aires: Belgrano, 1981.

TCHAKHOTINE, Serge. *Le viol des foules par la propagande politique*. Paris: Gallimard, s.d.

TORRES, Juan Carlos (Org.). *El 17 de Octubre de 1945*. Buenos Aires: Ariel, 1995.

TOTA, Antonio Pedro. *Samba da legitimidade*. São Paulo, 1980. Dissertação (Mestrado) – Universidade de São Paulo (USP).

TUCCI CARNEIRO, Maria Luiza. *O anti-semitismo na era Vargas*. São Paulo: Brasiliense, 1988.

_____. El universo simbólico de la 'era Vargas': fascinación y seducción de una dictadura. In: *Historia política del siglo XX*. Quito: Ed. Nacional, 1992.

TRINDADE, Helgio. *Integralismo:* o fascismo brasileiro na década de 30. São Paulo: Difel, 1974.

VIANNA, Luiz Werneck. *Liberalismo e sindicato no Brasil.* Rio de Janeiro: Paz e Terra, 1976.

WEFFORT, Francisco. *O populismo na política brasileira.* Rio de Janeiro: Paz e Terra, 1978.

WERNECK DA SILVA, José Luiz (Org.). *O feixe e o prisma:* uma revisão do Estado Novo. Rio de Janeiro: Zahar, 1991. v.1.

WERNECK SODRÉ, Nelson. *A história da imprensa no Brasil.* Rio de Janeiro: Civilização Brasileira, 1966.

W1LL1ANS, Raymond. *Cultura e sociedade.* São Paulo: Companhia Editora Nacional, 1969.

_____. *O campo e a cidade na história e na literatura.* São Paulo: Companhia das Letras, 1989.

WOLFE, Joel. "Pai dos pobres" ou "mãe dos ricos"? Getúlio Vargas, industriários e construções de classe, sexo e populismo em São Paulo 1930-1954. In. Brasil 1954-1964. *Revista Brasileira de História* (São Paulo), Anpuh, Marco Zero, v.14, n.27, 1994.

ZEMAN, C. A. B. *Nazi propaganda.* London: Oxford, 1973.

SOBRE O LIVRO

Formato: 14 x 21 cm
Mancha: 23,6 x 40 paicas
Tipologia: Horley Old Style MT 10,5/14
Papel: offset 75 g/m² (miolo)
Cartão Supremo 250 g/m² (capa)
1ª edição: 2009

EQUIPE DE REALIZAÇÃO

Edição de Texto
Solange Guerra (Preparação de original)
Adriana Bairrada, Juliana Rodrigues de Queiroz e Isabel Baeta (Revisão)

Editoração Eletrônica
Estúdio Bogari (Diagramação)